国家级一流本科专业（教育学）建设教材

小学数学课堂教学案例研究常用模式与典型案例

孔凡哲 等 著

科学出版社
北 京

内 容 简 介

案例研究是提升小学数学准教师、在职教师的实践知识（数学学科教学知识）水平的主要途径。本书从小学数学课堂教学模式入手，详细阐述数学课堂教学模式的含义和基本模式、各类常用模式使用特点；集中分析开展课堂教学案例研究的基本方式方法，分别阐述探究式、有意义接受式、自主学习模式、合作学习模式、问题驱动式等经典教学模式及典型案例，并集中展示我国小学数学课堂教学实践中常用的教学模式及典型案例。在写作上力图突出新颖性、典型性和实践性。

本书可作为高等学校小学教育专业的本科生、研究生的教材，小学数学教师在职培训用书，也可作为小学数学课堂教学研究的参考资料。

图书在版编目（CIP）数据

小学数学课堂教学案例研究：常用模式与典型案例 / 孔凡哲等著. —北京：科学出版社，2021.2

ISBN 978-7-03-068116-4

Ⅰ. ①小… Ⅱ. ①孔… Ⅲ. ①小学数学课-教案（教育）-教学研究-高等学校-教材 Ⅳ. ①G623.502

中国版本图书馆 CIP 数据核字（2021）第 031446 号

责任编辑：乔宇尚 / 责任校对：杜子昂
责任印制：赵 博 / 封面设计：蓝正设计

科学出版社 出版
北京东黄城根北街 16 号
邮政编码：100717
http://www.sciencep.com
三河市骏杰印刷有限公司印刷
科学出版社发行 各地新华书店经销
*
2021 年 2 月第 一 版 开本：720×1000 B5
2026 年 1 月第七次印刷 印张：16
字数：314 000

定价：49.00 元

（如有印装质量问题，我社负责调换）

序　言

中小学校究竟如何开展研究？中小学校适宜做什么样的研究？

这两个问题一直是困扰中小学教育领域的难题。我国基础教育改革发展的历程充分显示，案例研究、行动研究、校本研究成为 21 世纪以来中小学教育领域最有生命力的三种教学研究方式方法。特别是自基础教育课程改革实施以来，案例研究不仅作为研究课堂、提高课堂教学效率的核心方法，研究学生学习状况的主要手段，而且也成为优秀教师成长的主要方式方法；有效提升教师的案例知识、快速提升教师的策略知识水平，成为实现教师快速专业成长的捷径。

细细品味，不难发现，案例研究之所以能与行动研究、校本研究并列成为中小学最受欢迎的三种研究方法，其必然性在于，无论是基于理论的实践探索，还是基于实践的理论提升，都离不开典型案例，而基于理论的实践探索、基于实践的理论提升，恰恰是联结现代教育理论与中小学教育实践的最有力的两种方式。

不仅如此，随着《小学教师专业标准（试行）》《中学教师专业标准（试行）》的颁布实施，无论是职前教师培养还是在职教师培训，研究的焦点大多聚集在如何有效提升准教师和在职教师的实践知识（特别是学科教学知识）的整体水平，如何不断丰富教师采用探究式、合作式、参与式、讨论式等多种方式有效实施教育教学的经验和体验，进而把间接的教学经验变成自己的直接经验，而实现这一转变的重要渠道就是开展中小学课堂教学案例研究。

东北师范大学是国内最早开设小学教育（本科）专业的师范院校。自 1999 年 9 月第一届学生入学以来，针对培养未来优秀小学教师这一目标，长期贯彻基于小学典型案例的大学课堂教学，作为“小学数学教学论”“小学数学研究”“数学学习心理学”“小学数学课程与教学论”“小学数学课堂教学案例研究”等课程的主讲教师，坚持实践取向的执教风格①，是我任教三十多年来的一贯追求，特别是自东北师范大学设立“十二五学科教育系列课程教材”首批招标项目、我主持申报并获得批准的“小学数学教学（模式）案例研究”（课题批准号：2010JC02）正式开展研究以来，针对小学数学课堂教学典型案例的收集、加工、整理和系统的理论分析，更加全面、系统地展开。为此，“小学数学课堂教学（模式）案例研究”项目组深入吉林长春的四所小学，进行系统的课堂观察，录制课堂教学实

① 徐乃楠，孔凡哲. 实践取向的小学教育专业基础课程的课堂实践研究——以《小学数学教学论》等四门课为例[J]. 东北师大学报（哲学社会科学版），2012（04）：200-204.

况视频 50 余节，开展大型“同课异构”活动 5 次，项目组推荐优秀课例参加省市级、全国展示 6 次；同时，针对大量案例研究的结果（视频案例、文本案例等），项目组进行了系统分析，并与省特级教师等执教教师开展深入、细致的讨论分析。参与本项目研究并提供课堂教学场地和执教教师的小学包括：东北师范大学附小、东北师范大学附中净月校区小学部、长春实验小学和长春东光小学。

为了更好地检验研究结果的实效性，响应东北师范大学强化实践课程的倡议，项目组将项目研究的主要成果，即本书稿为教学讲义，在东北师范大学小学教育专业开设实践课程“小学数学课堂教学案例研究”，由孔凡哲教授、省特级教师郝薇、长春市小学数学教研员李博、骨干教师黄娟、王延萍及博士生崔英梅担任任课教师，严家丽、巴春蕾担任助教并承担了一些辅助性工作。教学采取合作授课方式（理论课由大学教师承担，案例任课教师进行典型案例解析，教研员进行点评、拓展，助教组织讨论、分享等）。先后经过两轮课堂实践教学，不仅进一步完善了原有的稿件，而且对其中大量典型案例进行了更加深入、细致的分析，提升了原有的研究质量和水平，在对 50 余节典型的教学视频课进行精挑细选后，选择其中的若干个典型案例，最终形成本书稿。项目组于 2012—2016 年在（浙江嘉兴）东北师范大学南湖实验学校，针对精选的案例持续进行了五年的课堂教学实践验证，修正完善了若干案例（参与研究的新手教师迅速成长为区学科带头人）；2018 年 1 月至今，在中南民族大学小学教育（本科班）、小学教育专业硕士研究生班使用两届，效果良好。

课堂是教育教学的主渠道，任何好的理念，如果不能物化为课堂教学行为，那么注定是空谈。我们坚信，一般的教师教知识，优秀的教师教过程，卓越的教师启迪学生终生受用的智慧。正是这种观念的驱使，激励我们努力深化经典课例研究，不断提升中小学教师的案例知识和策略知识。期望这本书能给读者带来思维的火花、想象的空间和教学创造的“催化剂”，催生出更多的课堂教学智慧。

本书努力彰显新颖性、典型性、实践性特点：

所谓新颖性，主要是展示小学数学课堂教学实践中的新方式、新方法，凸显小学数学课堂教学改革发展的最新成果。

所谓典型性，是指书中案例的选取突出代表性，能够集中反映小学数学课堂中的典型问题、典型思路、典型教学方式方法。

所谓实践性，是指本书所揭示的问题全部来自当前小学数学教学实践，是当前小学数学教师普遍关心和亟待解决的问题；同时，在表述方式上，努力做到简洁明了、深入浅出，让广大一线教师一看就懂；在方法策略上，关注可操作性，让广大一线教师一学就会。

本书聚焦小学数学教师在职培训提高和职前教育的双重需要，既可作为小学教师专业培训用书，又可作为高校对未来小学教师进行课堂实践专门训练的教学用书，还可作为开展小学数学课堂教学研究的参考资料。

全书共分八章。其中，第一章阐述小学数学课堂教学模式；第二章分析开展课堂教学案例研究的基本方式方法；第三、四、五、六、七章分门别类阐述小学数学课堂教学中的各种经典的教学模式及其典型案例，涉及探究式教学模式、有意义接受式教学模式、课堂自主学习模式、课堂合作学习模式、问题驱动式教学模式；第八章展示了当前我国小学数学课堂实践中的教学新模式及其典型案例。

在本书编写过程中，孔凡哲负责全书的设计和组织工作，并担任序言、第一章、第二章、第三章、第四章、第八章的撰稿，刘佳撰写第五章初稿，李博撰写第六章初稿，孔凡哲、崔英梅合作撰写第七章初稿，典型案例由黄娟执教并最终确定教案终稿。本书由孔凡哲统稿、反复修改并最终定稿。编辑出版过程中，书稿得以精炼完善。

书中的大量课堂教学案例，一部分来自参与编写人员的亲身实践，另一部分引用报纸杂志公开发表的小学数学优秀案例（并经本书作者课堂实践验证），对于后者，本书充分尊重原作者的劳动成果，均明确标注出处。在此，向这些案例的原创者表示诚挚的谢意。

本书出版得到国家民委2021年度高等教育教学改革项目“民族院校中华民族共同意识培育课程资源库建设研究”（ZL21006）的资助。

初稿于 2011 年 7 月 13 日

二稿于 2013 年 11 月 14 日

二稿于 2015 年 12 月 10 日

2020 年 5 月 19 日修改定稿

2023年1月5日重印定稿

目 录

第一章　数学课堂教学模式

[学习提示]

开展小学数学课堂教学案例的研究，尤其是关注课堂教学模式、方法的现代发展与典型案例，必须了解我国小学数学课堂教学的基本模式；同时，也必须了解小学数学课堂教学模式的优缺点、现代发展与基本趋势。

第一节　数学课堂教学模式的基本含义与基本模式

一、课堂教学模式的基本含义

“模式”，英文为 model，亦可译为“模型”“范式”等。模式一般特指一种特定的逻辑结构框架，这种简约化的结构具有特定的研究对象，依附于某种特定的理论，旨在搭建理论与现实之间的桥梁。

美国哥伦比亚大学学者乔伊斯和韦尔是教育领域最先系统研究“模式”并将其引入教学领域的学者，他们认为[①]：教学模式是构成课程和作业、选择教材、提示教师活动的一种范式或计划。

进入 21 世纪以来，学术界对于课堂教学模式的理论基本达成如下共识。

一个成熟的课堂教学模式必须具备理论基础、明确的教学目标、简捷的操作程序、达成条件以及相应的教学评价五个要素，这五个要素构成这种课堂教学模式的基本结构。

（1）理论基础是指课堂教学模式赖以成立的教学思想、教学理论，毕竟教学模式是特定教学理论指导下的教学行为的一种约定、规范。例如，凯洛夫主张的讲解模式，就是根植于巴甫洛夫条件反射理论，而概念获得模式则是依据认知心理学关于学习的基本理论。

（2）明确的教学目标是教学模式的指向，在教学模式结构中处于核心位置并直接制约着其他要素。事实上，不同的教学模式的价值取向往往具有较大差异，这也是特定的教育教学理论所努力体现的方向，诠释着研究者对于教学过程中各

① Bruce Joyce，Marsha Weil，Emily Cathoun. 教学模式[M]. 荆建华，宋富钢，花清亮，译. 北京：中国轻工业出版社，2002.

个要素之间关系的一种理解。例如，与以教为中心的教学模式相比，以学为中心的教学模式更加关注学生学习发生的过程，主张以学促教、以学定教。不同的教学模式正是为达成一定的教学目标而精心设计的。

（3）拥有简捷的操作程序是教学模式的一种基本特征，是为了达成预期目标而精心编制的一套逻辑步骤。

（4）达成条件是制约教学模式的各种条件因素，其中，师生、教学环境、教学内容、教学手段和方法、教学时间等是主要因素。

（5）相应的教学评价是鉴别教学模式是否达成教学目标的评价标准及其方式方法。

在我国中小学数学课堂教学中，课堂教学模式必须具有鲜明的操作环节、相对固定的操作步骤。以山东杜郎口中学①自主创新的“三三六”模式为例：两个“三”分别表示课堂自主学习体现“立体式、大容量、快节奏”的三个特点和自主学习的预习、展示、反馈三个模块；“六”是指课堂展示所包括的预习交流、明确目标、分组合作、展现提升、穿插巩固、达标测评六个环节。而这些外在环节的背后，是其教育理念的支撑，即“给我一次机会，还您一份惊喜”，“我参与，我快乐；我自信，我成长”，“在参与中快乐，在快乐中幸福，在幸福中成长”，“变苦学为乐学，变乐学为会学，变会学为愿学”。②

自学辅导法③是中国科学院心理研究所卢仲衡研究员经过33年的实验研究，在小学数学、中学数学中大量成功使用的数学课堂教学模式（方法），这种方法的理论基础是自学辅导心理学，以自学辅导教材为重要载体实施课堂教学。而“尝试指导、效果回授”④则是上海顾泠沅研究员带领青浦县教研室教学改革实验小组，立足上海小学数学教学实践提出和实验的教学模式（方法），不仅适用于基础好的班级，对基础薄弱的班级同样有效。

教学模式是能用来计划课程、选择教材、指导教师行动的范型或方案，它是为了达到特定目标而设计的。在具体的教学实践中，教师可以用教学模式来指导教学，可以进行具体操作，但不能把它看作固定不变的框框而生搬硬套，而必须根据具体情况选择恰当的教学策略。因而，在实际的中小学数学课堂教学中，一般不是刻板地照搬某种绝对不变的教学模式，而是取其核心环节，灵活使用。

综上所述，数学教学模式是一种特定的数学教学结构，这种结构不仅拥有一

① 杜郎口中学地处山东省聊城市茌平县东部，是一所偏僻的农村中学，以课堂自主学习而闻名全国。

② 许爱红，刘延梅，刘吉林. 农村中学课堂教学模式的重大变革——解读杜郎口中学“三三六”自主学习模式[J]. 当代教育科学，2005（11）：18-26.

③ 卢仲衡. 三十三年自学辅导教学研究的回顾与展望[J]. 教育研究，1998（10）：15-21.

④ 顾泠沅. 尝试指导、效果回授的数学教改实验[J]. 教育研究与实验，1988（04）：74，72.

顾泠沅，周伟灿. 运用尝试指导和效果回授等心理效应改革初中一年级数学教学的实验报告[J]. 上海教育科研，1983（02）：9-19.

定的理论框架和理论支撑，同时，聚焦特定的数学教学目标，指向特定的教学任务，拥有明确具体的操作方式、途径和实践步骤。其中，这种结构的理论框架源于科学的教育教学理念，并根植于丰富的数学课堂教学实践。

任何一种成功的课堂教学模式，几乎都是横跨在特定教育教学理论与课堂教学实践之间的桥梁。

二、数学课堂教学的基本模式

在中小学数学课堂教学中，常见的课堂教学模式主要有接受式、探究式、讨论式、对话式、自主式和合作式等。下面我们选择其中的典型模式加以重点分析。

（一）接受式教学模式

接受式教学模式是在传统课堂教学模式基础上逐步演化而形成的。这种方式以教师为主导，教师按照学生认识活动的规律，有计划、有目的地通过教师的讲解，组织实施教学过程。这种教学模式对教师而言是讲授式，对学生而言就是接受式。接受式教学模式简称“接受式”。

接受式是目前中小学课堂教学中广泛采用的教学模式之一。其突出特点在于，课堂教学全程由教师主导，课堂教学的内容选择、进程安排、评价检测等一切内容，都由教师事前预设好，学生只需要严格按照教师的预设对所安排的任务切实地执行，对课堂中的基础知识、基本技能充分地感知、理解、巩固和应用。

由于接受式是在较短时间内进行系统的、密集的单项信息传输，如果教师的信息输出与学生的信息输入能够协调一致，就能发挥较高的教学效率，发挥出简约的认知过程特性。但是，由于这种教学模式强调教师在教学中的主导作用，如果教师把握不好，而学生没有形成积极的、主动的信息输入（信息接纳），那么，很容易走向灌输的误区，导致不能激发学生学习的积极性，学习效率不高。接受式教学模式又分为有意义接受式教学模式与机械接受教学模式。与机械接受教学模式相比，有意义接受式教学模式增加了一个教学环节“教师激活学习动机”（变“要我学”为“我要学”）。

有意义接受式教学模式最突出的特点在于，通过教师的讲授，使学生掌握系统的基础知识和基本技能。其课堂教学基本操作程序是：教师激活学习动机（变“要我学”为“我要学”）→学生主动感知、理解新知→教师讲授新知→学生巩固强化、运用深化→教师检查反馈。

（二）探究式教学模式

作为以探究为突出特征的课堂教学模式，探究式课堂教学模式具有以下基本特征：①必须具有有利于学生探究的外部条件环境，这种外部因素由教师启发诱导、精心创设；②教学过程中的信息传输必须以“师→生”为辅、以“生←→生”为主，而学生之间的信息互动建立在自主探究、大胆质疑、充分表达、自由交流的基础之上，信息交流的形式既可以是学生个人之间，也可以是小组之间、全班之间；③学生的探究通常建立在学生现实的、社会现实的问题解决基础之上。探究式课堂教学模式简称“探究模式”或“探究式”。在数学课堂教学中，探究式课堂教学模式的基本操作程序是：问题情境→建立模型→解释应用→拓展反思。

在探究式课堂教学模式中，教师的任务在于调动学生的积极性，促使学生主动获取知识、发展能力，能发现问题、提出数学问题并加以分析与解决；与此同时，教师必须为学生的学习设置恰当的问题情境，构建探究的氛围，促进探究的开展，把握探究的深度。探究式课堂教学模式聚焦学生探究能力培养，将获知过程放到与显性的知识、技能同等重要的位置，旨在通过学生的自我探究，不仅学会，也要会学，为实现学习的永续发展、工作能力的创造性奠定基础。因而，探究式课堂教学模式需要教师与学生双方的共同参与和有效参与。

探究式教学模式具有明确的指导思想，即以教师创设恰当的探究条件为前提，通过学生独立思考、主动探索后进行交流，在问题解决过程中感知事物之间的内在规律，发现客观事物的相关属性，凭借学生自己的主动行为获得理解、获得新知，达到学习的目的，完成教学任务。

（三）讨论式教学模式

讨论式教学模式是指教师不直接讲授现成的教学内容，而是根据教学内容和学生的实际情况，设计若干问题，采取谈话、讨论的方式，启发引导学生积极思考、主动探索，从而获得新知的一种教学模式。讨论式教学模式简称“讨论模式”或“讨论式”。

在讨论式教学模式中，教师根据学生已有的认知结构，设疑、启发，以对话、讨论为主要方式，并适时运用其他的教学模式。讨论式的主体形式是师生对话，核心是启发学生思维，培养学生思维的积极性、主动性和灵活性。

在数学课堂教学中，讨论式课堂教学模式的基本操作程序是：明确讨论主题（创设讨论的情境）→群体讨论、精准施评→明晰新知、拓展反思。

讨论式教学模式的核心在于，学生获得新知是在同伴之间的相互交流、分享之中完成的，这与探究式凭借学生的自主探究而获得新知的方式有明显差异——虽然探究之中有时也伴随讨论，但讨论只是其中的一种方式而非主要方式。

在我国，讨论式教学模式源于在《论语》中孔子[①]提出的“不愤不启，不悱不发，举一隅不以三隅反则不复也”。在西方，讨论法出自古希腊哲学家苏格拉底[②]的“产婆术”，即用问题激发学生独立思考以探求真理的教学模式方法。

苏格拉底的“产婆术”对后世的教学思想产生了很大影响，成为西方启发式教学的开端。而孔子的启发式与因材施教则是东方启发式教学的源头，成为中国优秀教育传统的经典代表。

（四）合作式教学模式

合作式教学模式是指教师不直接讲授现成的教学内容，而是通过小组合作、全班合作等形式，组织学生之间、教师与学生之间的讨论、交流和学习活动，从而使学生对所学习的内容有比较深刻的理解和掌握，进而达成课堂教学目标的一种教学模式。合作式教学模式简称“合作模式”或“合作式”。这种模式的基本操作程序是：合作任务设计→目标呈现→合作活动→师生提炼→效果检测→反馈补救。

案例 1-1　山东青岛的赵老师在“统计图的选择”这一教学设计及课堂教学中，要求学生以 4 人小组为单位，调查、了解各行各业、各学科中应用的各种统计图，调查、收集生活中最感兴趣的一件事情的有关数据，通过实际调查收集数据，保证数据来源的准确性。学生或通过报刊、电视广播等媒体，或对他们感兴趣的问题展开调查访问或查阅资料，经历搜集数据的过程，搜集的统计图丰富多彩，内容涉及各行各业。学生从中能体会统计图在社会生活中的实际意义，培养善于观察生活、乐于探索研究的学习品质，以及与他人合作交流的意识[③]。

上述四类教学模式的本质差异在于：有意义接受式是通过学生开展的有意义接受方式获取新知，探究式是通过学生自己的探索而独立发现新知，合作学习模式则是通过学生之间、师生之间的合作方式来获取新知，而讨论式是通过学生之间的讨论、交流、分享而获得新知。也就是说，四者的主要差别在于通过何种方式获取新知。这里的新知，既包括知识技能，也包括情感态度与价值观以及基本活动经验、基本思想、核心素养等。

总之，与人类学习方式的多元性相对应，课堂教学模式不仅是多元的，而且彼此之间互为补充。各式各样的课堂教学模式，其本质都是试图协调影响课堂教学的各个要素、各个成分之间的关系，以期实现理想的课堂教学效果。

---

① 孔子（前 551—前 479 年），春秋时期鲁国人，我国古代伟大的思想家和教育家，儒家学派创始人，世界最著名的文化名人之一。

② 苏格拉底（Socrates，前 469—前 399），古希腊思想家、哲学家、教育家，西方哲学奠基者。

③ 孔凡哲. 学生的新变化[N]. 中国教育报，2003-10-09（04）.

第二节　数学课堂教学模式的比较分析

一、课堂教学模式的类别分析

在中小学课堂教学中，采取不同的课堂教学模式，直接影响着课堂教学的进程。例如，对同一个教学内容采取接受式和探究式，虽然都可以很好地达成既定教学目标，但是，所取得的效果往往有所不同，有的仅仅是获得结果性的知识、技能，而有的则不仅获得结果性的知识、技能，还获得探究的直接经验和经历，发展探索发现的意识和能力。当然，所追求的目标不同，所需要的前提条件自然不同。

尽管案例 1-1 是物理学科，但是，就其本质而言，反映的规律属于课堂教学模式的普适规律，对小学数学课堂教学依然适用。

二、课堂教学模式的环节、价值取向的比较分析

在中小学课堂教学实践中，不同的教学模式适应不同的学习目标与教学要求，而且在教学中往往需要综合运用多种教学模式。

表 1-1 给出了几种主要的教学模式的主要环节和目标取向，这有助于我们正确理解并恰当选用主要的教学模式。

表 1-1　教学模式的主要环节与目标取向对比表

教学模式	主要环节	目标取向
接受式	情境→感知→理解→反思→拓展	认知性
探究式	问题→尝试→验证→发现→报告	思维性
合作式	目标确定→实施合作→交流互动→积极互赖→分享	过程性
讨论式	确定主题→独立思考→讨论交流→认同升华	互动性
实践式	参与→操作→习得→应用→创造	技能性
体验式	经历→感悟→交流→认同→升华	情感性

根据不同目标要求所选用的教学模式，在日常课堂教学中经常用到。只有灵活、有效地运用各种教学模式，才能真正提高教师的课堂实施能力，使教学活动进入一个较高层次。

不仅如此，我们还应该从课程层面理解、运用教学模式。对于不同形态的课程内容，在选择教学模式时往往有所侧重。例如，经验型的课程内容常常侧重于自主探究、实践体验；而学术性较强的课程内容，接受式仍然是常常被选用的教学模式，尤其是有意义接受，既能节省教学时间，又能使学生融会贯通、举一反三。

总之，对于课堂教学模式应该从课程需要的视角加以合理选择、使用，而不宜盲目生搬硬套，否则会使教师陷入迷茫，降低课堂教学实效。

第三节 数学课堂教学模式的发展反思

一、当代数学课堂教学模式的发展趋势

纵观我国中小学课堂教学的发展，特别是自20世纪50年代以来，数学课堂教学模式的发展受到心理学理论、数学课程教学理论、教学手段、社会进步等各方面因素的制约。

作为课程教学的基础，心理学在20世纪发生了重大变革，行为主义学习理论逐渐被认知理论、建构主义学习理论所取代，成为心理学学习理论的主流。

作为数学课程教学自身，无论中国2001年实施的基础教育课程改革，还是数学课程教学国际化发展潮流，都带来许多重大变革，特别是教材由原来局限于“教师施教的材料”逐步发展为“学生学习的材料”，即“学材”；而教科书特色化、多元化的发展也给课堂教学实施提供了非常有利的选择空间。

作为制约数学课堂教学的重要因素，现代教育技术手段的快速发展，特别是网络技术、通信技术、多媒体技术的飞速发展，为课堂教学模式变革提供了新的突破口，从某种程度上说甚至是革命性的变革。

毋容置疑，自第二次世界大战结束以来，世界发生了巨大变化，社会进步、经济飞速发展等因素都对教育提出了更高的要求，注重提升创新能力，注重培养能适应未来社会瞬息万变的合格人才，都对传统课堂教学“注重以信息接受为主、注重学会”提出严重挑战，转而更加强调“学会”与“会学”并举、基础与创新并举；而具体到课堂教学目标上，从仅仅关注基础知识、基本技能发展为同时关注基础知识、基本技能、基本思想和基本活动经验，从注重习得知识发展为习知识、长智慧、提高素养。

自20世纪中叶以来，世界各国都在不同时期关注课堂教学的变革。特别是20世纪80年代，我国中小学课堂教学模式研究丰富多彩，一度有400多种教学模式在全国各地实验（试验）。2001年以来，中小学教育改革关注点一度转移到课程变革，但是，依然出现了“杜郎口经验”“杨思经验”“导学案”等与课堂教学变革直接相关的发展，呈现出诸多发展趋势。

（一）课堂教学模式逐渐从单一走向多样

20世纪50年代至今，心理学由行为主义占主导地位逐步发展为认知理论、

建构主义理论占主导地位，课堂教学模式研究亦然如此：20 世纪初至 20 世纪中叶，赫尔巴特的“明了→联合→概括→应用”教学模式和杜威[①]的“情境→问题→假设→解决→验证”教学模式先后占主导地位，但总体而言，在一定时期课堂教学模式相对单一。其实这也是“教为中心”的教学理论与“儿童中心”教学理论先后占主流所致。

20 世纪中叶以来，随着“新数运动”[②]带来的国际性发展，特别是布鲁纳[③]认知—发现理论、奥苏伯尔[④]有意义学习理论、维果茨基[⑤]最近发展区理论、多元智能理论以及建构主义理论的出现，使得教育教学理论异常繁荣，随之而来的相应教学模式也应运而生。就国内中小学数学教学领域而言，有意义接受学习模式，自学辅导模式，尝试指导、效果回授模式，引导发现模式等被广泛推广应用。自 20 世纪 80 年代国际数学教育提出大众数学、问题解决、“作为服务性学科出现的数学”等国际化趋势以来，大众数学、问题解决、情境教学、建构主义下的教学模式等对我国中小学数学课堂教学产生巨大影响，数学课堂教学变革呈现出综合化、多样化、多元化的发展趋势。

（二）教学模式的理论基础得到进一步加强，教学模式的科学化趋势日益突出

正是由于 20 世纪中叶以来国际学习理论异常繁荣、世界性的“新数运动”对世界大多数国家产生深远影响，改革数学课程教学、提升教师专业化水平等改革趋势，对数学课堂教学模式研究带来诸多机遇，建立在各种心理学理论基础之上的教学模式也就成为必然，布鲁纳的发现模式就是建立在其认知—发现理论基础之上。不仅如此，系统论、信息论、控制论对于教学模式的发展也产生了重要影响，而社会学、管理学、工艺学、美学等的最新发展，对课堂教学模式同样产生了深远影响。与此同时，数学教学模式的现代发展也呈现出科学发现的脉络，即归纳始于经验，而演绎始于理论假设，各类新型的数学课堂教学模式的发展，也日益凸显出由经验归纳型向理论演绎型与经验归纳、整合型发展，其理论基础进一步加强。20 世纪 50 年代以后产生的教学模式大多属于演绎模式，如非指导性教学、接受式教学模式等。而探究模式则是从学生的直接经验出发，大多采取归纳方式形成新知、完成教学任务。

---

① 杜威（John Dewey，1859—1952），美国著名哲学家、教育家，实用主义哲学的创始人之一，功能心理学的先驱，美国进步主义教育运动的代表。

② 20 世纪 50 年代末至 70 年代初由美国人发起、波及全球大部分国家的“新数运动”，核心是把中小学数学教学内容现代化，要求从中小学起就要用现代数学精确的数学语言去传授公理化的数学体系。

③ 布鲁纳（Jerome Seymour Bruner，1915—2016），美国教育心理学家和教育家，当代认知心理学派和结构主义教育思想的代表人物之一。

④ 奥苏伯尔（D. P. Ausubel，1918—2008），美国心理学家，纽约市立大学研究生院荣誉教授。

⑤ 维果茨基（Lev Vygotsky，1896—1934），苏联建国时期卓越的心理学家，被誉为“心理学中的莫扎特”。

（三）师生关系趋向合作化，更加关注学生的学习

20世纪50年代以来，师生关系在教学过程中的地位发生深刻变化。传统教学强调以教师为中心，教师在教学中拥有绝对权威，学生只是被动地接受。为了克服传统教学的弊端，现代课堂教学越来越重视学生学习的主动性与学生在教学中的主体地位，从而师生合作、师生互动、问题解决等教学模式逐渐被人们认同，由此带来以教师为中心的教学模式向以学生为中心的学生发展模式转变，建构主义的数学学习观、教学观逐渐被普遍认同。

在建构主义学习观下，数学学习并不是学生简单接受教师传授新知识的被动过程，而是以学生原有的生活经验和数学活动经验为基础的主动建构过程。这种建构过程是学生原有的知识经验与新的信息发生关联，或者同化或者顺应的过程，也是学生自己构建新的理解、形成新的认知结构的过程。在这个过程中，教师必须营造有利于学生构建理解的外在环境，帮助学生建立理解而不是包办代替。这就要求教师必须清楚知道学生目前拥有什么、期望达到什么，为了帮助学生从已知走向未知必须提供什么样的帮助才能更有效。

在建构主义学习观下，创建新型数学教学模式，其关注点并不仅仅是学习者“知道了什么”，而是更多地关注学习者“是怎么知道的”。更进一步说，数学新知并非仅仅通过教师的系统传授就能达成，而是学习者在特定环境条件下，充分利用各类必需的学习资源，在同伴互助、教师点拨指导下，凭借对话交流、合作协商进而进行个人意义的主动建构而形成的。因而，建构主义强调教师创设恰当的问题情境、保障良好的课程教学资源，引导学生主动参与、自主进行问题探究，强调协作活动、意义建构。

事实上，建构主义教学观与以凯洛夫教学理论为代表的教师中心教学模式，其主要区别在于，师生在教学过程中的地位和角色具有显著差异。在建构主义教学观下，学生从被动的接受者变成了主动参与的发现者、探索者和创造者，教学过程也就自然地演变为特定情境之下的问题探索、协作学习和意义建构，而新知并非由教师直接传授给学生，而是由学生有效利用已有的信息资源进行自主建构的。

（四）信息技术对教学模式产生深刻影响，这种影响可能是革命性的

如同信息技术给现代生活带来革命性变化一样，信息技术对课堂教学（特别是教学模式）带来革命性的促进。

1. 课堂教学信息传递的多元化、呈现方式的多媒体化

自班级授课制产生以来，课堂教学信息渠道先后发生数次革命性变革：从最初的教师讲学生听的单向信息传递，发展为以对话交流为主的师生信息双向交流

（东方以孔子的启发式谈话法为代表，西方以苏格拉底的“产婆术”为代表），再到探究模式下信息的多向交流（师生之间、生生之间），最终发展为凭借现代信息技术，通过视觉、听觉、触觉，通过文字、图像、图形、声音、视频、动画等多方式、全方位的信息传递，彻底颠覆了传统的“口语+粉笔+黑板”的传道授业模式，同时，课堂也退化为学生获取信息的重要渠道而非唯一渠道。

2. 信息技术、媒体技术极大地促进了学生的自主学习

信息技术的快速发展极大地丰富了课堂教学资源，使得个性化教学、个别化教学成为可能，因材施教变得更容易实施。同时，多媒体技术使学生学习数学的自主性进一步加强，广播、电视、录像机、计算机、网络等媒体已成功介入数学课堂教学，为学习者提供了丰富、生动的学习资源以及发现新知、探究真理和表达观点的有力工具。

3. 教学信息处理日趋智能化且快捷方便

正是现代信息技术的出现，使以往的课堂教学诸多不可能的事情变为现实且轻松实现。“人工智能+教育”改变了教学信息的传输方式，拓宽了学生的学习视野和学习空间，极大地满足了学生的个性化需求。人工智能可以模拟教师现场教学，实现知识技能的自动化测量评价，通过教育游戏和教育机器人“寓教于乐。”① 课堂教学情境再现，只需要现场视频录制重播即可；异地同步课堂也成为可能，借助计算机网络一位教师同时可与身处不同空间的40位同学实时交流。

4. 可用于课堂教学的各类现代设施、软件平台日趋多元化、丰富化

借助几何画板、Z+Z智能平台，学生个性化地实施几何探索发现变得异常容易。例如，以往几乎不能实现的“从不同方向看”的三视图教学，借助普通的手机照相功能，连接计算机，马上就可以实现多人同时看到不同图像，而且这个过程也可以根据观察者的个性化要求实现不同的观测效果。凭借现代教育技术，诸如因材施教、个性化教育等先进理念将变得更容易实施。

（五）教学模式的理论基础得以进一步加强

人类发展如同行驶在顺流中的船，滚滚向前。教学模式的发展也是如此。随着心理学理论、哲学、社会科学的各种观点的推陈出现，教学理论与教学思想也在不断发展，而作为体现教学理论外在形式的教学模式自然随之发展，而且，各类新型教学模式的深层次的精髓其实就是这种教学模式赖以存在的教学理论（教学思想）。不仅如此，随着现代哲学（特别是现代数学哲学）的不断发展，人类所持有的数学观也在悄悄地发展变化，在数学教学实践过程中，每位数学教师都会不知不觉地受到一种观念特别是数学观的支配。也就是说，如果我们对每位教

① 程姗姗，孔凡哲.“人工智能+教育”背景下的教师角色重塑[J]. 人民教育，2020（Z1）：115-116.

师所从事的教学实践活动进行深层次的考察，就会发现他们的数学课堂教学行为往往都与他们对数学的认识紧密相连。

总之，自20世纪中叶以来，有关课堂教学模式的大量实践研究表明：

1. 教学有法，教无定法，贵在得法，教学模式方法需要优选、活用

教学模式方法的选取受制于具体的教学内容和特定的教学环境因素，而且任何教学模式方法都有其适用范围，没有无限制的普适。这就需要根据教学内容及其目标要求，根据学生群体的现实和个体学生的身心特征，根据课堂教学条件、环境，结合教师自身的特长，综合考虑教师对于教学内容的理解等因素。而且不同的课堂教学模式，其价值取向往往迥然不同，有的重在获知，有的重在过程；而某些教学模式追求的课堂教学目标往往是相同的或相差无几，因此，实现教学模式最优化才能使课堂教学既成为师生共同获知的过程，也成为师生共同探索的过程，成为师生交往互动、共同发展的过程。

2. 选择恰当的教学模式实施课堂教学是教师扬长避短、个性化发展的重要本领

每种教学模式都有其各自的优势和教育功能，存在特定的价值，都能在一定程度上发挥任课教师的特长。而“每种教学模式方法都有一些局限”，同时，“每种教学模式不可能完全独立”[①]，因而，在实际教学过程中，常常是以一种教学模式为主，多种教学模式综合运用，它们有机组合，相辅相成。这样的教学实践，不但具有时代特征，而且具有很强的操作性。根据教学内容的学科特性、班级学生的个性化需求，精心选择既有利于达成既定的教学目标，又有利于教师个性化发展的教学模式，成为现代教师专业发展的基本功之一。

3. 未来的教育教学模式很有可能建立在信息技术与脑科学基础之上

信息技术作为教育的外部条件使教育教学手段更加先进，它逐步使教学内容的呈现方式发生深刻变化，而且学生的学习方式、师生互动方式也会发生变化。关注现代信息技术对课堂教学模式的影响已成为教学模式变革不容忽视的核心因素。

二、当代数学教学模式发展的问题反思

20世纪80年代，国内课堂教学模式改革浪潮风起云涌，曾有一本书这样记载当时的情景——正在试验的各式各样的中小学课堂教学模式方法达到400多种[②]。然而，时至今日，400多种教学模式方法中，究竟还有多少种教学模式仍有生命力、仍广泛存在于中小学课堂教学之中呢？不言而喻。自2007年基础教育

① 尤·克·巴班斯基. 教学过程最优化——一般教学论方面[M]. 2版. 张定璋，等译. 北京：人民教育出版社，2007.

② 类似的书籍比较多，例如：
刘舒生，董燕桥. 教学法大全[M]. 北京：经济日报出版社，1991.

新课程改革进入深化阶段以来，国内中小学教育教学改革出现新的趋势，关注课堂教学模式改革一度成为一些人士热衷的话题。面对死气沉沉、效率低下的课堂教学，人们往往将其归咎于接受式课堂教学模式，甚至有人将其称为“传统教育恶习的残余”。其实只要进行有组织的课堂教学，都无法轻易摒弃接受学习和讲授教学，奥苏伯尔的“接受学习”与布鲁纳的“发现学习”之争就是一个典型例证。其实，成功的课堂教学受制于很多因素，关键在于根据教学目标、教学任务和学生实际需要，选择恰当而有效的教学方式。

在此，我们不得不反思：

（1）课堂教学模式是否越多越好？

（2）在日常教学中，最常用的数学课堂教学模式究竟有哪些？

（3）课堂教学是需要模式化还是需要优化？

对于以上问题，我们可以用两句话概括回答：

数学课堂教学不需要模式化，而是需要最优化。数学课堂教学有其最常用的基本模式。

（一）教学有法，教无定法，贵在得法

教学是复杂的，几乎不存在唯一通用的教学模式（方法）。教学有其固定的基本规律可循，这个规律就是“法”；但是，教学又是一个极其复杂的过程，其受制的因素有很多，因此，教学没有严格意义上的唯一固定的方法，而是应选择恰当适宜的方法。教师面对的是一个个鲜活的思维生命体，因此不能无视学生的个性化需求而以方便教师的教学来选定教学模式方法。因为不仅教学内容的学科属性制约教学模式方法的选择，而且学生的身心特征、现有的知识基础、能力基础，以及学生个性化、个别化的需求，也会直接影响教学方法的遴选；同时，教师自身的素质与能力以及学校现有的客观条件，特别是教师个性化的教学风格等，都会影响教学模式方法的优选。教师只有明察课堂实际，灵活选择切实可行的模式方法，适时调控，随机生成，才能取得理想的教学效果。

（二）教学模式需要优化

教学方法的优化来自苏联教育家巴班斯基[①]的最优化理论和实践。巴班斯基指出：（教学方法的优化选择是）“在教学规律和教学原则的基础上，教师对教育过程的一种目标明确的安排，是教师有意识的、有科学根据的一种选择（而不是自发的、偶然的选择，是最好的、最适合于该具体条件的课程教学和整个教学过

① 巴班斯基（Юрий Константинович Бабанский，1927—1987），苏联教育科学院院士、副院长，苏联著名教育家、教育学博士，以提出“教学过程最优化”而闻名。

程的安排方案）”①。教学模式作为普适性的方法，自然也需要优化。

要实现教学模式方法的优化，需要关注若干核心问题：

（1）需要准确把握常见的各类教学模式方法的适用范围、优缺点，相对娴熟地运用最为基本、常用的教学模式方法。比如，以语言讲解为主的有意义接受模式，具有高密度、大容量的特点，能在短时间内传递大量信息，帮助学生迅速了解相对系统、完整的知识与技能，但对于获得理解性掌握、洞察结果性内容背后的过程性目标，却是低效（甚至是无效）的。

再如，探究式有利于学生亲身经历知识技能的发生发展过程，有利于积淀直接的学科活动经验、发展学科思维能力，但是往往费时费力，对于主动性欠缺、认知能力相对薄弱的学生而言难度较大。

由此可见，教师对各种教学模式方法越是深刻了解、娴熟地把握，所优选的整套模式方法实施效果越好，作用也越大。

（2）优选教学模式方法，不仅需要按照单元和教学内容的学科性进行，而且需要综合考虑课堂教学环节的侧重点，以及教学任务的重难点。为每个不同的教学阶段选定适宜的教学模式方法，并将其优化组合，才能形成适合本节课的最佳教学模式方法。

（3）教学模式方法的优化，必须同时保障教学效率最优与教学目标达成最优的恰当结合。毕竟教学过程最优化不仅需要关注目标达成，而且需要确保教学效率。

[思考题 1]

1. 如何看待当前小学数学课堂教学中的接受式教学模式？

2. 如何理解探究模式与发现模式之间的关系？

3. 对于山东杜郎口中学提出的“三三六”模式，你是如何理解的？这种模式适合小学数学课堂教学吗？

4. 试分析小学数学课堂教学最常用的教学模式之间的差异。

① 尤·克·巴班斯基，波塔什尼克．教育过程最优化问答[M]．利兰，译．北京：北京师范大学出版社，1985．

第二章 小学数学课堂教学案例研究的两种基本方式方法

[学习提示]

开展小学数学课堂教学案例研究，必须掌握小学数学课堂观察、诊断的基本要领；同时，也要思考应该从哪些视角分析、研究小学数学课堂教学案例，如何就小学数学课堂教学案例展开研究。

第一节 课堂观察与课堂诊断的基本含义与操作要领

课堂观察与课堂诊断在教学中最显著的作用在于关注学生的学习，在于提升课堂教学活动过程的实效性与教学效果的高效性。课堂观察与课堂诊断是开展课堂教学案例研究的重要工具，对于改善课堂教学案例的质量与水平具有重要的作用。在中小学课堂教学的实践研究中，课堂观察与课堂诊断是最有效的两种基本方法，具有其他方法无可替代的特殊作用。

一、课堂观察与课堂诊断的含义①

课堂观察与课堂诊断是两个彼此相近而又不完全相同的概念。经验层面的课堂观察从班级授课制产生就相伴而生，但是，作为一个科学的概念，作为课堂研究方法，课堂观察始于1960年，由美国课堂研究专家弗兰德斯（N.A.Flanders）提出并逐渐发展为“互动分类系统”，赋予课堂观察以现代意义。这套互动分类系统就是运用一套编码系统记录课堂中师生的语言互动，进而分析、改进教学行为。

所谓课堂观察，是课堂教学研究的一种特殊方法，其中，观察者带着明确的观察目的，借助一定的工具手段（包括眼、耳等器官，观察表、录音录像设备等），直接或间接从课堂教学情境中收集信息资料，进而加工处理、做出判断、寻找

① 本节主要参考作者的一本编著，这里略有修缮：
孔凡哲，梁红梅. 课堂观察、诊断与评价[M]. 长春：东北师范大学出版社，2014.

规律。

所谓课堂诊断，是指研究者依据课堂教学中存在的信息，从中判断、收集、筛选对特定目标有价值的信息并进行加工整理，进而对课堂教学的局部环节或整体过程、结果等做出“是否达标”“如何达标”“达标程度如何、问题何在”等的评价，并诊断其中的问题所在，提出改进建议。

与传统的听课、观课相比，课堂观察强调明确的目的性、指向性；课堂诊断旨在对教学症状进行归因分析，达到保障课堂教学质量、提升教师教学能力的目的，而传统的评课更多地指向狭义的课堂终结性评价。亦即，课堂诊断不仅仅关注评定优劣，更注重分析其背后的客观原因，为准确把握课堂教学而“对症下药”，帮助教师改进教学，提升教学水平。

二、课堂观察与课堂诊断的作用

作为开展课堂教学研究的重要手段之一，课堂观察与课堂诊断是教师准确获取课堂教学真实状况、捕捉教学复杂现象、及时获得教学反馈信息、适时调整教学进程以取得最佳教学效果的重要手段。作为教师专业发展的辅助途径，课堂观察与课堂诊断为教师合理分析、研究课堂教学情况提供可能，经常开展课堂观察、课堂诊断，能够有效唤醒隐藏在教师内心深处的教学智慧，提高教学质量和效率，改进师生的课堂生态环境。

（一）课堂观察与课堂诊断为针对课堂教学进行科学决策与评价提供相对客观的依据

课堂教学是中小学教育教学的主渠道。确保课堂教学质量成为中小学教学研究的中心话题。然而，长期以来，人们对于课堂教学的研究往往停留在经验层面，凭着研究者自身的直觉和经验做出定性判断。而课堂教学是复杂的①，对课堂教学中的复杂规律只能采取科学规范的研究范式。事实上，科学的教学决策必须建立在科学研究基础之上，某项教学措施是否可行，某种教学模式、方法是否值得推广，或课程开发有无成效等，无一不需要通过科学规范（特别是实验研究和实践检验）加以解决。而在实际研究过程中，需要课堂观察为其收集全面、可靠且快捷的反馈信息，检查某项教育政策、教学措施和改革举措在课堂教学实践中的效果，以便随时修正决策方向。而评价教育政策在课堂中的落实状况，既要包括针对教师教的评价和学生学的评价，也要关注师生在课堂中的关系以及课堂教学生态状况。要提高评价的客观性和准确性，就必须借助于课堂观察。

以校本课程的开发和实施为例，为了确保学校预定的校本课程开发的走向，

① 埃德加·莫兰. 复杂性理论与教育问题[M]. 陈一壮，译. 北京：北京大学出版社，2004.

需要了解教师对于校本课程的认识以及教师对于开发、实施校本课程的自我愿望、真实的课程开发水平等。此时，观察的目的在于查看目的、策略和行动之间是否配合得当。同时，由观察而获得的反馈信息也应当被教师用作理智反思和改进实践的依据，而不应让其感觉到这是来自校方的压制，这样课程开发过程才能充满活力。

在校本课程开发实施的反思阶段，课堂观察则关注课程的有效性。为此，不仅要查看教师的教学是否符合课程开发者最初的意图，还要查看学生实际获得的发展，包括知识技能、过程方法、情感态度、学习策略方法，以及对于相应学科内涵的认识等。

由此可见，任何一种学校教育教学变革，在实施变革阶段和评价阶段都需要精心设计课堂观察，以收集反馈信息，确保变革的有效性。

不仅如此，课堂观察与课堂诊断也是教师评价、教学评价的重要渠道之一。一方面，凭借现场的课堂观察、课堂诊断，学校管理者可以准确获取某教师教学状况的大量信息，进而对教师做出评价；对教师而言，这种观察、诊断往往与奖酬、任免密切相关。另一方面，教师通过对学生的课堂观察进而对学生做出评价；对学生而言，有些表现是通过纸笔测验无法获得的，尤其是非结果性目标，如乐学状态、学习毅力、学习能力等，必须通过长期的观察、诊断才能做出较为客观的评价，因此，课堂观察量表及其评价准则也就应运而生。

（二）经常开展课堂观察、课堂诊断有利于改善学生学习方式、改善课堂生态

教的最终目的在于学，即不教。而以教促学的前提在于准确把握课堂教学中的学生学习状态。为此，必须开展全面客观的课堂观察、课堂诊断，才能及时获取真实状态下学生的课堂学习实况，洞察学生个性化的学习方式和学习需求。

开展课堂观察与课堂诊断，重要目的之一在于改善学生学习，促进教师发展。事实上，教师参与课堂观察的意义就是面向全体学生，给教师一面反思的“镜子”。在真实课堂中，教师的教与学生的学相互交织在一起，学生通过倾听、交流、合作和研讨，构建自己的理解，积淀有关学习的直接经验和体验，感悟新知，获得情感体验；而教师的课堂行为、学生的学习习惯及课堂环境都会直接影响学生的学习。教师通常情况下更多地关注自己如何教，从备课、上课到反思，往往过多地关注“教”的过程及其成效，而并未将学生的“学”纳入自己的视野，更未将其作为观察的主要对象。只有当观察者深入课堂之中，认真观察学生的学习、关注学生是如何学习的、会不会学习以及学得怎样，才可能在一定程度上引发学生学习行为的改变。比如，以学生的学习互动为观察视角，观察学生有哪些

互动行为、学生的互动能为目标达成提供怎样的帮助，通过观察实录还原学生在课堂中的表现，提供分析报告与改进建议，进而影响教师关注学生的后续学习行为，使其发生新的变化。而诊断课堂中的其他行为或事件，如师生互动方向（单向还是多向？频率如何？等等）、课堂生态文化等，通过教师课堂教学行为的改进、课程资源的利用或课堂文化的创设，都会直接或间接地影响学生的学习。

综上所述，教师参与课堂观察、课堂诊断，不仅指向教师的施教状态，而且始终指向学生学习的改善。这是课堂观察、课堂诊断与传统听课、评课的最大区别所在。

（三）课堂观察是促进教师专业化发展的重要途径，课堂诊断与评价是教师专业内涵的重要内容之一

课堂观察是一种研究活动，它在教学实践与教学理论之间架起一座桥梁，为教师专业发展提供了一条很好的途径。通过课堂观察，教师借助合作的力量，在实践性知识、反省能力等方面将获得新的发展，进而提高其整体教学水平。

1. 课堂观察、课堂诊断是积淀教师实践性知识的主渠道之一

教师主动进行课堂观察与课堂诊断，可以获得直接的课堂教学实践性知识。正如舒尔曼指出的，“教师专业知识可以划分为七部分，即学科知识，一般教学知识，课程知识，学科教学知识，学习者及其特点的知识，教育情境知识，关于教育的目标、教育理念及教育哲学”①。大量实证表明，学科教学知识（pedagogical content knowledge，PCK）最能区分学科专家与教学高效教师和低效教师之间的不同。学科教学知识是教师在与真实的教学情境的相互作用之中由教师自主建构的结果，这种动态形成的结果，既有学科知识、教学知识的参与，也有学生知识、有关的情境知识整合的结果。顾泠沅等的研究表明，新手教师、有经验的教师与专家教师在学科教学知识、案例知识和策略知识等方面存在差异，特别是在包括案例知识、策略知识在内的实践性知识方面存在较大差异。②事实上，教师个体的实践性知识，是由教师教学经验积淀之上的个人理解，受制于个人的哲学观念，它来源于经验，需要教师研究自身已有的经验，形成关于“教学应该怎么做”的自我行动规则。

无论是课堂观察者还是被观察者，无论是处在教师专业发展哪个阶段的教师，都可以根据自身实际，有目的地开展有针对性的课堂观察。通过观察自己的课堂教学视频，或接受同伴的诊断，或与同伴一起开展“同课异构”活动；通过

---

① Shulman L. S. Knowledge and Teaching：Foundations of the New Reform [J]. Harward Educational Review，1987，57（01）：1-22.

② 顾泠沅，王洁. 促进教师专业发展的校本教学研修[J]. 上海教育科研，2004，(02)：4-13.

观察同伴课堂，反思自己的课堂表现，反思自己的教育教学理念的外在表现（尤其是课堂教学行为）及其效果，形成新的信息反馈，不断积淀自己的教学实践智慧。

正是由于处在不同专业发展阶段的教师的学科知识的多寡存在差异，案例知识、策略知识之间的比例变化也伴随教师专业发展的水平变化而变化，因此，课堂观察、课堂诊断就成为培训教师、提升教师课堂专业技能的重要渠道。

对新入职（或即将入职）的教师而言，不断丰富其案例知识、提升课堂教学技能的实际操作水平是专业发展的阶段性重点，借助特殊的手段——“微格教学”就成为必然。微格教学就是利用一些辅助的技术设备，受训者事后对自己的教学行为进行观察、分析进而反思、改进。对新手教师来说，这是提高教育教学技能的良好机会。同时，经验型教师通过对新手教师课堂教学的现场进行观察分析，帮助其找出不足之处，使其快速而有效掌握必要的教学技能，顺利步入教师专业化的生涯。对于经验型教师（或者专业发展处在职业倦怠期的教师）而言，最重要的事情就是观察自己的课堂，分析他人的课堂教学，在对比分析中不断提升教学技能，进而逐步形成自己的教学风格。

2. 课堂观察、课堂诊断与评价，是教师专业能力的重要组成部分

课堂观察、课堂诊断为教师提供了课堂反思的外在刺激和导向型目标，课前的讨论、课后及时的反馈、反省与评议，足以使观察者、被观察者自身原有的专业理念与实践行为之间形成反差，进而引发质疑，批判先前的行动假设及动机。由教师同伴向授课教师提供大量真实的课堂实况信息，提供自己的分析与判断，可以促进授课教师自主反思改进教学，这恰恰是针对教师个体的发展性评价、诊断性评价，很好地淡化了甄别与选拔功能，有效发挥了评价的激励与改进功能。如果教师能够持续地开展课堂观察、课堂诊断，这种反省行为就会不断得以强化、发展，进而迁移至学校其他专业活动之中，扩大反省的范围与对象，提高教师对专业的领悟与反省能力。

正是由于课堂观察、课堂诊断的特殊作用，教育部 2012 年颁布的《小学教师专业标准（试行）》《中学教师专业标准（试行）》[①]在“专业能力”中明确规定“激励与评价”（小学）、“教育教学评价”（中学）和“反思与发展”的内涵，将“对小学生日常表现进行观察与判断，发现和赏识每一位小学生的点滴进步……利用评价结果不断改进教育教学工作”（小学标准）、“利用评价工具，掌握多元评价方法，多视角、全过程评价学生发展……自我评价教育教学效果，及时调整

① 中华人民共和国教育部. 教育部关于印发《幼儿园教师专业标准（试行）》、《小学教师专业标准（试行）》和《中学教师专业标准（试行）》的通知. http://www.moe.edu.cn/publicfiles/business/htmlfiles/moe/s6991/201212/xxgk_145603.html，（2012-02-10）[2015-10-03].

和改进教育教学工作”（中学标准），以及“主动收集分析相关信息，不断进行反思，改进教育教学工作……针对教育教学工作中的现实需要与问题，进行探索和研究”等纳入教师专业能力必不可少的组成部分，而这些专业能力成分，核心就是建立在课堂观察、课堂诊断与评价基础之上的学生评价能力与教学评价能力、教师评价能力。

3. *课堂观察、课堂诊断可以有效提升教师主动参与课堂研究的意识*

教师职业专业化的最大特点及其最有效的途径之一就是教师参与研究。在传统研究模式中，往往是大学或者特定研究机构的专家对教学进行研究，而后告知教师应当如何去做。一旦采用研究者的姿态，教师就会从受控制者的角色中解脱出来，而采用批判的方法；教师不仅正在从事一项有意义的专业发展活动，也正在经历不断改善并且变得更自主的专业判断过程……高水平的教师具有专业判断的自主性，他不需要时时刻刻被告知应该做什么（即完全依赖于研究者、监督者、改革者），但这并不意味着不可以接受专家、学者的思想、建议和支持，而是将这些建议和支持建立在他自己独立判断的基础之上，所有教育专家的任务都是为课堂中的教师提供服务，而不是为了研究而研究。因此，教师的成长主要在课堂实践之中，在于教师对自己课堂教学实践的研究、反思、提炼和升华。

教师的课堂研究行为不仅包含课堂观察、课堂诊断，也包括课堂教学评价。正是通过教师对自己（以及同事）的课堂进行细致观察、诊断与评价，不仅增进教师对课堂教学行为的主动意识和行为责任心，促进其系统地、批判性地反思自己的教育教学行为，发展其自主的专业判断力，而且通过研究课堂教学，在保障课堂教学质量、促进学生全面和谐发展的同时，也使自身的常态工作成为专业自主发展的过程。

大量实践表明，在一所学校里，如果课堂观察在教师之间形成风气，那么，它就像一个中枢活动，虽然连接的是教师个体，但却促进教师成对或成组的协作，使教师成为一个整体，使学校更有活力。

（四）开展课堂观察、课堂诊断有助于形成教师学习共同体，营造合作共赢的教研文化

课堂观察与课堂诊断要完成三项任务：①描述教与学的行为，诊断教学问题；②帮助教师改进课堂中具体存在的真实教学问题；③指向教师日常课堂行为的改变与完善。因此，教师参与课堂观察、课堂诊断必然会受到种种限制，也就是说，只有满足一定条件的教师，才能更好地开展课堂观察与课堂诊断活动。

一方面，课堂观察、课堂诊断需要教师之间合作开展——仅凭教师一边组织教学，一边实施课堂观察、课堂诊断，固然可以完成，但是很难取得最佳的观察、诊断效果。即使是教师凭借录像手段实现即时观察、课后诊断，但“他山之石，

可以攻玉”，多一种观察视角，多一种观点，对于全面客观地获取课堂教学的真实信息至关重要。因此，课堂观察、课堂诊断主张教师之间合作开展。

另一方面，课堂观察与课堂诊断的过程，其实是一个双向互动、信息反馈的过程。对观察与诊断的主体而言，被观察者与观察者的共同参与是必不可少的。正是由于课堂观察、诊断任务的驱动，使观察教师不再仅仅充当旁观者的角色，而是全程参与研究活动，对课堂教学进行充分而积极的思考，从而，同伴互助与自我反思、专业引领很好地融合在一起，这完全符合校本研修的基本规律。从这个角度讲，课堂观察与课堂诊断的确有利于强化教师的合作意识和团队意识，有助于教师学习共同体的形成。同时，在课堂观察中，需要既彼此分工又相互合作。在课堂观察整个过程中，每个阶段都是教师之间的多向互动。教师借助课堂观察共同体，探究、应对具体的课程、教学、学习、管理上的问题，开展自我反思和专业对话，在改进课堂教学的同时，促使合作体的每位成员都得到应有的发展。

与惯用的课堂定性评价、观课聚焦课堂整体性相比，课堂观察、课堂诊断通常是对课堂的局部行为进行分析与诊断，而不善于对课堂事件进行整体的、宏观的把握。所以，课堂观察、课堂诊断是教师研究课堂的一种重要方式（但不是唯一方式），不能代表教师开展教研活动的全部（而只能解决有限的课堂问题）。针对课堂教学案例开展深入研究，不仅需要实践研究，有时也需要理论分析。此时，针对非视频的文字案例，文本分析法、比较法等方法比较常用；而针对视频案例的分析，其本质还是课堂观察、课堂诊断的核心成分。

第二节　利用课堂观察开展数学课堂教学案例研究的基本要领

利用课堂观察开展小学数学课堂教学案例研究，具有一系列基本要领，掌握这些要领，是提升研究实效性的关键。开展数学课堂观察需要遵循课堂观察的一般规律，而课堂观察是一项目的性非常强的研究活动，观察者只有明晰观察目的，选取恰当的观察程序、方法，遵循课堂观察的基本要求，才能收集到确切、有效的资料，确保观察的有效性。

一、课堂观察的基本要求

课堂观察一般遵循四条基本要求[①]：①具有明确的观察目的；②选择适当的

① 孔凡哲，梁红梅. 课堂观察、诊断与评价[M]. 长春：东北师范大学出版社，2014.

观察内容；③制定科学的观察方法；④具备清晰的观察过程和明确的结论。因此，课堂观察前，不仅需要明确本次课堂观察的目的和任务目标，而且需要选择合适的观察对象，确立恰当的观察视角，选择合适的观察工具，做好观察的各项准备工作。

课堂观察常用的主要工具包括定量观察量表、定性观察分析提纲、摄像机等。制定观察量表是一项系统而复杂的工作，观察量表科学与否、质量高低，直接影响观察效果。观察量表的制定需要根据课程特点、教师水平、学生基础、教学实际等方面综合设计，同时需要在实践中进一步探索、完善和优化。

观察目的必须与需要解决的问题紧密相连。与其同时，需要能够从复杂的教学现象中捕捉值得关注的关键问题。事实上，在课堂观察中，各个研究问题被具体化为相应的观察点，而课堂的连续性事件被拆解为一个个时间单元，课堂中复杂性情境被拆解为一个个空间单元，透过观察点对一个个单元进行定格、扫描，搜集、描述与记录相关的详细信息，再对观察结果进行反思、分析、推论，以此获得课堂观察所需要的相应信息，进而改善教师的教学，促进学生的学习。在课堂观察中，选择科学的观察方法和数据收集工具至关重要。

表 2-1 是开展小学数学课堂教学有效提问行为频次的统计量表，运用这个量表，可以清楚地再现小学数学课堂中各类提问的类别、理答方式、频次等，进而定量刻画课堂提问的有效性（特别是与数学学科属性有关的深层次提问的状况）。

表 2-1　数学课堂中各种提问行为类别频次统计表①

行为类别	频次（次）	百分比（%）
提出问题的类别 和数学无关的问题 常规管理性问题 记忆性问题 理解性问题 推理性问题 创造性问题		
挑选回答问题的方式 提问前先点名 提问后让学生齐答 提问后让举手者答 提问后让未举手者答 提问后改为其他同学答		
教师理答方式 自己代答 对学生回答没有响应 重复自己的问题或学生的答案 对学生的回答提出进一步的问题 对学生的回答鼓励或称赞 鼓励学生提出问题 对学生的回答做出指导		

① 孔凡哲，王威威，李莹. 改善课堂教学有效性的若干对策[J]. 湖南教育（数学教师），2008（01）：5.

续表

行为类别	频次（次）	百分比（%）
学生回答的类型 与数学无关的回答 无回答 机械判断是否 认知记忆性回答 理解性回答 创造评价性回答		
停顿 提问后停顿过长 提问后没有停顿或不足 3 秒 提问后适当停顿 3～5 秒 学生答不出，耐心等待几秒 对有特殊需要的学生，适当多停几秒		

二、小学数学课堂观察的基本形式与方法

（一）小学数学课堂观察的基本形式

在小学数学教学中，开展课堂观察通常有五种基本形式，即课堂活动全息式、关键问题聚焦式、现场情境描述式、典型个体追踪式和特定观察工具式。

1. 课堂活动全息式

课堂活动全息式的观察，就是针对所有影响观察主题的小学数学课堂教学因素进行全面、彻底的观察，不仅涉及面广、观察的领域多，而且注重对整节课的全面分析。这种观察方式对于训练教师课堂观察的技术具有良效。然而，人的精力是有限的，如果“眉毛胡子一把抓”，不分重点、不分主次地进行一堂课的全面观察，往往精力分散，难以聚焦关键问题，很容易导致为了追求整体效果而对课堂教学的分析流于形式。

2. 关键问题聚焦式

关键问题聚焦式的观察，就是精心设计观察视角、视点，聚焦旨在需要解决的问题，分析其相关要素，选择视角、设计视点（支架），进行课堂教学的重点观察。

例如，为了更好地分析小学数学“2 的认识”课堂教学中学科内涵的把握状况，课堂观察的焦点宜定位于教师对于“2 的学科内涵”的相应教学内容的把握上，亦即重点观察任课教师针对“2 的基数性质”“2 的序数性质”“2 的写法、读法”等要素，具体设计了哪些细致的教学片断、教学环节，每个教学环节是否真正凸显“作为基数的 2、作为序数的 2”的内涵，而不是将教学的侧重点仅仅停留在“2 如何读、如何写”上。其中的视点就是“是否创设了充分体现作为基数的 2 的问题情境，充分体现含有两个元素的若干个集合之间构成一个等价类”，

以及“是否创设了充分体现作为序数的 2 的问题情境，充分体现‘第 2 个’的属性”。

因此，采用关键问题聚焦的方式实施课堂观察，首先，必须聚焦需要研究的问题，分析其相关因素，选择视角、设计视点；其次，所提供的视点（支架）的设计要突出重点，注意科学性；最后，要有较强的问题分析能力和合作能力。

3. 现场情境描述式

现场情境描述式的观察，是一种定性观察方法，要求观察者围绕特定的观察主题，设计观察视角与视点，对观察结果进行定性描述。这种观察方式具有灵活性、情境性、开放性特点，适合对主题做深入、全面的动态分析，特别是对主题的生成、拓展过程的观察有一定作用。

课堂毕竟是一个复杂的情境，而教学也是一个复杂的过程，课堂教学中的许多东西是无法用具体数据来说明的，需要观察者根据观察目的和粗线条的观察提纲，在课堂现场对观察对象的某些行为做详尽的、多方面的观察描述，并在课后根据观察回忆加以补充、完善，以便较完整地反映教学的真实情况。

现场情境描述式观察需要观察者具有较强的理论功底和分析判断能力，同时，观察过程中需要观察者有比较强的随机应变能力，而且观察者的主观意识也会对结果产生一定影响。因此，新手教师一般不宜采用现场情境描述式进行课堂观察。

4. 典型个体追踪式

为了深入了解某些学生的学习情况，或者通过了解有代表性的学生个体的学习情况，验证或研究某一种教育措施的实施、某一种教育教学方法对教学对象产生的效果，而有意识地选择一位或多位被试学生，进行课前、课中、课后跟踪观察，这种方法通常称为“典型个体追踪式的观察”。这种课堂观察方式的关键在于，观察对象必须具有研究主题的代表性，同时，观察过程中应尽量避免主观因素的过度干扰，以确保课堂观察结果的有效性。

5. 特定观察工具式

特定观察工具式，即依据价值评判标准的课堂观察，指带着课堂教学评价量规进行带有评判意义的观察。这种课堂观察，既可以是一种鉴定或评价，形成对课堂教学水平与效果的评价结论，也可以是一种引导和培训，在课堂观察中理解和内化课堂评价的标准。

采用特定观察工具式进行课堂观察，要做到以下几点：一要依据所观察课程的主题制定有效性评判标准，要确保科学性、准确性和包容性。二是依据学科特点制定价值评判标准，既要符合学科特点，又要科学、全面、合理。而在观课、评课时，应避免程序化，而是需要根据教学目标、课型类别、教师个人风格灵活运用。

（二）课堂观察方法的分类

按照不同的分类标准，可将课堂观察方法分为实验观察与自然观察，参与观察和非参与观察，直接观察和非直接观察，结构观察、准结构观察和非结构观察，开放式观察、聚焦式观察与系统观察，以及定量观察和定性观察等①。

其中，定量观察是以结构化的方式收集资料，并且以数字化的方式呈现资料的课堂观察。定量观察主要有三种记录方式：编码体系、记号体系（或项目清单）、等级量表及两种抽样方法（即时间抽样和事件行为抽样）。

在对课堂教学进行量化研究的过程中，课堂观察表、学生座次表、行动路线图、行为统计表、活动时间表、问题分类表、前后教学环节板块图等各种各样的量表被开发出来，并投入课堂观察的实践应用中。

定性观察是以质化方式收集资料，并且资料以非数字化的形式（比如文字等）呈现的课堂观察。依据粗线条的观察提纲，对观察对象做详尽的多方面记录，呈现形式是非数字化的，分析手段是质化的。定性观察主要有四种记录方式：描述体系、叙述体系、图式记录、工艺学记录。自20世纪70年代开始，课堂语言实录、课堂音频实录、课堂视频实录、教学情景描述、教学语言分析等定性课堂观察的方法应运而生，原本被剥离、割裂的教学行为或事件回归到当时产生时的情形，数据原本的情境意义得以还原。

完整情景的音视频资料包含海量信息，有待于选取恰当的角度解读；定性观察到的信息质量与观察者的语言记录水平、个人经验、语言描述能力，以及相关理论水平都有关系，因此主观性、个性化色彩比较强。

定量观察是在观察前提出问题，然后具体设计指标系统来分析；而定性观察只有在搜集了大量客观资料后才提出问题。研究问题常在研究过程中不断被重构，时间较长。

由此可见，观察记录方法的选择要适合观察的目的，要适合观察者的习惯和观察记录能力，而观察量表要根据观察对象的不同进行修改。

三、课堂观察与课堂诊断的基本程序

在小学数学课堂教学中，开展课堂观察与诊断一般具有特定的程序，图2-1是最常用的一种程序设计②。运用这种程序，笔者一行在长春市的东北师范大学

① 陈瑶. 课堂观察指导[M]. 北京：教育科学出版社，2002.

② 孔凡哲，梁红梅. 课堂观察、诊断与评价[M]. 长春：东北师范大学出版社，2014.

附小、东北师范大学附中净月实验学校小学部、长春实验小学、长春东光小学进行了为期 3 个月的课堂观察、诊断与评价，以及“同课异构”课例研究，形成本书稿中的大部分案例。下面以“学生课堂学习状态与学习效果”的小学数学课堂观察为例。

观察内容：学生学习的主动性与积极性、参与的深度与广度、规范与习惯、反思与评价、能力与发展及三维目标的达成度等。

观察量表：如表 2-2 所示。

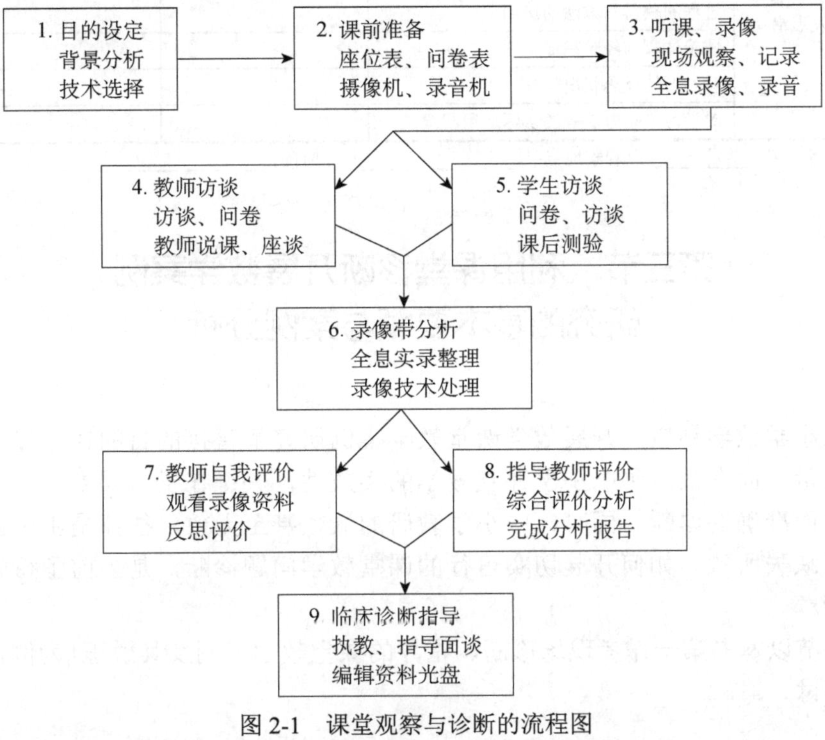

图 2-1　课堂观察与诊断的流程图

表 2-2　小学生数学课堂学习状态与学习效果观察表①

被观察者：＿＿＿＿＿＿　　课题：＿＿＿＿＿＿

观察视角	学习状态与学习效果		
维度	观察点	课堂现象描述	观察结果分析（定量、定性）
数学学习状态	数学学习兴趣		
	数学学习习惯		
	数学学习的主动性		
	数学学习的积极性		
	对所学内容的“乐学”状态		

① 孔凡哲，梁红梅. 课堂观察、诊断与评价[M]. 长春：东北师范大学出版社，2014.

续表

观察视角	学习状态与学习效果		
维度	观察点	课堂现象描述	观察结果分析（定量、定性）
数学学习状态	学习毅力的实际状况		
	数学学习能力的具体表现		
数学学习效果与可持续发展潜质	知识技能的理解与掌握		
	知识技能的应用与深化		
	数学能力的发展与提高		
	过程的获得与方法的运用		
	情感体验与经验积淀		
	对学习的反思状况		
	对学习策略方法等的实际运用状况		

观察者姓名：________ 观察地点：______________ 时间：______________

第三节　利用课堂诊断开展数学案例研究的基本要领与案例分析

在小学数学领域，开展数学课堂教学案例研究最直接的目的在于提升课堂教学质量。而有效改善中小学课堂教学的实效性，关键在于对课堂教学问题做出及时而准确的诊断。同时，中小学教研的低效甚至无效，往往是由于课堂教学诊断缺失所致。如何开展切实可行的课堂教学问题诊断，是当前亟待解决的焦点话题。

本节以本书第一作者现场诊断、指导的课堂教学案例及其矫正①为例，进行分析探讨。

一、一个课堂教学案例

为了更好地了解数学教师课堂教学的实际状况，我们在A市S学校的数学课堂开展了“同课异构”活动，教学内容是人教版“矩形”第一课时。

导入新课后，教师首先请学生回忆平行四边形的性质，而后演示平行四边形模具（一个用四根木条做成的四边形框架，相对的顶点用橡皮筋紧紧拉着），引导学生归纳出矩形的概念。此时，教学进入了矩形性质的学习阶段，教学活动的主要环节见案例2-1。

① 本案例及其课堂观察、案例改进，曾以孔凡哲及其指导的博士生李中华的名义公开发表：李中华，孔凡哲. 数学课堂教学问题诊断与案例改进研究[J]. 中国教育学刊，2011（11）：66-69.

案例 2-1

第一环节：任课教师抛出三个问题：①类比平行四边形性质，猜想矩形有哪些性质？②把所得结果写在一张纸上，一会儿到讲台前交流。③验证你的猜想。

第二环节：学生展示猜想、性质、结论。

第三环节：学生验证猜想[生 3 度量法、生 4 旋转（重合）法、生 5 直角三角形全等法、生 6 勾股定理法、生 7 直观判断法]。

整节课似乎比较顺利，一切都在按部就班地进行，但整节课课堂气氛沉闷，缺少必要的生机与活力。观课、评课的教师一片茫然。对于这种真实存在的课堂，有必要进行深入的问题诊断。

二、针对“课堂沉闷”现象的教学诊断过程与诊断方法

传统的中医诊断法包括望、闻、问、切四诊，主要依靠医生的视觉、触觉、听觉、嗅觉等感觉器官收集病情资料。对课堂教学问题的诊断也可采取这四种基本思路。下面以数学课堂教学为例加以说明。

（一）望：初步观察，通过现象看本质

1. “望”的内涵

传统中医学中的“望”即“望诊”，就是医生运用视觉来观察病人全身或局部的神、色、形、态的变化，通过观察病人的外在表象，对病人的病情做出初步的判断。

在课堂教学研究中，“望”就是观察，即针对课堂教学中的现象、教学进程进行细致、周密的考察、调查，也可以理解为一种查看体验活动。

课堂观察是研究者或观察者带着明确的目的，通过感官或借助观察辅助仪器，直接或间接（主要是直接）从课堂情境中收集资料，并依据资料做相应研究的一种科学研究方法。观察不仅是人的感觉器官直接感知事物的过程，也是思维器官积极思考的过程。

2. 为何“望”

（1）课堂观察有利于改善学生课堂学习。课堂观察主要关注学生是如何学习的，以及学得怎样，这与传统教研中的听课、评课主要关注教师单方的行为有很大不同，即使所确定的观察点不是学生，其最终还是需要通过学生是否学得有效来检验。因此，课堂观察的过程是研究学习和促进学习的过程，始终紧紧围绕着学生课堂学习的改善。

（2）课堂观察有利于促进教师专业发展。课堂作为教师教学的主阵地，是教

师从事研究的宝贵资源。无论是观察者还是被观察者，无论对处在任何发展阶段的教师，都可以根据自身实际，有针对性地进行课堂观察，从而获得实践知识，在教学实践与教学理论之间架起一座“桥梁”，为教师专业发展提供一条有效途径。

但是，运用观察调查法不能判断“为什么”这一类因果关系的问题，只能说明“有什么”和“是什么”的问题。在观察过程中，结果往往因观察者的观察能力、观念、知识层次的不同而不同。

3. 如何“望”

（1）确定研究的目的和观察问题——针对实际工作中所需解决或改善的问题确定研究方案。

（2）研究的准备——工具准备（问题体系、观察的框架、表格或录音录像设备等）、教师素质准备（意识、方法或技术如观察研究模式等）。

（3）观察的实施——自我观察、合作观察的选择实施。

（4）分析与思考——对观察的信息或数据进行定性或定量分析。

（5）拟定新的行动方案——对观察的信息或数据进行定性或定量分析之后，形成新的观察研究方案。

（6）实施新的行动方案——不断修改或调整计划并付诸行动。

（7）成果呈现——几次循环观察研究之后，可以形成观察研究报告、叙事研究或案例研究报告等①。

（二）闻：认真倾听，敏锐洞察

1.“闻”的内涵

传统中医学中的“闻”即“闻诊”，就是医生凭听觉和嗅觉辨别病人的声音和气味的变化。在课堂教学研究中，“闻”就是倾听，以学校一员的身份，深入实地，静心“闻”而不“语”。哲学解释学的创立人加达默尔②认为：倾听的本质即“将言谈的所有段落在一种新的统一方式中来理解，言谈就是被说出去的语言，而不是语词”，“听者必须在倾听中理解，言说是在倾听的无声回答中被接受。”③在倾听时，总是伴随着观察、辨别、判断、选择，无不闪现着教师的教育敏感、教育机智和教育艺术的光彩。

2. 为何“闻”

（1）倾听学生，能欣赏学生的独特性。教师倾听学生不是把学生当作一个群体来看待，而是将其作为独特的个体给予关注。然而，在传统课堂教学中，教师

① 清风. 课堂观察法[J]. 新课程研究，2005（03）：70.

② 加达默尔（Gadamer，Hans-Georg，1900—2002），德国哲学家、哲学解释学的创立者之一，他在现代西方哲学中的影响归因于他在解释学中的成就。

③ 加达默尔，潘德荣. 论倾听[J]. 安徽师范大学学报（人文社会科学版），2001（02）：2.

将学生客观化为普遍性对象，忽略了教育对象的独特性，即对普遍性的偏好压抑了对独特性的关注，导致对独特性的遗忘，进而产生对存在的遗忘。

（2）在课堂上，教师认真倾听学生的呼声，旨在营造一种民主自由的课堂氛围。教师尊重学生的课堂主体地位，就是让学生得以生动活泼、自由健全地发展。教师真诚倾听学生的心声，就是教师尊重学生的具体表现，使课堂洋溢着尊重、民主和自由的气氛，师生交往、师生互动、积极参与、平等对话、共同发展。只有这样，课堂中的每个参与者的创造性和潜能才能得到充分发挥。

但是，倾听的误区很多，课堂上，精神失语和精神失聪现象比比皆是。教师不能或不愿倾听学生的叙说，常常表现为听的全程缺失或暂时缺失，听的全员缺失或部分缺失，误听、假听、偏听等。要避免这些误区，需要教师具备听记、听辨、听测及筛选组合等能力。

3. 如何“闻”

（1）要体察对方的感觉。体察感觉，就是将对方的话背后的情感复述出来，表示接受并了解对方的感觉，有时会产生相当好的效果。

（2）要注意反馈。倾听别人的谈话要注意信息反馈，及时查证自己是否了解对方。你不妨这样说：“不知我是否了解你的话，你的意思是……。”一旦确定了你对他的了解，就要进行积极实际的帮助或提出建议。

（3）要抓住主要意思，不要被个别枝节所吸引。善于倾听的人总是注意分析哪些内容是主要的，哪些是次要的，以便抓住事实背后的主要意思，避免造成误解。

（4）要关怀、了解、接受对方，鼓励或帮助他寻求解决问题的途径。

（三）问：定性研究，深入心理

1. “问”的内涵

传统中医学中的“问”即“问诊”，就是通过询问病人和家属，了解疾病的发生与发展过程，以及目前症状及其他与疾病有关的情况。在课堂教学研究中，“问”就是访谈。访谈可以采用“一问一答式”，也可以采用“自由提问式”。

2. 为何“问”

（1）访谈法是定量研究的必要补充。定量研究对于我们研究事件发展的宏观趋势和事物的数量程度有很大帮助。但是，定量研究在研究和解释微观问题与个案事例时有其本身的劣势，因为数据不能完全描述个体之间存在的具体差异和深层次的心理经验等。

（2）访谈法在定性研究中已经成为主要研究方法之一。定性研究中的观察法是在不影响被研究者的活动和行为的基础之上进行的，观察法可以得到很具体的资料而且比较客观，但有时观察无法揭示被观察者的心理活动和动机水平，因而有其自身的缺点。访谈法可以深入了解被研究对象的心理和人生经历，从而补充这方面的不足，使研究结论更具有说服力。

但是，访谈法也有一定局限性。首先，缺乏隐秘性。由于访谈调查要求被访者当面作答，这会使被访者感觉到缺乏隐秘性而产生顾虑，尤其对一些敏感的问题，往往会使被访者回避或不做真实的回答。其次，受访谈者的影响较大。由于访谈调查是研究者单独的调查方式，不同访谈者的个人特征，可能引起被访者不同的心理反应，从而影响回答内容。

3. 如何“问”

（1）拟订访谈方案。要做好调查研究工作，无论采取哪种方式，都要事先拟订好方案。访谈方案的内容包括访谈目的、访谈对象、访谈顺序、访谈中要提出的问题等。

（2）约见访谈对象。为了使访谈能顺利进行，事先要与所确定的访谈对象进行联系，让访谈对象有心理准备，在时间上做出安排。

（3）实施访谈计划。万事开头难，访谈者应从被访者关心和感兴趣的话题入手，进入正题后要耐心听取对方的谈话，即使离题也不要贸然打断，而应在恰当时机导回正题。访谈者要做好记录，有疑问的地方要请被访者确认。

（4）告别访谈对象。访谈结束后，应该对被访者表示谢意，要给被访者留下良好印象。访谈有时一次不能完成，或者整理过程中发现访谈内容有所欠缺，需要补充，告别时可向被访者做出说明，以期下次访谈时对方能真诚配合。

（四）切：调查研究，深入分析

1.“切”的内涵

传统中医学中的“切”即“切诊”，包括切脉和按诊，是切按病人的脉搏和触按病人的皮肤、手、腹部、四肢及其他部位以诊断疾病的方法。在课堂教学中，“切”就是专门调查，即制定某一计划，全面收集研究对象的某一方面的相关材料、信息，并做出深入分析、综合判断，有时需要辅以问卷调查。专门调查也叫专题性调查，专题性调查是指对某一专门问题进行具体、深入的调查研究，特点是题目单一、内容集中、具体深入和针对性强。

2. 为何“切”

（1）通过调查，一方面可以为教育科学研究搜集事实；另一方面可以为教育第一线的工作者提供经验、教训，以便更好地改进工作，提高教育质量。

（2）调查法能搜集到难以从直接观察中获得的资料。观察法只能获得正在发生着的事情的资料，而调查法可以在事后从当事人或其他人那里获得有关已经过去的事情的资料。由于调查法并不局限于对研究对象的直接观察，它能通过间接方式获取材料，因此有人把调查法称为间接观察法。

虽然调查研究在教育科研中的应用日趋广泛，但其也有一定的局限性，如所搜集的材料或数据的代表性较难把握，容易失真；调查研究只能揭示事物之间的某种关联（相关关系），不能可靠地揭示事物之间的因果关系；等等。

3. 如何“切”

（1）拟定调查提纲。包括确定调查目的、调查对象、调查项目和调查时间、具体做法和组织实施计划等。

（2）收集调查资料。由调查人员深入现场，实地了解，取得第一手资料；对调查对象有关方面进行采访。根据采访的内容和数据，整理调查资料。

（3）整理、分析调查资料。对搜集的调查资料归类整理，进行系统的综合分析，去伪存真、去粗取精。

（4）撰写调查报告。根据搜集、归类、整理、分析的资料写出书面报告。

在课堂问题的专门调查中，有时需要辅以问卷调查。

（五）诊断过程分析

案例 2-2　用“望”诊断“教学目标不明确”的系列问题

在案例 2-1 中，任课教师在矩形性质的学习阶段，第一句话就是“请大家类比平行四边形性质，猜想矩形有哪些性质？”。

这节课是在学习平行四边形之后，学习“矩形”的第一课时，是典型的从一般到特殊的学习，教师采取“类比”思维方式引导学生“猜想矩形有哪些性质”是违反逻辑的。同时，针对这种设问，学生无所适从——随后发生的课堂实际也验证了我们的判断。而这种现象并非仅仅出现在这节课中，同课异构活动的另一位教师的课堂教学也出现了类似问题，她将教学目标的第 3 条设计为“体会类比的数学思想”，并试图实现。从两位教师的教学意图来看，期望学生通过类比，猜想到矩形的性质，这似乎是合乎情理的，其实则不然。

究其原因，一方面，任课教师对于教学内容的学科内涵理解不清（甚至出现科学错误）——矩形是由平行四边形转化而来，具有平行四边形的一切性质（从“一般”到“特殊”）。而矩形又是特殊的平行四边形，其特殊性质并非通过“类比”一般的平行四边形而得到，并非所有的平行四边形都具有“对角线相等、四个内角都是直角”的属性。

另一方面，任课教师没有真正从学生已有的经验和先前知识出发，精心设计学生的“最近发展区”。理想状态是，首先，找到学生的已知；其次，明确期望学生达到的目标；最后，也是最关键的一步，帮助学生在已知与未知之间搭建一个桥梁，而这个桥梁是指，从已经学习过的平行四边形出发，分析其中某些特殊的平行四边形（例如，变动平行四边形教具，当变动处在某一种特殊状态——内角都是直角时，研究此时的“特殊”平行四边形，就可获得其“特殊”属性）。

因此，深层次的原因在于，任课教师尚未“读懂”教学内容背后的学科内涵，尚未“读懂”学生，尚未“读懂”教科书，从而不能准确地驾驭课堂。

案例 2-1 中的任课教师的问题在于，较多停留在理解矩形与平行四边形的联系上，对矩形有关性质的获得，简单地采取类比的方法。如此既违反了逻辑顺序（按照这样的思路，学生根本无法合理地猜想，只能盲目地“瞎猜”），又剥夺了学生对数学活动的亲身感受，因而，这样的教学对教学目标的达成显得苍白无力。

在这里，主要采取了“望”，即观察的方法，而提高观察效果的有效策略在于“边看边想，边问边对照”；观察的诀窍在于“通过现象看本质”——课堂观察的焦点应放置于教师对课堂教学实际的理解和把握、学生的实际状态、师生关系以及目标达成的过程与实效。

案例 2-3　用“闻”诊断“归纳推理的过程理解不清”的问题

案例 2-1 的教学内容是人教版“矩形”第一课时，通过分析《义务教育数学课程标准（2011 年版）》对“矩形”的课程教学目标界定，分析人教版“矩形”第一课时的编排思路，综合考虑学生的实际，我们可以发现，对大多数学生而言，“矩形的性质”这节课的教学目标在于：

（1）让学生经历探索矩形的有关性质的过程，在直观操作活动和简单说理过程中，发展学生初步的合理推理能力与主动探究的习惯，使学生逐步掌握说理的基本方法。

（2）探索并初步掌握矩形有关内角、对角线的基本性质。

（3）初步运用矩形的概念与基本性质，分析解决简单的问题，进一步培养学生良好的数学学习兴趣，进一步体会数学与相关内容之间的密切联系。

带着这样的前期准备，我们[①]深入案例 2-1 的数学课堂，“闻”而不“语”。

（在明确给出“有一个内角是直角的平行四边形叫作矩形”的概念之后，教师引导学生猜测、“发现”矩形对角线的性质）。

师：对于“对角线相等”，你有哪些验证方法？

生 3、生 4、生 5、生 6、生 7 依次给出了度量法、旋转（重合）法、直角三角形全等法、勾股定理法、直观判断法（即观察平行四边形教具的变化过程，由于教具的四条边框被固定在可以转动的钉子上，长度保持不变，而内角可以变大或变小，挂在相对顶点上的皮筋有时紧、有时松，只有当两根皮筋松紧一样时，四个内角才都是直角）五种方法，验证“矩形的对角线相等”。学生活动很积极，

① 指本书作者孔凡哲及其指导的李中华副教授（当时为在读博士生）。

教学进展很顺利(任课教师非常满意——一切尽在“掌控之中”——如同课前的预设)。

但是,在验证“对角线相等”这条性质的过程中,生3的度量法、生4的旋转法、生7的直观判断法,是真正的验证方法吗?为什么必须让学生猜想、验证?直接给出结论不行吗?

带着这样的问题,我们在内心默默地“闻”、自我发问:首先,教师对于五种验证方法“平均用力”、不加区分而一律充分肯定的做法是否合适?其次,教师是否有必要让学生经历猜测的过程?最后,动态的探索过程对于学生理解和掌握矩形“对角线相等”的性质是否有帮助?

我们思考的初步结论是:对于五种验证方法不宜“平均用力”,而应在保护学生自尊、自信的前提下加以区分,对其中的核心方法给出有理有据的分析;让学生经历猜测的过程,获得有关推理的直接经验和体验,对于学生的几何直观和推理能力的发展至关重要;同时,动态的探索过程对于学生理解和掌握矩形“对角线相等”的性质大有益处。

我们注意到,课堂观察诊断中的“闻”必须“静”而不“语”,其重要目的在于,确保观察者不干扰课堂教学进程,同时,将“学生”作为“闻”的焦点。毕竟,学习方式是确保学习效果的基本前提。针对学习方式的诊断,必须审视课堂中学生的学习方式是以被动的、他主的、接受式的(甚至死记硬背、机械训练)为主,还是以主动的、自主的、探索发现、合作交流的方式为主;是否真正将学生的学习方式转变放在首位;是否引发学生开展积极的、真正的数学思考,而不是盲从。

案例 2-4 运用“问”诊断“猜想缺乏操作”问题

我们注意到,在两位教师两节课的教学中,无论是学生的独立思考、合作交流,还是展示结论,都没有操作基础之上的进一步探究,而是直接猜想得出结论,也就是说在简单操作之后没有深入思考,更没有操作之后针对操作过程的回味、讨论和提升。

为什么两节课都是如此呢?仅仅靠“望”“闻”,我们无法找到答案。此时,需要借助“问”。在课后,我们立即对设计、指导这两节课的数学教研员W老师进行了专题访谈。

访谈者:(在课上)为什么不让学生进行动手操作探究,而让学生直接猜想得出性质?

W老师:学生在小学时就已经学习了长方形,并积累了相关的操作经验,这节课的内容对学生来说很简单,学生不用动手操作探究,经过思考就可以猜想到。

针对“你认为矩形等几何内容的课堂教学,能让学生获得什么呢?”等系列问题的进一步访谈表明，任课教师和指导教师（教研员 W 老师）都认为“核心目标在于掌握矩形的对角线相等这些基本事实并会应用，探索过程并不重要——只要会解题就可以了”；“推理，特别是逻辑证明是几何教学的重中之重，操作等活动都要为证明服务”；“在这节课上，学生们的素质很高，都能够很顺利地得到猜想”。

基于上面的“问”，我们认为①，任课教师与其指导教师对于课程标准规定的“图形与几何的核心目标在于培养直观想象和推理能力”的认识存在极大偏差，对于“几何操作是为了更好地积累几何活动经验，进而建立几何直观”等主流观点的理解存在较大误区。让学生亲身经历操作的过程，并在此基础上进行经验的提炼和理性的思考，不仅对于优秀生灵活掌握数学内容有帮助，而且对于学困生来说，也是其建立理解性掌握的关键。

观念决定行为，行为决定效果，错误的理念往往导致错误的行为。

案例 2-5　运用“切”诊断教师误读教科书问题

当前，为数不少的中小学教师，其课堂教学动机虽好，但其效果不佳，为什么呢？带着这个疑问，我们在课后分析了两节课的教学实录，并与任课教师就教科书理解、学情分析、教学环节设计、教学细节与效果等系列要素，进行进一步诊断、分析。

任课教师对教科书的理解出现偏差，其深层的原因在于“穿新鞋，走老路”。具体表现为：当教科书中的“探究活动”要求针对矩形的性质进行探究时，任课教师马上想到了“类比”平行四边形的性质，同时想到对性质需要进行逻辑证明，以至于混淆了合情推理与演绎推理。也就是说，我们必须思考，任课教师将教学重心放在知识教学上还是让学生获得理解性掌握上？在“矩形的对角线相等”的探索过程中，是否需要让学生经历一次数学思维的熏陶，同时获得探索的方法、思考的直接经验和体验呢？

正是由于任课教师对教科书的解读的随意性和片面性，导致课堂教学最终偏离目标。

其实，教师对教科书一定程度的误读是中小学的普遍现象。孔凡哲的研究②表明：“教师不仅对于教科书编写意图的理解存在显著差异，而且对教科书的课堂运用水平也有层次之分；合理并有效利用教科书资源，成为提高教学质量的重要环节之一。”

---

① 我们即本文作者孔凡哲与李中华副教授。

李中华，孔凡哲. 数学课堂教学问题诊断与案例改进研究[J]. 中国教育学刊，2011（11）：66-69.

② 孔凡哲. 教科书质量研究方法的探索——以义务教育数学课程标准实验教科书为例[M]. 北京：人民教育出版社，2008：170-172.

在这里，我们主要采取“切”的方法。针对课堂教学行动背后的丰富信息进行诊断，不仅要“观其行”，也要“听其言”，“问其动机”，有时还需要辅以系统的问卷调查。

三、案例的改进

前文的案例中“课堂沉闷”的现象特别明显，重视知识教学成为这类课的显著特征。其实，重视知识教学没什么不好，问题在于，教育不仅承载传递已有知识的功能，更需要承担教给学生智慧，帮其学会做人、学会生存、学会发展的重任。对教师来说更是如此。解决“课堂沉闷”现象，必须体现浓厚的学科韵味、深刻的学科内涵，在针对“双基”获得理解性掌握的同时，让学生经历学科思维的熏陶、观念的提升和方法的习得。让学生经历“探索的过程、思考的过程”，其根本目的在于让每位学生经历学科思考的过程，逐步学会“带一副数学的眼镜”思考问题，逐步建构真正的学科理解，最终形成良好的学科素养。

为此，在不改变案例 2-1 这节课先前环节的前提下，可将“矩形的性质探究”环节做如下改进：

（此前，已经明确给出了矩形的定义：有一个内角是直角的平行四边形叫作矩形。）

（1）教师出示问题：有经验的木工师傅在采取传统的手工方法制作门框时，通常先分别制作两组等长的木条（每组两根），而后将凿好木槽（即衔接槽，俗称“木眼”）的四根木条拼成四边形。此时的四边形一定是平行四边形，为什么？

（2）我们可以按照同样的原理制作（两组对边分别相等的）一个四边形活动框架（它一定是平行四边形），在这个四边形的活动框架上，用橡皮筋拉出两条对角线。改变平行四边形框架的形状，两条对角线的长度有怎样的变化？如果我们在四边形的某个内角处放一个量角器（使得量角器的中心重合于这个内角的顶点，零刻度线重合于一条边），随着对角线长度的变化，观察这个内角的度数会发生什么变化。

学生通过两条橡皮筋的松紧程度，可以清楚地判断两条对角线的长短关系。当一条橡皮筋紧而另一条橡皮筋松时，此时的内角为锐角或钝角；当两条橡皮筋的松紧程度相同（即两条对角线相等）时，内角为直角；反之，当内角为直角时，两条对角线相等。

从数学抽象角度看，这一步其实是实物直观层面的抽象，其关键在于，借助两根相同的橡皮筋，帮助学生发现“（矩形）对角线相等”的图形性质，而这个属性是矩形区别于一般平行四边形的关键属性，也是教学的重心所在。

（3）由上面的“矩形由平行四边形转化而来的”，我们发现了不变的规律——两条对角线相等（而且只有当平行四边形的对角线相等时，四个内角才是直角）。是不是所有矩形都具有这个规律呢？我们如何验证？

对此，可以借助几何画板，制作一个矩形课件，在矩形动态变化的状态下（即让矩形的四条边任意变动，而保持四个内角都是直角），分别度量出相应的两条对角线的长（即拖动矩形角上的一点，以改变矩形四条边的长短）。可以发现，无论在任何情况下，两条对角线的长度始终保持相等。

这个探究活动完全可以由学生（或学生小组）独立完成（一般不需要教师的实质性介入）。

（4）对于生 3 的度量法，我们可以改为探究的方法，以面向全体学生；对于学有余力的学生，也可鼓励其采用折纸的方法进行探究。同时，引导全班同学利用生 4 的旋转法进行探究。给每个学生准备两个完全一样的矩形，分别连接两条对角线，然后把这两个矩形重合，接着沿对角线交点旋转上面的矩形，当上面一个角的顶点与下面一个角的顶点重合时，发现两条对角线重合，这就说明两条对角线相等。

（如此，学生通过亲自动手实验、探究观察，积累了操作的经验、探究的经验，同时，经历了从直观发现到推理的过程，既有效发展了学生的几何直观，又训练了推理的能力。）

（5）利用折纸的方法进一步探索“矩形是轴对称图形，并且有两条对称轴”的相关性质。

准备一张标准的 A4 纸（它的边缘构成一个矩形）。将这张 A4 纸沿一条对称轴对叠，接着再沿另一条对称轴对叠，形成一个小的矩形，最后沿小的矩形的对角线对折（其中，对角线的一个顶点是两条对称轴的交点）。展开后，就可以发现，A4 纸被分成了四个完全可以重合的小矩形；而且，A4 纸的两条对角线分别等于小矩形一条对角线的 2 倍。从而，A4 纸的两条对角线相等（由此也可以发现，这个结果符合轴对称图形的性质）。

当然，该活动可作为部分学生课后研究的问题，若作为全班的共性要求，则要求稍高。

在课堂教学中，让学生经历抽象概括、探索思考的过程，不仅可以展现知识发生发展的过程，也可以有效降低学习的难度，便于学生获得理解性掌握；同时，更有利于帮助学生逐步形成抽象思维的能力和探索发现的能力，为掌握“双基”、培养创新思维奠定坚实基础。

此外，诊断课堂教学不仅需要从教师对于课堂教学内容的学科本质的理解、课堂把握的适切程度去诊断分析，而且也需要从教师的学科功底、从教师任教的基本功和教学特色风格等视角进行思考、甄别。提高教师课堂实施的实际水平，进而确保每节课的优质高效，是课堂诊断（乃至学校教研问题诊断）的根本目的。

[思考题 2]

1. 开展数学课堂观察一般考虑哪些方面?

2. 进行数学课堂教学诊断需要关注什么问题?

3. 结合当前小学数学课堂教学改革发展实际,分析当前小学数学课堂教学最为突出的一种“异化”现象，并选择一个典型的事例加以分析。

第三章　小学数学探究式课堂教学模式及其典型案例①

[学习提示]

课堂探究是小学数学课堂教学的重要内容之一。采用探究式课堂教学模式（方式）实施课堂教学，需要掌握课堂探究的基本含义和基本流程，明确探究的基本要领和常见技巧，特别要明确探究式教学模式（方式）的利弊得失。

20 世纪 80 年代，以兰本达②在北京举办“探究—研讨教学法”讲习班并开展实验为标志，探究学习理论传入我国。兰本达将探究学习作为小学科学教育的基本学习方式，这种新型的学习方式可以使学生在自主探索的过程中获得知识。经过几十年的研究与探索，探究学习已成为我国中小学课堂教学的重要教学方式之一，常用于数学、物理、化学、科学等理科课堂教学之中，在文科、综合学科课堂中也时常被运用。

第一节　课堂探究的基本含义与基本流程

课堂探究作为一种课堂教学模式，既包含采取探究的方式施教（亦即“探究教学”），也包含采取探究的方式进行课堂学习（亦即“探究学习”），还包含在课堂环境下教师的教如何更有效地促进学生的探究学习。

一、课堂探究的基本含义

（一）探究、探究学习与课堂探究教学

“探究”一词的基本解释是“探索研究：探究原因”③。在科学文献中，“探

① 孙艳明参与第三章部分课堂案例的现场观察和课后整理工作，并将“认识角”的教学反思与专家点评（课堂案例片断）作为附录列于孙艳明硕士学位论文（参见中国知网）：孙艳明. 小学数学探究式课堂教学案例研究[D]. 长春：东北师范大学，2012.

② 兰本达（Brenda Lansdown，1904—1990），美国哈佛大学研究生院教授，20 世纪 40 年代创立“探究—研讨”教学法。1971 年，以她为主要作者的《小学科学教育的“探究—研讨”教学法》一书在美国出版，1983 年，人民教育出版社翻译成中文出版。1979 年，75 岁高龄的兰本达应邀访问中国。

③ 在线汉语字典，http：xh.5156edu.com/html5/112802.html.

究”一词具有多元解释。

相对学生学习而言，探究作为一种学习方式，是指学生在特定的学习情境之中，在教师的指导帮助下，凭借自己的观察、阅读，发现问题、提出问题，搜集数据，形成解释，获得答案，并进行交流、检验。此时，该词等同于“探究学习（inquiry learning）”。

相对于科学研究而言，“探究”即科学探究，一般是指科学家的探究活动。

作为一种施教方式，课堂中的探究即课堂探究。利用课堂探究开展课堂教学，就是通常所讲的课堂探究教学（简称“探究教学”）。其中，既包括教师引导（指导）学生开展探究学习，也包括利用探究的手段完成教师的施教任务。

探究学习的一般步骤是：提出问题→建立假设→设计实验方案→收集事实与证据→检验假设→交流。

对于探究教学，《全美科学教育标准》指出①，探究教学应该具备五项基本特征：一是问题的来源；二是证据的收集；三是根据证据形成解释；四是将证据与科学知识相连接；五是表达与说明解释；而且，依据教师与每项特征中给予学生引导的程度，将探究教学从“以教师为导向”到“以学生为中心”划分为四种不同类型（刻画探究的不同程度）。

国内学者也曾对探究学习的内涵做出辨析，诸如“探究学习是指学生在教师指导下，为获得科学素养以类似科学探究的方式所开展的学习活动。它既是一种学习观念，又是一种具体学习模式”②。此时，它与问题解决学习、发现学习、研究性学习既有区别又有联系。

我们认为，台湾地区的学者③给出的界定更合理：探究教学旨在营造以学生为中心的课堂环境，并促使学生从事科学探究活动，藉由自然现象的探索，从中学习科学知识与探究技能，以及发展批判思考、问题解决的能力。

本书认为，采取上述模式实施课堂教学就是探究式教学模式。

（二）“探究”溯源

从人类历史发展的视角分析，探究学习的思想渊源应当追溯到古希腊哲学家苏格拉底的“产婆术”，法国启蒙思想家卢梭④的“自然教育理论”，以及我国《学记》中的“虽有至道，弗学不知其善也”“强而弗抑则易，开而弗达则思”的“主动体验”思想等。

---

① Committee on the Development of an Adden. Inquiry and the National Science Education Standards：A Guide for Teaching and Learning[M]. Washington D C：National Academy Press，2000.

② 徐学福. 探究学习的内涵辨析[J]. 教育科学，2002，(03)：33-36.

③ 陈均伊，张惠博，张温瑜. 探讨一位化学教师对于探究教学的观点与转变[C]. 台北：中华第22届科学教育学术研讨会大会会议论文集. 2006：735-741.

④ 卢梭（Jean-Jacques Rousseau，1712—1778），法国伟大的启蒙思想家、哲学家、教育家、文学家。

对于探究学习、探究教学，美国持续研究 30 年，至今仍在进行[①]。

考察整个 20 世纪探究学习思想的发展脉络，首先应当提到杜威，其基于“实用主义教育理论”提出的“做中学”思想为探究学习理论奠定了基础。

之后，对探究学习理论的发展做出突出贡献的代表人物有美国教育家萨其曼[②]、施瓦布[③]和加涅[④]等人，提出了五种典型的探究教学，即萨其曼探究教学模式、有结构的探究、指导型探究、自由探究、学习环，从不同角度论述了教学过程中探究学习的重要性。此外，布鲁纳倡导的“发现学习”与探究学习几乎同时产生，有许多相近之处。

在杜威看来，探究本质上是一种反省思维，即“对任何一个信念或假定的知识，均以积极执著的和用心的态度考虑它所依据的根据是否成立，若能成立，再考虑它所导致的进一步的结论，这就构成思考”[⑤]。由此，他在操作层面上提出著名的“思维五步问题教学法”，即设置疑难情景、确定问题、提出假设、制定解决问题的方案、证明假设等，并特别强调使学生从做中学、在做中思维，以实际行动验证假设，培养学生的主动探索精神和解决实际问题的能力。

萨其曼的“探究教学模式”是当之无愧的探究学习先驱性尝试。他通过三年旨在培养探究能力的小学理科课程的研究，坚信在课堂上开展探究教学必须满足三个条件：①有一个集中学生注意的焦点，最好是一个能引起学生惊异的事件或现象；②学生享有探索的自由；③有一个丰富的容易引起反应的环境[⑥]。

施瓦布在 1961 年哈佛大学的纪念演讲《作为探究的科学教学》中，明确将探究学习作为学生进行理科学习的基本学习方式，主张变革传统的教室为探究性的教室，注重“探究的过程和探究的方法”。他把探究活动分为两个侧面，其一是不变动科学体系但有助于简练地构筑科学体系的固定性探究；其二是变革科学体系的流动性探究。如果只是依照形成问题意识、树立假设、验证假设、陈述结论的模式来进行教学，那么，这只是局限于第一个侧面，所谓探究，也就局限于出色地验证假设，或者说是“过程”性地解释了材料而已。只有进一步拓展第二个侧面，当新的认知矛盾发生，才能选择不同材料，做出不同解释，闯入新问题的探究之中，也才能真正把握连续性、流动性的探究过程。

加涅在其《旨在探究的学习条件》（1963）中重点讨论了构成探究学习的两个基本前提条件（即知识、能力）[⑦]，并特别强调在学习和教学中，应注重探究

---

① 徐学福. 美国“探究教学”研究 30 年[J]. 全球教育展望，2001，(08)：57-63.

② 萨其曼（J R Suchman），美国伊利诺大学探究训练研究所所长，20 世纪 60 年代主张“探究方法的训练”模式。

③ 施瓦布（Joseph J Schwab，1909—1988），美国芝加哥大学教授。

④ 加涅（Robert Mills Gagne，1916—2002），美国教育心理学家。

⑤ 约翰·杜威. 我们如何思维[M]. 伍中友，译. 北京：新华出版社，2010：7.

⑥ 徐学福. 美国“探究教学”研究 30 年[J]. 全球教育展望，2001，(08)：57-63.

⑦ 史朝. “探究教学”的理论和模式[J]. 辽宁师范大学学报（社会科学版），1992，(01)：26-29.

能力作用的分阶段的逼近法。他认为，探究学习的要点在于：①学习是分阶段进行的；②某一种学习是否成立，可以从学习者的初始能力与终结能力之间的差异加以判断；③要有效地实现学习的最高类型——解决问题；④不排除教师的适当指导，保障儿童自由活动的教学设计是探究学习的最大课题。尤为值得一提的是，加涅论证其探究学习的例证几乎全部是以数学学习为基础的。

布鲁纳提出“发现学习”理论。与探究学习一样，发现学习要求学生像科学家那样亲身经历发现知识的过程，要使学生体验所学的概念和原理的形成过程，掌握学科的基本概念和基本方法，从而培养学生探究新知的能力。其基本过程可分为四个阶段：①带着问题意识观察具体事实；②树立假说；③上升到概念；④转化为能力。

由此可见，与探究学习相比，发现学习同样注重学生认知结构的形成过程，而且更注重“顺应”方式，而非“同化”方式①，只不过其使用范围比探究学习更宽泛一些而已。

兰本达经过多年的理论与实践研究，针对小学科学教育提出“探究—研讨教学法”，她认为：通过对自然事物的观察、描述、互相交流感受，形成解释、认识对象的模型，然后在实验中加以检验，从而找出纷繁复杂的现象之间的关系和联系，形成对自然界的有序性的理解和认识。这种方法不仅对学生未来学习有用，而且对他们生活的诸多方面都有帮助。这也正是当代中小学教育改革所期望的，使学生获得终身受用的解决问题的方法和本领。

综上，我们认为，探究学习是一种特定条件下的学生获知方式，其基本渠道是以学生为主体的认知活动，通过学生独立发现问题、提出问题，凭借操作、调查、实验、合作等探索活动，在分析解决问题的过程中实现获取新知的目的，其前提条件是以学科问题或现实问题、学生感兴趣的生活问题为研究主题，形成有利于探究活动的良好氛围、问题情境。

与接受学习相比，探索学习虽然后习得知识、技能，但却更加注重经历探索过程，积淀探索的直接经验基础之上对新知的理解性掌握。而这里的新知，既包括知识、技能，也包括学科思想、学科活动经验，以及获知能力、情感态度与价值观的同步发展。

与之对应，探究式教学模式则是指创设恰当的课堂环境，帮助学生开展以探究学习为主要学习方式的课堂教学模式。

国外学者将探究学习分为六种基本类型：实验性探索、逻辑推理任务、基于

① 同化、顺应是认知心理学的两个基本概念。在皮亚杰看来，同化是指将外界元素整合到一个有机体正在形成或已经形成的结构之内，即把外部信息直接纳入自己已有的认知结构的过程。顺应是指主体通过调整自己的认知结构，以使其与外界信息相适应的过程。当个体不能利用原有图式接受和解释新刺激时，其认知结构由于刺激的影响而发生改变，这就是顺应。

转引自：孔凡哲，曾峥. 数学学习心理学[M]. 2 版. 北京：北京大学出版社，2012：50-51.

测量的研究、工程性设计、技术性设计、开放性的研究。我国台湾地区的一些学者主张将探究学习分为两种：一种是专题本位的，另一种是问题本位的，两种均符合当前学科探究内涵的探究教学（模式）。[①]而在我国大陆的中小学课堂教学中，一般不采用过细的分类。

二、探究学习与发现学习的区别

与布鲁纳所倡导的“发现学习”相比，探究学习在起源、侧重点、关注点、过程、涉及的内容、问题的特征、思维方式等方面与其有着较大的差异[②]（表 3-1）。

表 3-1　探究学习与发现学习比较分析

学习类型	探究学习	发现学习
起源	探究学习—启发式学习—接受学习	发现学习—指导性学习—接受学习
侧重点	科学问题的解决	知识结构的发现
关注点	过程	结果
过程	问题—假设—方案—检验—结论	问题—假设—结论
涉及的内容	知识、方法、态度	概念与原理
问题的特征	开放性强	具有封闭性
思维方式	分析/直觉思维	直觉思维

在讨论探究学习时，国内不少学者要么将其等同于发现学习，视二者为同义词；要么只附带说明探究学习与发现学习提出角度不同，二者本质上大同小异，而不做任何区分；或者断言发现学习包括探究学习，二者是整体与部分的关系。这些看法，不仅出现在一般的文章书籍中，也收录在各种教育大辞典中。造成这种混淆的原因不外乎以下两方面[③]：

（1）探究学习与发现学习都是问题解决式学习，有许多共同点，如都以问题的形成为学习的起始阶段，重视学生的学习兴趣和主动参与，重视知识的获得过程等。

（2）二者同时在 20 世纪中期的课程改革运动中兴起和广泛传播。在此时期，一方面，美国的布鲁纳从掌握学科的基本结构出发，大力提倡发现学习；另一方面，几乎与此同时，芝加哥大学的施瓦布从了解科学的性质出发，大力倡导探究学习。两种学习虽提法不同，但实际介绍时并未对二者进行比较，反而常常是不加区分地并用。可以说，前者是造成混淆的根本原因，后者是引起混淆

① 陈毓凯，洪振方. 两种探究取向教学模式之分析与比较[J]. 科学教育，2007（305）：4-19.
② 转引自：孔凡哲. 课程标准与教学大纲对比研究（初中数学）[M]. 长春：东北师范大学出版社，2003.
③ 胡森，波斯尔思韦特. 国际教育百科全书（第一卷 A-B）[M]. 李维，译. 贵阳：贵州教育出版社，1990.

的直接原因。

事实上，尽管探究学习与发现学习有许多相同之处，但二者是有一定差别的。对此，瑞典学者胡森[①]等主编的《国际教育百科全书》作了如下简要说明：

发现学习是指一个自学过程，学习者不靠教师的指点，自己形成概念和观念。

探究学习是指有了发现以后的那些阶段，那时学习者开始系统掌握检验那些概念或观念的科学及逻辑法则；发现学习涉及动机、直觉思维等心理成分，探究学习涉及分析思维等理智活动；在探究的整个运作过程中，起初是困惑不解，这时要用发现过程，等到了比较高级的检验阶段时，就得用探究过程了。

正如我们在表 3-1 中阐述的，探究学习与发现学习的不同之处主要在于[②]：

（1）侧重点不同。发现学习重视科学概念和原理的再发现，以掌握学科的基本结构。而探究学习则重视遵循科学研究的一般程序，以了解科学的本质。简言之，前者强调知识的再发现，后者强调知识的可变性。

（2）活动过程不同。发现学习的一般过程是“形成问题、建立假设、上升为概念和原理”。而探究学习的一般过程是“形成问题、建立假设、制订研究方案、检验假设、作结论”。发现学习的整个过程大致相当于探究学习的前两个阶段。因此，从这个意义上说，探究学习包括发现学习。

（3）结果不同。发现学习时有待发现的概念或原理是封闭性的，而探究学习时有待探究的结果则是开放性的。换言之，发现学习中有待学生发现的结果一般与书本上的结论相符，而探究学习中学生探究的结果既可能与书本上的结论相符，也可能相悖。

（4）心理机制不同。这方面的研究虽无定论，但根据现代科学哲学，发现学习的心理机制主要是归纳思维、假设—演绎思维、直觉思维，探究学习则还要凭借分析思维来完成。学生虽不是科学家，但他们进行发现学习与探究学习时，其心理机制上的差别理应与此相对应。

三、探究学习的过程与特点

（一）探究学习的过程

探究学习包含提出问题、假设与预测、制订计划、收集整理信息、思考与结论、表达与交流六个阶段（图 3-1）。其中，经历探究过程以获得理智和情感体验、建构知识、掌握解决问题的方法，是探究学习要达到的三个目标。

---

① 胡森，波斯尔思韦特. 国际教育百科全书（第一卷 A-B）[M]. 李维，译. 贵阳：贵州教育出版社，1990.

② 孔凡哲. 课程标准与教学大纲对比研究（初中数学）[M]. 长春：东北师范大学出版社，2003.

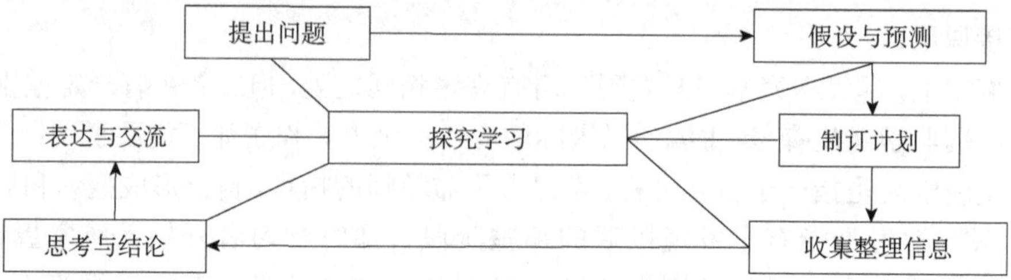

图 3-1　探究学习的基本过程

（二）探究学习的特点

课堂中的探究学习需要结合学科特点和学生的先前经验来设计，旨在培养学生牢固的知识基础、高层次的思维能力（包括创造性思维能力、批判性思维能力）以及学习能力。为了达到这样的目标，课堂中的探究学习需具有一些基本特点。

就总体而言，探究学习是以培养科学态度和科学素养为目的，既重科学的结果，更重获得的过程；既重知识的获得，更重知识的运用，突出实践性；探究学习以问题驱动、任务驱动组织课堂教学，强调全员、全身心参与和投入；在探究学习中，尤其强调问题意识的培养。

其实，探究学习自始至终把学习目标直接指向学生问题意识的培养。在探究学习中，问题贯穿活动始终。探究学习为培养学生的问题意识提供了适宜环境，为此，必须创设优良的教学氛围，鼓励学生大胆质疑，敢于提出问题。事实上，即使学生具有一定的问题意识，而能否得以表露和发展取决于是否有一个适宜的氛围和探究环境。探究学习与问题意识的培养相辅相成，一方面，探究学习作为一种全新的学习方式，有效培养了学生的问题意识；另一方面，学生良好的问题意识也促进了探究学习的深入进行。

第二节　小学数学课堂探究典型案例分析

一、一节小学探究式课堂教学的设计与实施分析："认识角"

案例 3-1　"认识角"课堂实录与点评

（一）教学设计

1. 教学目标和重难点

（1）直观认识角；知道角的各部分名称及记法；初步学会比较角的大小的方法。

（2）通过找、摸、摆、折等活动，让学生经历自主建构角、抽象角的过程；

并在观察、操作、实践中体会角有大有小；初步建立角的空间观念；初步发展学生的抽象思维能力。

（3）结合生活情境，让学生认识到生活中处处有角，体会数学与生活的联系。培养学生学习数学的兴趣和喜爱数学的情感。

教学重点是直观认识角；教学难点有两个：一是比较角的方法，二是角的大小与边的关系。

2. 教材内容

小学数学（北师大版）二年级下册“认识图形”第1课时（图3-2）。

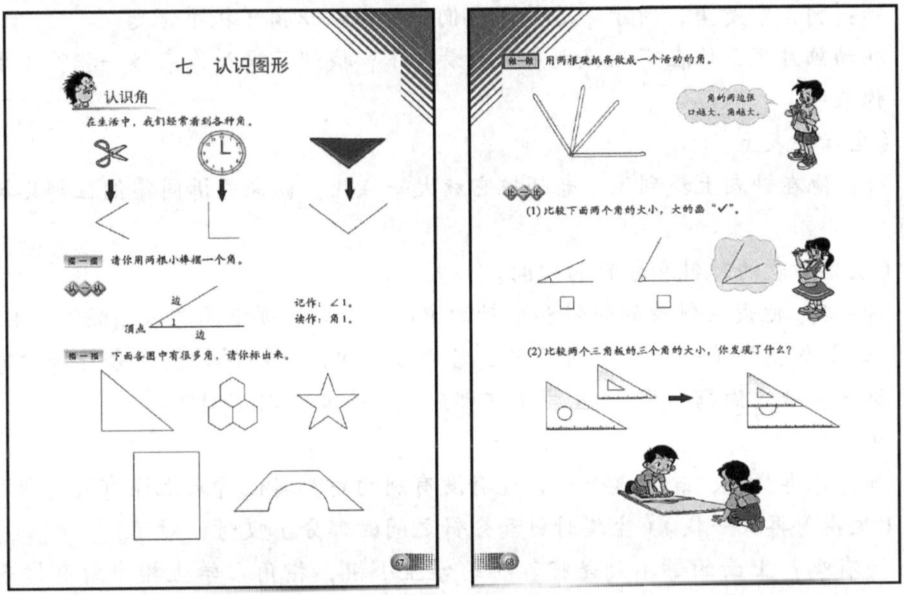

图3-2　小学数学二年级下册（北师大版）教材第67-68页

（二）“认识角”课堂教学实录

师：上课。

生（起立）：老师好！

师：同学们好，请坐！同学们，很高兴认识大家。今天，王老师给你们带来了几段动画片段，因为老师知道同学们都喜欢动画片，对不对？

生：对！

师：老师就把它当作见面礼送给你们，好不好？

生：好！

（放动画片《蓝猫旅行记》，片中蓝猫调座位，找到适合的角度。展示图片：建筑、钟表、行队礼）（图3-3）。

图 3-3

师：好，动画片看完了。今天我们要学的知识就藏在老师送给你们的这个礼物里，你们知道它是什么吗？

生：它是角。

师：啊，它是角，对了。这节课我们一起来认识角（板书课题）。

在动画片里，你在哪儿找到角了？看一下，找到了吗？谁来指一指？（生举手）你来吧。

（生指钟表上。）

师：他在钟表上找到了。老师把它放大一点儿。你来告诉同学们在哪儿找到角了？

（生指钟表的时针和分针的中间。）

师：哦，他说在钟表的时针和分针的中间，对吗？那中间怎么指呢？（生指，师纠正。）你指的是一个点，对不对？老师告诉你，我们说钟表的分针和时针之间的这一部分。你指一指。（生指）这部分是一个角，对不对呀？

生：对！

师：你再找找，除了这个角，还有没有别的角？其他钟表上还有没有角？（生指）再找一找。（生指时针和分针之间的部分）哎呀，对了！

还有吗？上面的够不到是吧？（给学生小棍，指角。学生指出所有钟表上的角。）

这有一个，特别好，他很聪明。两个指针中间夹的这部分就叫角，对不对？

生：对！

师：非常好！同学们，这个宾馆的大厅为什么有这么多的钟表啊？我们在生活中有一块就够了，它怎么有这么多呀？知道吗？你说。

生：我知道。因为它表示世界不同地区的时间。

师：非常棒，由于同一时刻在世界各地会存在时差，不同的地方时间可能一样，也可能不一样。由于时间的不同，每个表上的时针和分针所形成的角度怎么样？

生：不一样。

师：除了钟表上，还在哪儿找到角了？（生举手）其他地方找到了吗？能不能多找一点？来，第二个女同学，请上前面来指一指，角在哪儿呢？去指一指，够不到可以搬凳子。

生：我在楼房顶上找到了角。

师：在哪儿？指指。

生：（指楼房顶部的角）在这里。

师：还有吗？（生继续指楼房顶部。）

师：哦，这个地方也有角，老师帮你画一下（课件上加重）。这地方有角，对吗？那这个楼房里还有没有角？

生：有。

师：建筑物上还有好多角，咱们指不过来，是吧？

生：对。

师：好了（扶着学生下凳子），你再找找，除了这幅图上有角，其他地方还有没有？

生：有。

师：在哪儿？来，指一指（生够不到，师递小棍）。

生：这个也是（指着蓝猫的座椅）。

师：对不对，同学们？

生：对。

师：（课件加重显示）我们来看，椅子的靠背和座，这两个之间夹的部分形成一个角，对不对？

生：对。

师：再找找。（学生指座椅的靠背和座。）

师：你指一指哪部分是角，你现在指的是座椅的两条边，哪一部分是角？它们之间夹的这部分（帮助学生指出来），对不对？还有哪儿？找到了吗？

生：（指座椅）它们两者之间夹的部分。

师：好，在其他图片中再看一看。（学生指少先队员行队礼时手肘部分。）

师：少先队员在敬礼的时候，这时的图形里有角。非常好！表扬你。

师：同学们，她找的特别多，是吧？同学们把手都拿出来，咱们敬个礼。少先队员在敬礼的时候，小臂和大臂之间形成一个角，而且这里形成这样一个角度（教师示范）的时候，我们敬礼才漂亮，对不对？好，同学们做得特别棒。来，手放下去。

刚才这位同学在（指蓝猫座椅图片）这里也找到了角，同学们看一看，蓝猫这个角度（锐角）开车行不行？

生：不行。

师：不行，是吧？这个角度（指钝角）呢？

生：不行。

师：坐着挺舒服，可是开车不行。

生：坐着开车不行。

师：那这个（直角）呢？

生：这个行。

师：这个比较舒服，对吧？

生：对。

师：看来，角在我们的生活中真的挺有用，是不是？

生：是。

师：那刚才在另外的图形中也找到了角，老师现在想请你们在生活中、在你身边找一找，还有没有角？（生举手）看一看，你也可以摸一摸，然后，先跟你的同桌交流一下，开始吧！（学生同桌交流）（师拍手示意停下来）谁来说，你在身边哪儿找到了角？

生：（指着圆形桌面边缘的一个位置）老师，我发现了一个角。

（教师过去看。）

师：你认为这是一个角，对吧？这是生活中的一个角，其实不是我们今天要学的角，一会儿你就知道了。你说。

生：黑板上有个角。

师：你去指指。

生：这个是（指黑板角）。

师：到这边来指，那边有同学看不见。（生指）看没看清？

生：看清了！

师：非常好！这两条边（指黑板相邻的两条边）之间夹的这个部分就是角。

生：对。

师：嗯，你说。

生：还有那个，那个角。

师：哪个角？什么上面的？

生：黑板上面的。

师：黑板上面还是大屏幕？黑板吗？黑板上面还有角，是吗？

生：是的。

师：同学们，黑板上面有几个角？

生：四个角。

师：你说。

生：老师，就是您的讲桌上有角。

师：在哪儿呢？去指指。

生：在这个地方（指桌角）有角。

师：嗯。她说这个边和这个边之间，这里（师指）是个角，对不对？

生：对。

师：对了，真棒。你说。

生：这橡皮上有角。

师：同学们都看一下，老师发给你们的学具，这个橡皮有没有角？

生：有。

师：几个角？

生：四个。真棒！你说。

生：桌子上有角。

师：他说你们桌子上有角，有没有？

生：有。

师：摸一摸（生摸桌子）。这一个桌子上有几个角啊？

生：四个。

师：你说。

生：书上有角。

师：举起来给同学们看一看，数学书，是吧？给同学们看。她说，书的两边之间夹的这部分是角，对不对？

生：对。

师：你说。

生：大屏幕上有四个角。

师：请去指一个。（生指屏幕两边）对不对，同学们？

生：对。

师：非常棒。请回。还有吗？

生：图画那个。

师：哪个图画？我们的动画片中还有好多角，是吧？同学们，我们每天佩戴的红领巾，不知同学们有没有注意到，你看这里（拿红领巾）有没有角？

生：有。

师：谁来指一指，在哪儿？你指一指。（生指）有没有角？有几个角？

生：三个角。

师：在三个角中，我一下就握住一个角，对不对？

生：对。

师：老师告诉你，这个红领巾，还是咱们国旗的一角，知道吗？

生：知道。

师：老师这里还有一样东西，这个是三角板，这里有没有角？

生：有。

师：你也有一个和老师一样的三角板，是吧？好，拿出来。咱们一起找。谁

找到了，上前面来摸一摸。你来吧！勇敢点，没关系。（生指自己的小三角板）

师：不用你的，指我的，行吗？我的三角板上也有。（生指30度角。）

师：还有没有？（生指60度角。）还有没有？（生指90度角。）

师：对了，它有三个角，所以它是三角板。同学们，拿出你自己的三角板，摸一摸。好，现在，同学们都摸一摸这里，（90度角的顶点）有什么感觉？谁说一说？你说。你摸一摸这里有什么感觉？

生：很扎人。

师：扎人的感觉，就是这里是尖尖的，对不对？

生：对。

师：摸摸这儿（边）。摸一摸，你说。

生：是平的。

师：是平的，是直直的，对不对？

生：对。

点评：“认识角”的这个环节，是典型的探究活动。在这里，任课教师并没有急于给出角的定义，而是注重让学生理解两件事：一是体会生活中有很多角，二是真正理解角的特征（一端尖尖的，两边直直的）。

只有真正理解了角的特征，学生才能够真正掌握。在本课的下一环节，教师仍没有给角下定义。下一环节做了什么呢？是不是多余的呢？

师：好，那老师请你记住你摸的感觉，先把三角板放在这边。同学们刚才在动画片里找到了角，在我们的生活中又找到了这么多的角。看来角真的离我们很近啊！你现在想不想自己动手做一个角啊？

生：想。

师：听老师要求，先请你用小棒或者是毛线摆一个角，快！（观察学生做的情况）真有做得快的同学，一下子就摆完了。（继续观察学生做的情况）

想想看，动动脑筋。（指导学生：没有了，借同桌的用一下，研究一下怎么摆。）

好，谁用小棒摆完了？用老师的小棒，你来（学生演示）。摆在黑板上，来，这边。告诉同学们，你摆的角在哪儿呢？

生：这（用手指）。

师：两个小棒之间夹着的部分就是角，对不对？

生：对。

师：对了，真好！

师：谁用毛线摆的？（示意学生举手）不太好摆，是吧？谁想试试？用毛线摆的有没有？你，来吧。到这来（切换计算机大屏幕到实物投影仪）。来吧！线呢？请拿自己的线。（用黄色的纸作背景）来，摆吧。（生动手摆）稍微等一下，我放小一点。（调投影仪镜头）好，同学们看一下。如果我现在这个角（教师边摆边说）这样放的话，它是角吗？

生：不是。

师：不是，你能怎么样把它变成一个角？（生动手做）要不要我帮你？她说，老师能不能帮我按着这个点，是吧？来，老师帮你，来。看她做的是什么动作？她把这两个边怎么样了？

生：拉直。

师：抻直了，是吧？这回这个毛线是不是角啦？

生：是。

点评：教师为什么要用毛线摆角呢？注意到毛线是柔软的，自然弯曲，有时候摆出的图形的边会是弯曲的，“用毛线摆角”是为了让学生理解角的两边必须是直的，而不能是弯曲的。这一招很好。此时，学生也并非百分之百理解角的特征，在课前，我们要预设学生可能犯的错误大致有几种，然后想好如何纠正学生的这些错误。

师：我们的同学多聪明啊！非常棒，请回。（毛线）放在这儿。现在可以回去了，谢谢你啊！把它放在这儿，老师把她摆的这个角摆在黑板上。（把毛线角粘在黑板上。）

请同学们把圆形的纸片拿出来，看一看这张圆形的纸片上面有没有角？

生：没有！

师：你能想想办法动手折一折，折出一个（教师用手势强调“一个”）角吗？

生：能。

师：试一试吧！（生动手，示意完成。）哎呀，真快！有折好的啦！折出一个角。（看学生动手情况）真好！看看这位同学，能不能跟他折的不一样。都一样没意思！（继续观察学生折的情况）同学们，我们来看看大家怎么折的，好不好？谁愿意上前面来给大家展示一下？（学生举手）好，那位同学（一男生）来吧，我看他折得挺有特点。你告诉我们，你折的角在哪儿？

生：我折的角在这里（指顶点）。

师：这样，咱俩在这儿（挪到中间），我帮帮你。请你告诉大家，你折的角在哪儿？

生：我折的角在这里（指顶点）。

师：你认为这一个点就是角吗？

生：是。

师：老师告诉你，这一个点不是角，我们说你已经折出了角，它在哪儿呢？有没有人知道他折的角在哪儿？我看到了，你看到了吗？

生：看到了。

师：你来帮帮他。你（第一个指错角的男孩）看着他，在这看着，看到了吗？

折的纸的两条边夹的这个部分就是角，知道了吗？（看向指错角的男孩）

生：知道了。

师：非常好。你折得非常好。还有谁跟他折的不一样呢？你来，你就在这儿站起来就行，举起来。指一指，角在哪儿呢？（生指）指这边，别人看不见。这样指，来吧。（生指两条边夹着的部分）对不对？

生：对。

师：她折的是这样的，有没有和她不一样的？（学生举手）有，你来吧！

生：我的角在这儿。

师：咱们指给同学看，不能只给老师看，来吧，指一指。

生：我的角在这儿。

师：你还认为这个点是角。老师告诉你，刚才他也是，我们说，角不是这个点，夹在中间的这里边有角。角的两条边之间夹的这部分是角，你摸一下，来，摸一下。对，这个角，明白吗？你再找一找，这里面还有没有角？（生指）对了，还有吗？（生指）他把圆形的纸折出什么形状？

生：三角形。

师：同学们说，它有几个角？

生：三个角。

师：三个角，对了，请回到座位上去吧！还有没有不一样的？（生举手）还有没有？跟刚才那些都不一样的？谁的不一样？没关系。有创意才能体现不同。来吧！我帮你拿着，你指指吧！来。

生：这边（直边）和这边（曲边）夹的是角。

师：同学们看，这个有点小，把它放在大屏幕上。你指一指，哪儿是角？

生：这个横边（直边）和这个（曲边）之间的部分是角。

师：说得挺明白，挺完整。那咱们一起来看看。

（此时有一部分学生仍在折圆形纸片）我们先不折了，好吗？

生：好。

师：他说这个边（曲边）和这个边（直边）之间是个角。同学们，你们回忆一下，我们刚才摸角的时候，两边的感觉，再看一下这个，你们觉得这是不是角？

生（举手）：不是。

师：那位男孩，你说。

生：我觉得它不是角。

师：为什么不是呢？

生：因为它有一条弯曲的线，应该两条线都是直线，中间那部分才是角。

师：啊，明白了吗？（对找错角的男孩）接不接受我的建议？你找的这部分不是角，还有没有角？

生：这条线和这条线（两条直线）之间的这部分。

师：对了，还有吗?

生：（指另一个）这条线和这条线之间的这部分也是角。

师：对不对?

生：对。

师：真好！特别棒！还有谁想展示？来，你来吧！你这个与众不同。给同学们展示一下。

生：这儿和这儿之间的，这儿和这儿，这儿和这儿，都是角。（生指）

师：那你折了几个角?

生：两个。

师：两个角，对不对?

生：对。

师：好，请回。现在同学们把你折的角选一个，把尖朝上举起来。我们让在座的老师也都看看你们折的角，真好。看看（从学生手里拿两个），挺棒的，是吧？老师把这几位同学折的角贴在黑板上。我刚才看见有一位同学的“角”（走到一个学生面前），请你告诉我，你还认为这是一个角吗？（转向全班同学）他只把这个圆这样折（对折一下），他认为这个部分（直线和曲线夹的部分）是个角，是吗?

生：不是。

师：只把圆形的纸对折一下，它能不能有角?

生：不能。

师：如果想让它有角，就得再继续（生说）折。能折出来吗？来折一下（对折错的学生），再看一看，这回折出的图形是不是角?

生：是的。

点评：用圆纸片折角的活动中有什么学问呢？其实，这是将教材中给出的容易引起学生混淆的“角”（即生活中的“角”）纳入其中了，这就是教师创造性地用教材教的具体体现。

我们注意到，在学生个人展示时，有一位同学找错了，教师是怎么处理的呢？教师如何对待学生课堂上的错误呢？上面两位同学犯错了，教师又是怎么处理的呢？教师耐心地给学生分析了角的特征，然后又让学生在图案中找“角”，以确认学生是不是真的掌握了。

在课堂上，教师如何处理学生的错误？在我看来，学生犯错常常是基于已有的经验。其实，课堂教学是学生犯错、教师纠错交织在一起的过程。一堂成功的教学，就在于允许学生犯错，教师引领、启发学生从错误中走出来，不再犯同样的错误。有效利用“犯错误”这个绝好的教学时机，帮助学生从错误中走出来，而其中的难点就在于教师能不能分析学生犯错中的合理成分。

在这节课中，教师处理得比较好，她没有训学生为什么犯错，而是悉心引导。能不能处理得更好呢？如果是我，我会怎么处理呢？我会先发现他做法中的可取之处（折法比较创新）进行表扬，再纠正他的错误，纠正后再让他实践。这就是一种必需的教学技能——正确看待学生错误中的合理成分。

师：真棒！好了，折纸就到这儿吧。同学们的表现都特别棒。来，把你们折好的角放下。看着王老师，我特别喜欢看你们笑。好了，刚才同学们找了很多角，我们还做了很多角。

师：现在请大家看一看黑板上的这些角。这些角有什么不同的特点？一边看一边想。（指一位女生）你说。

生：有的角大，有的角小。

师：角是有大小的。除了有大小，还有什么是不一样的呢？能不能找到共同的特点？你说。

生：有的角是这样的，有的角是那样的。

生：夹在两条直线之间的这部分才叫角。

师：她找到了直线。我们说它有直直的线，有几条直直的线？你说。

生：有两条直直的线。

师：看一下（指黑板），是不是有两条直直的线？

生：是。

师：除了两条直直的线，还有什么？你说。

生：有一条直，有一条转一下。

生：我还知道锐角、直角、钝角。

师：你知道锐角、直角和钝角，是吧？你的知识很丰富。这是我们下节课要学习的内容。刚才同学们去摸它，除了两条直直的线，还有什么？回想一下你们的感受。

生：弯的。

师：弯弯的是角吗？不是。还有什么？

生：还有尖尖的。

师：还有尖尖的一个点，对不对？

生：对。

师：是不是所有的角都像同学们说的那样，都有“一个尖尖的点和两条直直的线”呢？我们再来分析一下。（出示动画，红领巾的边、钟表的指针和书本边缘抽象出角。）这是我们生活中常见的几个物体，对吧？红领巾、钟表和数学书。看一看，这上面的这些角，是不是都有一个尖尖的点和两条直直的边啊？

生：是。

点评：这个环节非常成功，从具体的事物中找角，教会学生带着数学的眼睛分析实物中的角，而且这个动画中还有一处非常成功的地方就是，从三角形中抽象出角时，将三个角分离开了（图 3-4），这有助于学生更好地理解三角形中的角。这个细节非常好。

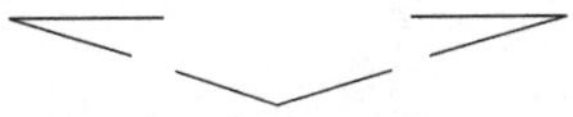

图 3-4　三个分离的角

师：王老师想在黑板上画一个角，我们先画一个点，代表这个角尖尖的地方，然后，从这个点出发，用直尺朝一个方向画一条直直的线，再从这个点出发向不同的方向画一条直直的线，这个点就叫作角的顶点（板书），这两条直直的线叫作角的边（板书）。顶点、边、边。读一遍。

生：顶点、边、边。

点评：这节课直到 27 分钟时才出现“角的定义”，教师不厌其烦地分析、讨论，角的定义几乎都要从学生的嘴里蹦出来了，教师就是不说，这其实就是建构主义的观点。教师就是一个“接生婆”，起到“催生”作用，帮助学生建构“角”的概念，帮助学生经历“角”的抽象的过程。

师：角是由一个顶点和两条边组成的。这个角是这两条边张开的大小，我们用一个弧线表示，从这条边向另一条边画。为了区分角的大小，我们在这里写个数字，一般从 1 开始写。这个角就记作∠1，读作“角 1”，读一遍。（板书）

生：读作角 1。

师：“∠”这个符号是角的表达符，与我们以前学的小于号有点像，但它的下面是平的，伸出手一起写一遍，角。当然了，这个角如果记作∠2，那就是角 2，它还可以记作∠3、∠4 等。同学们，现在我们已经认识了角。

师：大家能不能判断一下，下面的图形是不是角？有信心吗？

生：有。

师：老师相信你们是最棒的！好，判断下列图形是不是角（课件），并说出你的原因。第一个，你说。

生：是。

师：第二个，你说。

生：不是。

师：为什么？怎么不是呢？

生：因为它没有连接起来。

师：没有什么呀？你说。

生：它没有顶点。

师：有没有没发过言想说的？老师给你一次机会。这位女孩。第三个是不是角？

生：不是。

师：不是，怎么不是？

生：因为有一条线不是直的。

师：很好！下一个，那位男孩请回答。

生：是。

师：是。下一个，你说。

生：这个不是。

师：怎么不是呢？

生：因为那个位置是圆的，它不是尖的。

师：真棒！这个呢？那位男孩，你说。

生：第六个不是。

师：怎么不是？

生：因为那个不是直的。

师：（点头）因为它不是直直的，是吗？

生：是。

师：同学们判断两个认识的角，我们把其中一个叫作∠1，把另一个叫作∠2的话，你能比较出∠1和∠2的大小吗？谁能一眼看出来？（示意学生举手）你说。

生：∠1大，∠2小。

师：∠1大，∠2小，同意吗？

生：同意。

师：像这两个角，我们一眼就能看出它们的大小。这说明角是有大小的，对吧？

生：对。

师：同学们，你们看看下面这两个角，（播放动画：比一比角的大小）你猜猜，∠1大，还是∠2大？谁说说？没关系，错了也没关系，猜猜。你说。

生：∠2大。

师：你说∠2大，有不同意见吗？你说。

生：我看∠1大。

师：还有吗？你说。（生：∠1大。）你说。

生：∠1大。

师：哎呀！现在有两种观点：一个认为∠1大，一个认为∠2大。但是，光猜不行，我们还得想办法验证，对吧？

生：对。

师：想一想，我们用什么办法验证呢？有什么办法？（生举手）

生：谁宽谁就大。

师：谁宽谁就大，是吧？嗯。你说。

生：用三角板。

师：我们可以把三角板的两个角怎么样？

生：比一比。

师：比一比就知道了，是吧？

生：对。

师：好了，你手里也有这样的三角板。现在自己找到左边三角板上的∠1，用左手举起来，∠1 朝上，谁找对啦？∠1 朝上，左手举起来。再找到右边这个三角板中的∠2，用右手举起来，把∠2 也朝上。好了，我们现在已经知道比较角的方法了，我们仔细看看，老师还给你们做标记了，以免弄混了。现在动手比一比，怎样能看出谁大谁小？试一试。

生：∠1 大。

师：做出来了！现在我们看，像我这样比，可以吗？我如果这样比（斜边外侧重合，角不重合）的话，你能一眼就看出来谁大吗？（学生说不能，声音小。）不太明显吧，同学们！对吗？

生：对。

师：这种比法合适吗？

生：不合适。

师：不太科学，是吧？那你想个办法，这两个三角板怎么放才能一眼就看出谁大谁小？下面就请你们前后桌的四位同学组成一个小组进行合作，一起分析讨论一下吧。

（与学生交流，指导，评价）哪个小组来个代表，用老师这个来示范一下？你来吧。用老师这个教具，行吗？

生：我们组是这么研究的，把∠1 和∠2 放在一起（∠1 和∠2 顶点重合，一条边重合），看哪个宽，就知道哪个大了。

师：现在这样看，看不到∠2，把它调整一下行吗？把这个（等腰直角三角板）放在后面，这样可以吗？你是想这样把它放一起，是吗？

生：嗯。

师：同学们看看，她这样放就能看出∠1 大了，为什么呢？从哪儿发现的呢？

生：∠1 比∠2 宽。

师：哪个地方宽呢？

生：绿色的边宽（指三角板的边）。

师：绿色的边，你认为是这个，是吧？（生指边）哦，你明白这意思，是吧？请回。谁看出来∠1 大了？我也看出来了，看它这个角和角的顶点重合了，然后把一条边和一条边重合了，然后，我们现在只需要看角的另一条边，是不是就可以了呢？

生：对。

师：看，∠1 的另一条边在外面呢，∠2 的一条边在里面呢，那说明哪个角大？外面的这个……

生：∠1 大。

师：这条边在外面呢，这个角肯定是大的，对不对？

生：对。

师：刚才都有哪些同学想到这个办法了？请举手示意一下。好，你们真厉害，比老师想象的要厉害得多！好，把手放下。

老师告诉你们，这是一个比较合理的方法，你们真的了不起，自己就能发现这个方法。

刚才没有用这个方法的同学，请把你的三角板放一起比一比，看看能不能看出来。好，同桌之间刚才已经比完了，有的同学没比出来，没比出来的同学也用这种方法试一试，能看出来吗？能看出来的，请把三角板放下，坐好。

下面，咱们看一看这两个小兄弟是怎么比的？（继续播放动画，直到结束）他们的方法与同学们的方法一样吗？

生：一样。

师：一样，是不是啊？谁大啊？

生：∠1 大。

点评：“角比大小”这个环节，教师是怎么做的呢？先看一小段动画，让学生动手做并总结如何比大小，再放动画巩固已学知识。

在学生说如何比大小时，学生虽然懂了，但却说不出来，教师引领学生展示，将学生的想法正确地说出来。在课上，学生说“比角”就是“比宽”，其实，学生的意思是“比开口大小”，但学生并没有学过“开口”，因而，需要教师帮助其表达。这样做学生都能理解。“比较角的大小”不是教师“教”出来的，而是学生自己探究出来的。这时，再放动画的后半部分，巩固强化“角的大小与张口大小有关”的事实。

短短十几秒的动画，为什么教师放了很久呢？因为结论不是教师“说”出来的，也不是放动画放出来的，而是学生“做”出来的。

师：王老师现在想用三角板的这个角（直角），与这位同学的小三角板的这个角（直角）比大小，你们猜一猜，是王老师的这个“角”大，还是他的这个“角”大？

生：王老师的那个“角”大。

师：你猜呢？

生：我猜它们两个一样大。

师：你猜呢？

生：我猜它们两个一样大。

师：嗯。有猜一样大的，有猜我的大的，谁能用我们刚才研究的方法比一比，验证一下呢？你来吧。（一女生演示，比较）她使用刚才的方法，顶点跟顶点重合，一条边与一条边重合，现在我们看一看，另外的两条边怎么样呢？

生：（另外的两条边）重合啦！

师：都重合在一起，说明两个角的大小怎么样？

生：一样大。

师：但是，我们发现，王老师的这个角的边很长，而她的三角板这条边很短啊。通过比较，我们发现这两个角的大小却是一样的。那说明角的大小与这个角的两条边的长短有没有关系呀？

生：没有关系。

师：没有关系，那它与什么有关系呢？你们想不想知道呢？

生：想。

师：好。现在，把你们手里的（活动角）学具拿出来。我们用它变出一个角（示范），看出来了吗？

生：看出来了。

师：能把它慢慢变大吗？

生：能。

师：变变……我让它变很大很大……（示范）我再让它变很小很小……这个角很神奇吧？它的两个边是可以活动的，是不是？

生：是。

师：我们把这个角叫作活动角，你们现在随便动一动它的一条边，感受一下，角是怎么样变大、怎么样变小的呢？它的大小与什么有关呢？体会体会，说说看。

生：与边有关。

师：嗯，与边有关。跟两条边的什么有关呢？跟两条边的长短没关系，那跟什么有关呢？（指一位男生）你说说看。

生：跟两条边的开口有关。

师：跟两条边的开口有关，是不是，同学们？

生：是的。

师：那你说一说，这个角的开口越大，角的大小会怎样变化呢？

生：会越大。

师：那开口越小呢？

生：角会越小。

师：角越小，对不对？

生：是的。

师：王老师现在再找一个角，大家看一看，这是个角（播放动画）。

我让它的边变长、变长……你们说，这个角的大小有没有变化呢？

生：没变化。

师：没变化？不要被表面现象蒙骗啊！不是边越长角就越大呀！我现在让它（开口变大）变大，变变变变变……这一次这个角的大小会怎样变化呢？

生：变大了。

师：变大了。这回呢（开口变小）？

生：变小了。

师：好的，请大家说一说角的大小与什么有关呢？

生：与角的开口大小有关系。

点评：教师在这节课上，在多媒体的应用、教具的使用上都是值得我们学习的。在表述角的大小与开口有关时，教师使用的教具是将两个硬纸条用大头钉钉在一起，但大头钉很容易伤到小学生的手，而教师在大头针的尖端按上了一小块橡皮，这样，不但不会伤害到小学生的手，而且可以调节松紧。用大三角板和小三角板比大小，为学生创设了一个恰当的情境，使学生明白角的大小与边的长短没关系，这一点处理得非常好。

师：经过这节课的学习，你们有哪些收获呀？你们学会了什么？或者有什么体会？或者有什么问题？（教师走到学生中间）

生：我学会了角。

师：认识了角，是吗？嗯，你说呢？

生：我学会了自己动手做角。

师：真棒！你说。

生：我知道了怎样比较角的大小。

师：真棒！同学们，老师相信每位同学在这节课上都是有收获的。

今天我们认识了角，下课后你们可以到校园中、在家里或者其他地方找一找，还有哪些地方有角，好不好？

生：好。

师：今天这节课我们就上到这里，下课！

点评：这节课的教学效果表明，80%～90%的学生都能当堂掌握所学内容，而且学生对数学学习兴趣盎然。这是一节成功的数学课。

分析一本教材，必须要把握好三条线索：①教学内容发展的线索；②儿童认知发展的线索；③教材具体呈现的线索。

我们是否一定要按照教材中的线索展开课堂教学呢？这倒未必。这节课的任课教师就没有完全按照教材线索，而是基于学生实际和教学实际进行再加工。这就可以归为创造性使用教材的行为。在备课时，我们是否有效利用教材，能否恰当处理教材其依据就是以上三条线索。

北师大版小学数学教材对“几何图形”内容采取螺旋式上升的呈现方式：一年级上册总体认识长方体、正方体，一年级下册从一个面看去，直观感受长方体、正方体，然后认识角；接着研究三角形、长方形等具体图形及其性质。

但是，这里有一个矛盾：按照数学逻辑，先是点、线、面，然后才是角、三角形、四边形以及其他直线形的图形。也就是说，数学发展是从简单到复杂，从公理、公式到定义。但是，教材并没有按照这个顺序呈现相关内容，为什么呢？这是因为要考虑儿童认知发展规律，即第二条线索。这节课的逻辑起点就是“学生已有的生活经验”。要帮助学生从“生活中的角”抽象到“数学中的角”，学生看到的是具象，如何让学生“看”到“一个点、两条射线”，其核心就是几何抽象过程，作为教师要考虑如何带领学生进行数学抽象，如何将第 67 页的“认识角”的导入环节（角的抽象过程）和第 67 页的“指一指”等内容自然融在一起。任课教师王老师巧妙地借用一只蓝猫去旅行，将两部分串在一起。在《蓝猫旅行记》中，出现的几个图片都包含角，教师利用这个环节将教材中的两部分内容巧妙地融合在一起。

其中，为什么要将驾驶室坐垫的支架露出来呢？这在生活中是看不见的，其实，这是教师精心准备的——为了帮助学生更好地从生活中的“角”抽象出数学中的“角”。这就是教师的加工艺术。为了突出锐角、直角、钝角而设计了三个座椅，这是合适的。

在这节课上，任课教师有明显的自我建构倾向，即从找角到归纳角的特征(“一个地方尖尖的，两条边直直的”)，教学生学“角”不是为了让他们记住角的概念，而是让他们经历从大量生活素材之中抽象出数学概念“角”的过程。让学生经历这种抽象过程，对人的大脑是一次激发，这就是注重培养学生数学素养的数学教学——不只是让学生记住某个概念，而是通过各种活动将学生的潜能激发出来。

这节课也有一些不足。例如，教材 68 页“做一做”用两根硬纸条做成一个活动的角。对此，我们可以引申为两个知识点：一是角的第二种定义，即一条射线绕一个点旋转，旋转前的位置和旋转后的位置所夹的部分构成的图形叫作角；二是角的大小与开口有关。而这位教师在讲“运动的角”时，严格按照教材内容来讲，只是利用运动的角将“角的大小与边长无关而与开口有关”分析出来了，而没有将角的第二种定义概括出来。这不能不说是一个遗憾！

二、失败的课堂探究案例分析

案例 3-2　一次失败的课堂探究及其点评①

这节失败的课堂探究学习，虽然描述得很简单，但却发人深省。

① 本案例引自：邓炜. 追求有效的探究式学习[J]. 湖北教育（教育教学），2007（02）：9-13.

师：以前我们学习了角，学习了角有什么用处呢？（学生回答略）

师：我们今天就来研究怎样使物体滚动得最远。（板书课题）

师：请同学们打开数学课本（数学课程标准实验教科书苏教版四年级上册），读第28页的引入部分——在日常生活中，我们经常看到有些物体在陡坡上会很快向下滚动。你知道陡坡与地面成什么角度时，物体滚动得最远吗？下面我们就来做实验。

师：全班分成4个小组，用铅笔盒（学生自用）和一块小黑板搭成陡坡，第一次搭两个铅笔盒形成斜坡，第二次搭3个铅笔盒形成斜坡，第三次搭4个铅笔盒形成斜坡（教师示范如何搭成斜坡）。每次都要让胶带圈（学生自带）在搭成的陡坡上滚动3次，量出每次胶带圈在不同陡坡上滚动的距离，并且用计算器算出在同一个陡坡滚动三次的平均长度，并做好记录。

（注：书本呈现的原题是让学生用同一种物体分别在30度、45度、60度斜坡上滚动，可能是受客观条件的限制，教师用堆积不同个数的铅笔盒代之。）

学生分组开始活动……25 分钟后学生活动结束。学生如实汇报胶带圈在三个不同斜坡滚动的平均距离，意外的情况发生了：教师面对计算出的平均长度愕然，物体在斜坡上滚动的距离与斜坡的角度大小无任何规律可循，只能无奈地宣告实验失败。

点评：事实上，这节课宣告失败是必然的。在这节课上，实验等同于放任玩耍，探究活动盲目散乱。原因主要有以下四方面。

（1）对探究学习的认识有偏差

虽然这节课要研究的问题——“怎样使物体滚动得最远”是教师直接给出的问题，但也是一个现实问题，具有很强的主题性。所以，这个问题适合学生开展探究学习。同时，在此之前学生已对角有了初步认识，也具备了能够开展探究学习的认知能力和知识基础。探究活动应该是让学生带着问题有目的地进行，而案例中的教师对课堂教学中的探究学习的认识出现了偏差，把探究学习当作照搬书上的步骤进行简单实验。因而，这节课教师只是让学生充当了物体滚动后测量长度的记录员，学生所做的只是滚动、测量与记录。

（2）无猜想、无探究方案

教师没有组织学生对“怎样使物体滚动得最远”这一问题进行猜测，而是直接让学生进行实验，使学生错失了进行大胆猜测体验的过程，错失亲自制订研究方案的机会。由于学生没有猜测，没有研究方案，不知道为了什么而实验，要具体解决什么问题，导致学生的实验带有玩耍性、盲目性，这使课堂教学中的探究学习黯然失色、流于形式。

（3）没有严格控制变量

实验中最重要的一点就是控制变量。这节课进行的实验，关键点就是“斜坡与地面所形成的角”是“怎样使物体滚动得更远”的唯一变量，但教师对此没有任何言语交代，其结果必然产生很多干扰因素，如物体在斜面滚动时，学生有意无意地用力推动，使胶带圈的滚动受到外力而影响实验的最终结果。

（4）实验方法不科学

教师用铅笔盒和一块小黑板搭成斜坡，第一次搭两个铅笔盒形成斜坡，第二次搭3个铅笔盒形成斜坡，第三次搭4个铅笔盒形成斜坡。教师开发利用资源的精神值得肯定，但这种方法并不科学，因为学生手中的铅笔盒的高度不统一，用这种搭法形成的斜坡，其实验的误差太大。其实，30度、45度、60度属于特殊角，而且学生手中都有三角板，因此，用这种搭法搭好斜坡后，如果让学生用三角板检验一下是不是30度、45度、60度，就可大大减少误差，然而，案例中的教师对误差没有进行任何处理。

任长松通过案例3-3及其分析指出，在有的探究活动中，学生只是遵照教师制定的方案、按照教师规定的步骤，探究教师所提出的问题，生成教师想要的结论，这种探究是假探究。在他看来，探究式学习的本质是学生知识的自主建构，学生探究过程中自主性的丢失导致探究式学习失去了其灵魂。

案例3-3　请严格按照老师规定的步骤和要求来开展探究活动[①]

题目：（小学四年级科学）水在加热过程中温度变化规律的探究

地点、实验准备：自然教室；每4人一小组坐在实验桌前，每个实验桌上有烧杯、温度计、计时表、酒精灯、三角支架、加热垫、印有空白表格的纸和印有空白二维坐标系的纸各一张。

师：（打开水龙头用玻璃杯接了一杯水）同学们，杯中装的是什么？

生：水。

师：很好。今天我们这节科学课要研究的问题就是水在加热过程中温度变化的规律。

（教师板书：水在加热过程中温度变化规律的探究）

师：接下来就请同学们来研究一下，水在加热过程中温度的变化有什么规律。首先，我要问问大家，用什么测量水的温度呀？

生：温度计。

师：对，用温度计。现在，我们就用温度计来测一测，一杯水在加热过程中水的温度是怎样变化的？同学们，温度计的使用有几条注意事项，请回忆一下。（略）

师：接下来老师要请每个小组都来探究一下。酒精灯的使用规范我们之前已经学过，同学们在使用过程中一定要注意小心操作。（略）

师：我先讲一下探究的过程、方法及注意事项。

第一，测量时每隔5分钟记录一次。第二，把测量的数据填在空白表格内（教师展示了一下）。第三，根据表格中的数据，在二维表格（教师展示此表）中标

① 任长松．探究式学习：学生知识的自主建构——从两个探究案例引发的思考[J]．课程·教材·教法，2004，24（01）：37-42.

出相应的点。比如，5 分钟时测到 30 度，这个点就画在这儿（教师示范）。第四，把点连成线，并总结一下温度的变化规律，水温升高是先快后慢，还是先慢后快？第五，把结论填在二维表格下的横线上。

好，现在各小组清点实验器材，开始准备实验。注意，请严格按照老师规定的步骤和要求来开展探究活动！

在案例 3-3 中，学生开始按照教师的要求操作实验。在巡视中，教师一发现与要求不一致、不规范的地方，就马上指出来并要求学生改正。学生经过实验和数据分析得出了结论。整个探究过程的他主性、控制性较强，各个环节都被教师严格控制着。学生只是按照教师的设计机械地实施一些操作和记录，教师对数据的整理分析方法也做了详细规定，学生只需要按照这些固定的程序做一些加加减减的计算就可以得出结论。

在探究过程中，结论是学生自己总结出来的，水温变化规律的知识的确不是教师直接告诉学生的，而是学生自己建构起来的，是学生自己发现的。但是，在这一过程中，学生的自主权非常小，学生自主的空间是狭小的，学生自主的思维是非常少的，学生从中取得的收获也是有限的。整个过程中，学生很少有自主决策的机会和权利。同时，学生同伴之间的互动很少，没有形成真正的学习共同体。

从精神状态与情绪表现看，学生的兴趣、热情、积极性、投入程度、专注程度、思维的张力都十分有限。由于有教师的严格控制和悉心指导，学生在探究过程中很少出错，即使偶尔偏离教师的规范而犯错，教师也都及时纠正了。教师按照预设安排非常顺利地按时完成了教学任务，整个教学进程与预先的设计基本吻合，而实际教学时的教学设计并没有大的调整。

总之，这种他主性很强的探究活动，虽然有探究的一系列步骤与外显活动，学生也动手做了，但学生自主建构知识的空间非常有限。这样的探究设计仍未摆脱灌输的价值取向，只是抓住了探究的形式与外壳，而没有抓住探究式学习的核心与本质——学生知识的自主建构。可见，只显示出科学探究的一系列步骤或操作，未必是真正意义上的探究式学习。

第三节　组织小学生开展数学课堂探究学习的基本要领与技巧分析

一、课堂探究的基本要领

在中小学课堂教学中，课堂探究具有相对一致的六个环节：提出问题、假设与预测、制订计划、收集整理信息、思考与结论、表达与交流。其中，经历探究过程以获得情感体验，积淀新知形成的直接经验、建构对于新知的实质性理解，掌握解决问题的方法，是探究学习努力要达到的几个目标。在达成相应目标的过程中，需要把握其中的基本要领才能获得良效。

（一）创设情境提出问题，激活动力，搭建探究舞台，其关键在于诱发认知冲突

促进学生探究学习的关键在于创设恰当的问题情境，诱发学生的认知冲突。创设问题情境，就是为了激发学生主动探究新知的求知欲和浓厚的学习兴趣。因此，创设问题情境时，要有利于实现问题驱动，其要领在于：①创设问题情境要有目的性，让学生明白自己将要学到什么或要培养什么能力；②问题情境应从学生熟悉的生活情境和现实情境出发，以便于提出具有可操作性的一系列问题；③创设的问题情境中的问题要有探究性，难易要适中，最好是在原有的知识基础上进行拓展和延伸。

案例 3-4　车轮为什么需要做成圆的？——圆的概念的类化过程①

在“圆的概念”形成之后，需要进行圆的概念的类化（即“从圆的现实原型抽象为圆的概念”的逆向过程），亦即圆的概念的应用过程。

出示如下问题，引导学生在独立思考基础之上进行分组讨论、解决问题。

（1）车轮为什么做成圆的而不是方的？其中有何道理？分别用硬纸做一个圆纸片、一个方纸片演示，给出你的判断。

（2）在现实生活中，时常因井盖受损导致行人、车辆发生事故。而下水道的盖子有的是方的，有的是圆的（图 3-5）。做成哪种形状更科学、更安全呢？利用课本作井盖进行演示，说明其中的道理。

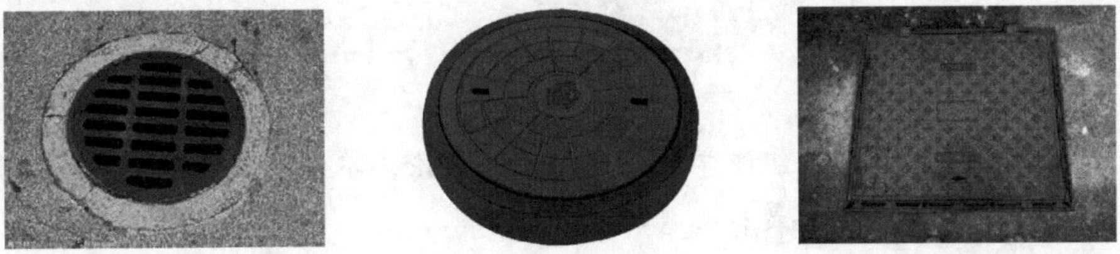

图 3-5

点评：上述问题的分析思考过程，正是运用圆的概念的过程，这个过程就是概念的类化，亦即“圆”的概念抽象的逆过程。

---

① 摘选自：孔凡哲. 在“数学化”过程中实现“再创造”——学会数学化切实提升数学学科素养[J]. 小学数学教师，2015，(06)：19-24.（人大报刊复印《小学数学教与学》2015 年第 9 期第一篇全文转载。）

（二）提出假设（猜测）与预测，其关键在于“探究”的意识与能力的培养

“假设（猜测）与预测”是针对提出问题进行科学探究的第一步，也为制订研究方案提供了方向。因此，在引导学生提出假设与预测时，可以让学生根据已有的学习经验，发挥其丰富的想象力，提出各种假设与预测。但要注意的是，教师一定要带领学生对他们提出的这些假设与预测进行合理性与可能性的分析，逐渐培养学生进行合理假设与预测的能力，以避免学生胡乱瞎猜。

案例 3-5 在案例 3-4 的实际教学中，针对两个问题，教师采取以下不同的引导。

对于问题（1），教师组织学生各抒己见，学生往往从自己的生活经验出发，给出自己的猜测、分析。其中，解决问题的关键在于，圆心（即车轮的轴）到轮子接触地面的接触点的距离保持一样，此时轮子受力均匀；而方的车轮由于轴与地面接触点的距离不一样，车轮走起来将是颠簸不堪的，既不舒适也极易损坏车子本身，对于车子的动力系统（如发动机等）都会产生极大损害。

当然，车轮做成圆的，还有其他原因。例如，物体在地上滚动要比在地面上拖动（即滑动）更省力，这是由于滚动摩擦力比滑动摩擦力小的缘故。任何事物都不是绝对的，如果我们希望转动不均匀，就要用非圆形轮子，凸轮就是自动化生产中常用的一种零件（图 3-6）。在凸轮转动时，先是将机件外推，然后又把它收拢，这样不断重复，就可以自动控制某个动作了。

图 3-6

对于问题（2），教师组织学生分组演示、讨论，学生可以给出许多猜想和判断，比较有代表性的回答是：

“方形的对角线比边长要长一些。”

“圆形的井盖一个人可以搬动，因为它可以在地上滚。”

“圆形井盖掉不下去啊！用方形井盖的话，可能从对角线掉下去。”

“圆的直径只有一个，圆形井盖在井口上任意转动，都不会掉进井口。而方形井盖，无论是正方形的边长，还是长方形的长或宽，都必然小于对角线的长度。如果方形井盖侧立在井口上，就很容易掉进井口。”

“圆的，好嵌合进地面，以免留下棱角伤害行人。”

“圆的盖子在更换时可以滚动，比较省力。”

“从力学角度分析，圆形受力比较均匀，不存在相对的应力集中区，更不易损坏。”

“一个完美的圆柱体，因为下水道的那个口是圆的。”

“是一个营销问题，与买卖有关！因为圆形切去四个角可以最大限度地节约成本。”

“圆形的从任何角度都可以直接盖好井口，而方形的就必须与井口调整成一致的角度。”

“从力学角度来看，圆形井盖与支撑点的受力是均匀的，而方形或长方形井盖的受力点则靠近于施力点。”

“只能是有些盖子是圆的，当需要覆盖的洞是圆形时，通常盖子也是圆的。”

……

点评：上述各种回答，大多是围绕圆的本质属性而做出的回答，其中的核心在于通过盖子中心的截线，如果不一样长，有时很容易掉下去；如果通过盖子中心的截线总是一样长，此时，井盖无论怎么盖都是安全的，只要一种情况下掉不下去，其他情形下也不会掉下去。

（三）制订研究方案和开展探究活动，其关键在于“能探究”

制订研究方案是对所提出的假设与预测进行科学验证的过程，也是探究学习中最重要的过程。在这一过程中，教师要注重学生探究的过程，而不是一味地只追求探究结果，使学生的探究流于表面形式。在探索、验证过程中，学生很可能会经历挫折或失败、曲折或迂回、成功与兴奋，其中的许多感受和体验，恰恰是学生把握科学的本质、理解科学精神的意义与价值的重要基础。受课堂教学特殊环境所影响，在中小学课堂教学中的探究活动，一般比较适合以小组为单位开展，这不仅可以养成学生的科学探究精神，也可以培养学生的团队合作精神。但在进行探究活动之前，教师要帮助学生搭建可进行探究学习的认知条件。例如，在小学数学（北师大版）三年级上册《什么是周长》第一课时中，上课伊始，教师出示图片，创设情境，引导学生分组探究。

案例 3-6 周长概念形成中的数学化案例①

淘气家和笑笑家新建了花园，他们打算给花园围上同样的栅栏，笑笑说：“我家花园需要的栅栏长。”淘气不服气地说：“我家花园需要的栅栏长。”同学们，你觉得呢？（师出示图片）（图 3-7）

---

① 汲长艳在孔凡哲指导下完成并在长春举行的省际教研活动中公开执教，后在嘉兴公开课上执教，朱国荣点评：汲长艳，朱国荣. 周长概念形成中的数学化案例[J]. 小学数学教师，2015，(06)：29-31，75.

图 3-7

1. 小组合作，寻找方法，验证答案

教师提出合作要求：①小组成员间先讨论一下打算用什么方法。②小组内同桌两人选择其中一个花园模型和需要的工具，先两人合作。③组内前后两桌将结果进行比较。

（学生进行小组合作，教师巡回观察指导。）

2. 展示交流，揭示“周长”，初步感知

每个小组借助投影仪展台进行课堂展示。

师：你们小组对比的结果是什么？用什么方法对比的？

方法 1：用线围一圈，再比较两条线的长短。

（教师预设：如果学生用线代替栅栏，去围花园的一周，就知道花园需要的栅栏的长度了，然后将两条线对比）一样长。真不错，好办法。

（围一围的时候关注从一点出发，沿着边线，回到起点。）

师：其余小组采用的方法与他们一样的请举手（……）。你们真厉害，用线围一围、比一比就把问题解决了。那还有其他方法吗？

方法 2：用线围一圈，然后直尺测量线的长度，再进行比较（简单反馈）。

师：通过刚才的验证过程，你想说点什么呢？（引导学生总结。）

师（归纳）：通过同学们用线围花园一周，然后对比两条线长度的方法，我们发现淘气家和笑笑家花园需要的栅栏其实是一样长的。

从一个地方出发，沿着花园的边线又回到起点，就是花园的一周。（展示动画）

围绕花园一周的长度（板书“一周的长度”），就可以简称为花园的“周长”。

点评：在经历了将现实问题经过抽象过程转化为数学问题的过程之后，学生需要寻找办法，通过自己的推理、验证，逐渐构建出“周长”的概念。教师在此环节为学生提供充分探索的机会，并提供一些必要的工具，学生在原有经验的基础之上，能初步构建“花园一周”的概念，经过大家进一步交流和讨论，进而理解关键词“一周”“边线”，归纳总结出“周长”的概念。此环节中，学生还在探索时就感悟到了“化曲为直”的思想，通过这样的环节设计，让学生在操作中将

“数学内部规律化”，构建出“周长”的概念。

其实，儿童生来就充满好奇、喜欢冒险，有探究的热情和愿望，也有初步的探究能力。但是，在中小学日常教学中，在探究过程中，许多学生往往会主动放弃原来的探究活动，主要原因之一在于他们无法独立完成探究任务，或者无法在小组合作中解决某一探究问题。因此，教师恰当的点拨、有针对性的指导，是成功探究的必要条件。

为此，作为探究活动的第一责任人，教师首先要明确探究任务；其次，提前渗透探究方法；最后，教师的指导宜分层，即针对不同层次的学生，教师要辅以相应的要求，给予相应指导，因材施教，让每位学生都能经历探究而获得成功体验和探究经验。

总之，引发学生认知冲突是有效探究的关键。

（四）渗透探究学习的基本技能，帮助学生“会学”是关键

与科学家的探索发现相比，学生的探究学习仅仅是科学探究的一种模拟或是科学研究的“简约复演”，无论从结果还是过程，都不必要也不可能成为真正意义上的科学研究活动。探究学习要落到实处，学生必须学会独立探究，而教师就必须系统训练和培养学生的探究学习基本技能，并将其融入日常教学之中。因此，开展探究学习不能机械套用科学探究程序和技能，而是应有意识地培养和提高学生探究学习的基本技能（表 3-2）。

表 3-2　探究技能因素分析表

探究的基本技能	收集信息	组织、预测	操作	交流	推理、创造
具体内容	倾听 观察 分类 测量和应用数字 发问 分析探究 明确问题 收集资料 调查研究	记录 比较类似点 比较相异点 预测 体系化 概括 评论 分类 评价 分析	使用器具 器具保管 演示 实验 修理 制作 观测	提问 讨论 说明 报告 记录 批判 图表化	质疑 设计新问题 预测、展望 发明 综合

（五）根据收集的资料思考并得出结论，会思考、善于归纳概括提炼结论是关键

人的思维能力可以分为两种：演绎能力和归纳能力。正如爱因斯坦所说：“西方科学的发展是以两个伟大成就为基础，那就是希腊哲学家发明形式逻辑体系

（在欧几里得[①]几何中），以及通过系统的实验发现有可能找出因果关系（在文艺复兴时期）。”[②]前者指的是演绎能力，后者指的是归纳能力。[③]多年来，我国基础教育在学生思维能力的培养中，主要弱在归纳能力的训练上，给创新性人才的成长带来严重阻碍。[③]事实上，演绎方法只能用来验证真理，而不能发现真理。以演绎方法为中心的演绎思维，只能模仿，难以创造。而归纳推理是从特殊推出一般性结论的推理，与演绎推理的思路正好相反。就归纳推理方法范围而言，归纳推理十分庞杂，包括枚举法、归纳法、类比法，以及因果分析、观察实验、比较分类等。归纳推理的主要功能是发现结论、发现真理，而不是验证结论、验证真理。[④]

基于学习方式的分类，采用演绎推理的方式实施学习属于接受学习，而采用归纳推理的方式实施学习属于探究发现学习。归纳能力的培养需要探究思维的启发，而探究学习的深入开展与学生归纳思维、演绎思维水平的提高，其实是同步发展的。

（六）表达与交流，会分享、能反思是其关键

学生对问题的思考过程是内隐的，只有通过表达与交流才能真正了解学生的思考过程，也可以由此判断，学生是否通过科学的方法得出了科学的结论。在小组内部、小组之间、全班同学之间不仅可以交流解决问题的方法，也可以对产生的反应、获得的结论和存在的疑惑、对他人的建议等，围绕有效的论据展开讨论。这些讨论要使学生意识到，同一个结论有多种途径可以得到。

案例 3-7　有效利用地域性课程资源的一节小学数学课例[⑤]

内蒙古自治区的一所小学在开展“几何图形的认识”一课中，以“搭建蒙古包的活动”为主线，以问题驱动为导向，按照问题驱动式课堂的基本结构，即“问题任务驱动—积累活动经验—解释提炼应用—拓展、反思、发展”，将“几何图形本质的理解和在现实中的应用”的学习，“藏”到搭建蒙古包活动之中，并通过“蒙古包中的几何图形有哪些？现实中怎样应用的？”“蒙古包为什么做成圆的？”等问题的思考和解决，在课堂教学经历“动手操作、探究知识”环节后，进入“交流提炼、拓展反思”环节。

---

① 欧几里得（约前 330 年—前 275 年），古希腊数学家，最著名的著作《几何原本》被广泛认为是历史上最成功的教科书。

② 爱因斯坦文集（第一卷）[M]. 许良英，范岱年，译. 北京：商务印书馆，1976：574.

③ 史宁中，柳海民. 素质教育的根本目的与实施路径[J]. 教育研究，2007，(08)：10-14，57.

④ 邓生庆，任晓明. 归纳逻辑的百年历程[M]. 北京：中央编译出版社，2006：22.

⑤ 本案例引自（这里略有修改、完善）：

彬彬，孔凡哲. 地域性课程资源开发利用中的教师智慧——基于小学典型案例的个案分析[J]. 数学教育学报，2014，23（06）：36-40.

教师组织学生进行全班交流，目的在于“联系生活，提炼抽象出几何图形的本质”。

师：在蒙古包中，你看见了哪些几何图形？（图3-8～图3-11是从几个角度观察蒙古包结构所体现的几何图形，由学生自己提供的图片。）

生：长方形、平行四边形、圆形。

生：“哈那”即蒙古包的木制骨架。哈那是以柳木条用皮绳缝编成有平行四边形网眼的长方形网片。将若干哈那连结，形成一个圆形栅筐，就是蒙古包的墙壁。

生：平行四边形大小可以调整，拉伸还能变成长方形。制作哈那的皮绳缝编成有平行四边形网眼的网片，它的一个特性就是伸缩性。

生：长方形还可以卷成圆柱体。

……

图3-8

图3-9

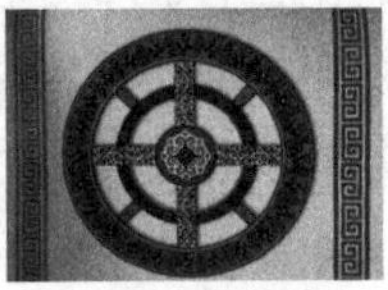

图3-10

图3-11

师：周长相同的平面几何图形中，圆形的面积最大吗？

（设计意图：操作探究，深化理解几何图形的应用。）

……

在课堂教学过程中，探究学习是一个整体，并非完全割裂。例如，表达与交流活动并非只在最后一个环节进行，学生在提出问题、进行假设与预测、制订研究方案、收集整理信息、思考并得出结论的过程中，都可以进行充分的表达，还可以交流自己的想法。

二、促进学生开展课堂探究的基本技巧

在中小学课堂教学中，促进学生探究具有一些基本技巧。

（一）精心设计问题串，实现问题驱动

促进学生探究学习的关键在于创设恰当的问题情境，实现问题驱动。

精心设计问题串、实现问题驱动，要领在于：①问题串要有目的性，直接指向新知（新的概念、新的数学规律等）；②问题串要有层次性、递进性；③问题串中的问题要难易适中。

（二）有计划地传授探究的基本方法

从思维方法角度分析，探究学习就是为了培养学生的创新思维与创新基本素养。对此，台湾学者按照研究问题的范围大小将其分为基于问题的探究学习和基于专题研究的探究学习。①其中，基于问题的探究学习是在学科课堂教学过程中，以问题为中心展开教学过程，使学生在问题情境中主动地探究、体验、发现，在探究过程中主动获取知识、应用知识、发展创新。基于专题研究的探究学习是在综合实践课程教学过程中，由教师根据学生的学习水平和学习能力，设计出一组具有挑战性的专题研究项目（或者由学生自己选择研究的专题），然后由学生以类似科学研究的方式，自主设计方案进行探究学习，寻求答案，独立完成探究任务。根据不同阶段教师的指导程度和学生探究能力的水平层次，探究学习分为引导探究、合作探究、自主探究三种学习水平层次。

（1）引导探究学习指整个学习过程中都是在教师指导下。教师在学习中的各个环节，都需要预先为学生设计好学习情境，并帮助学生按照预定的学习目标和学习方式进行探究活动。学生虽然也积极主动参与探究活动，但学习的自主性和创造性相对要差一些。因此，从学生自主程度上讲，引导探究学习是一种低水平的探究学习方式。

（2）合作探究学习指师生共同合作进行探究教学活动。教师是探究活动的组织者、学习任务情境和探究方法设计的帮助者，是探究材料的提供者和探究过程的参与者。

（3）自主探究学习是高层次的探究学习，它特别强调探究学习的自主性和创造性。在整个学习过程中，学生自行提出问题，自主选择探究材料和探究方法，独立或者协作解决问题，最后，由师生共同对探究的问题、方法、结果进行评价。教师只是对学习中存在的问题提出建设性意见，指导学生反思整个探究学习过程。

总之，有意识地提高学生归纳思维、演绎思维的水平，并将二者结合在一起，才能更好地促进探究学习。

（三）帮助学生及时梳理探究的结果，“鱼”与“渔”兼得

当前，我国不少学者认为，探究学习主要是让学生重现科学家探索发现的全过程，重过程而不重结果。这种理解是不正确的，至少是片面的。

事实上，任何科学研究活动都需要以其现有的知识、方法为基础，以所验证的理论作指导。科学研究始于问题，而在观察现象、形成问题时，研究者总是事

① 陈毓凯，洪振方. 两种探究取向教学模式之分析与比较[J]. 科学教育，2007，(305)：4-19.

先在一定的理论、观点支配下进行，往往凭借直觉直接猜想出结论，而后进行验证。真正的科学探究总是在一定的理论假设（有待验证的结果）指导下进行，科学理论（验证后的结果）则在探究过程中步步向真理逼近。例如，伽利略在比萨斜塔上做抛球实验①之前，其实已经拥有比较清晰的预测结果，亦即，他首先进行了思维实验，而后才进行真实的物理实验。

学生的探究学习也离不开科学概念与原理（结果）的指导。即使是小学一年级学生，也是从日常生活中积累了许多朴素的科学常识，才使得新的学习和探究活动成为可能。

在中小学数学中，高层次的学习主要包括知识技能学习、基本活动经验的学习、问题解决学习。其中，每一种学习都要以前一种为基础②。就中小学数学教学而言，探究学习主要属于问题解决这一最高层次的学习，即运用概念、规则解决问题的学习。由此可见，探究学习既重过程又重结果，倡导经历新知产生的全过程进而获得理解性掌握，同时，经历过程可以更好地掌握结果。学生探究技能的发展，要以所掌握的基本概念和原理为基础，才是对探究学习的正确理解。

（四）创设有助于学生探究的系列素材，提供进行探究学习的基础和保证③

正如兰本达所主张的，“通过对自然事物的观察、描述、相互交流感受和解释，在思想上形成解释认识对象的模型，然后在实践中加以检验，从而找出纷繁复杂的现象之间的关系和联系，形成对自然界的有秩序的理解。这是一种先进的观念，使孩子们不仅在课堂上，而且在生活中，在将来都会自行探索、创造，利用已有的智慧解决面临的新矛盾、新问题”④。“给孩子们动手实践的材料，他们肯定要‘卷入’，也肯定会发现对他们来说是新的东西，发现材料之间的相互作用的现象。”④

兰本达的“探究—研讨”教学法，实质上是一种探究型教学方法。主张“材料引起经历”，“与科学概念有关的结构能揭示科学概念”。

在小学（科学）探究学习中，教师为学生提供合适的、有结构的探究材料是学生进行探究学习的基础和关键，学生通过对材料的操作、摆弄和思考，才能形成完整形象，进而获取对事物的正确认识。这些素材既可以是可供学生进行动手操作的材料，也可以是供学生进行思维操作的思维素材。

---

① 对伽利略是否真的到比萨斜塔上做过真实的抛球实验，学术界存在争议。

② 孔凡哲，曾峥．数学学习心理学[M]．2版．北京：北京大学出版社，2012.

③ 本部分内容主要引自：余清，刘绍江．有结构的材料是进行探究学习的基础和保证[J]．小学自然教学，2001，(09)：27-28.

④ 兰本达，张良顺．“探究—研讨”教学法的优点（上）[J]．科学启蒙教育，1987，(03)：2-3.

1. 素材的选择要以学科核心概念、基本思想的再现为基础

素材必须组成与概念相关的结构。“为了形成概念，材料经过精心的选择，它所包含的自然现象之间的某种关系是十分清楚的”。[①]所以，为学生提供的学习材料，必须与所学习的概念密切相关，二者能组成相关的结构。

案例 3-8[②] 在小学“带余除法”课堂教学伊始，教师以教室后面的柜子（每位学生都有一个独立的柜子，相邻两个柜门的颜色不同）为素材，设计一个游戏。

师：上课之前，老师想与大家玩一个“猜猜看”的小游戏。教室后面有一些小柜子，上课之前，老师给每个小柜子编了号（1～39 号）。你们随便说一个号码，我就能说出是什么颜色的，你们信吗？我们试试看！（柜子的颜色排列是“红、蓝、橙、灰，红、蓝、橙、灰，红、蓝、橙、灰……”）

（游戏规则：学生任意说出一个编号，教师背对柜子，说出该柜子的颜色。

反复几次，教师都能准确猜出学生任意说出编号的柜子的颜色。学生们惊愕不已。）

师：你们想不想也变得这么厉害？其实，这里面有一些小秘密，只要你积极参与这节课，认真思考，下课后你也会拥有这种“超能力”。

点评：这一环节以“根据柜子号码猜出柜子颜色”的情境引入，正是“直观抽象阶段”的数学抽象的体现，即从学生熟知的生活情境出发，以学生原有的生活经验为素材，建立生活情境与数学符号之间的联系，进行从现实世界到数学符号的抽象，其中的数学学科内涵就是带余除法。

2. 素材之间必须蕴含多种相互关联，以帮助学生自主构建新概念

在探究学习中，教师为学生提供的材料应当蕴含多种相互关联，能激发学生进行探索，并给学生留有充分的思维余地与思考空间。凭借针对材料的实践活动，学生发现相互关联的事实，这些事实又会促成学生逐步养成深入思考的习惯，帮助学生从相互关联的事实中发现意义，认识事物及现象。

案例 3-9[②] 在案例 3-8 中，为了解决猜橱柜颜色问题，教师首先出示一个熟悉的素材，以便实物操作、初步感知。

师：老师手里有 8 个夹子，想平均送给 4 位小朋友（选择 4 位学生），请他们到前面来，一个一个分完。

一共有多少个夹子？平均分给几个人？怎么分的？每人能分到几个？分完了吗？有剩余吗？用什么算式表示呢？在表格的第一行空白栏填写算式。

[师板书：8÷4=2（个）]

---

① 兰本达，张良顺．“探究—研讨”教学法的优点（下）[J]．科学启蒙教育，1987，(04)：2-4.

② 摘选自：刘佳，汲长艳，孔凡哲．“带余除法”课堂教学案例中的数学化过程[J]．小学数学教师，2015，(06)：27-29.

师：老师给每个小组也准备了一些夹子（9 个），小组长拿出来，一起数数看，有几个夹子。请每个小组的 1 号队员将夹子平均分给组内 4 人。

[每组从 2 号队员开始接力回答：一共有多少个夹子？平均分给几个人？怎么分的？每人能分到几个？全部分完了吗？为什么他不分了？用什么算式表示呢？

根据分的过程和分的结果，学生在练习纸上尝试用算式表示。

师生交流有余数的除法算式写法。重点纠正“（9−1）÷4=2（个）”的错误写法，让学生理解总数是 9，而不是 8，不是先拿出 1 个再分，而是分完之后发现剩余 1 个。

将 9÷4=2（个）和 8÷4=2（个）对比。]

师：8 除以 4 是 2，9 除以 4 也是 2 吗？哪一部分没有表示出来？

[师板书：9÷4=2（个）……1（个），告诉学生可以用这种形式的算式表示分完还有剩余的情况。]

点评：有了这样的准备，“在研讨阶段，（教师）让孩子们有（充分的）机会表达他们的思维，并使自己表达各种观察到的情况所用的言辞跟自己的思想相互作用，一起参加探究实践和研讨的人的言辞和思想相互作用，这样就能形成概念”。[①]

3. 提供的素材必须能引起学生的探究兴趣，使学生积极地参与探究

正如两位小学教师针对小学科学探究教学指出的[②]，小孩子经常会听到妈妈的警告“不许碰！”“别动！”这说明小孩子总有想通过触摸探索周围环境的愿望。事实上，不仅儿童是这样，成人也会在陌生的东西出现时去观察、摆弄、探索，想知道它到底能做什么。例如，达尔文小时候经常专注地在花园观察昆虫，爱迪生则学着鸡妈妈的样子去孵小鸡，正是因为这种好奇得到有效保护，最后才有了进化论和无数伟大的发明。集中体现在人类历史发展进程之中，这种好奇心就是人类发明创造与日新月异的科技进步，亦即人类文明的进步。但不幸的是，传统教学无视学生的好奇心，在“不要讲话”“不许乱动”“这问题不是你能解决的”等限制性语言中，学生的好奇心逐渐被扼杀了。

因此，为了更好地实施探究教学，教师必须给学生提供精心选择的材料，这些材料能引发学生的好奇心，进而主动去操作、探究这些材料，而这些材料必须与学习的新知之间具有内在的必然联系。

4. 提供的素材应该适合学生能力，有助于他们从中发现有意义的材料

维果茨基把人的概念发展过程划分为四个阶段：混合思维、复合思维、前概

① 兰本达，张良顺．“探究—研讨”教学法的优点（下）[J]．科学启蒙教育，1987，(04)：2-4.

② 余清，刘绍江．有结构的材料是进行探究学习的基础和保证[J]．小学自然教学，2001，(09)：27-28.

念思维、概念思维。小学低年级学生一般处于混合思维阶段；小学中年级学生一般处于复合思维阶段；小学高年级学生一般处于前概念思维阶段；概念思维一般要到青春期才能很好地发展。年龄较大的儿童，甚至成人，初次在一种新领域中建立概念的时候，也常常是混合思维。

总之，有效实施探究学习必须具备必要的前提条件，这些条件既包括教师为学生精心准备的用于探究的素材（这些难易适中的素材有利于营造质疑、探究的问题情境），同时，这些素材又必须蕴含丰富的学科含义，并与即将学习的新知密切关联；而教师在学生探究学习中的指导也是不可缺少的，只不过不能包办代替。

5. 提供的素材必须充足，多种素材说明同一种事实，数量上能满足每位学生都有操作实践的机会

案例 3-10　在案例 3-8 后续的教学环节“拼摆小棒、深入感知”①中，教师采取了如下教学设计实施课堂教学。

师：通过刚才的活动，我们初步认识了余数。接下来，我们通过小棒摆图形，继续加深对余数的认识。每人准备 9 根小棒放在桌面上，用 9 根小棒摆几个一模一样的常见的平面图形，记录下摆了几个。然后思考用什么算式表示这个结果，可以写在练习纸背面的表格里（表 3-3）。

（每位学生独立思考，积极拼摆小棒，并进行同桌之间的交流。

教师巡视，选取两三种具有代表性的学生拼摆的作品，用手机拍摄下来，投放到教室的电子展示屏，进行全班展示、集体交流。）

表 3-3　带余除法操作活动表

小棒总数	每个图形用小棒数	摆出几个图形	剩余小棒	算式
9 根	9	1	0	9÷9=1（个）
9 根	8	1	1	9÷8=1（个）……1（根）
9 根	7	1	2	9÷7=1（个）……2（根）
9 根	6	1	3	9÷6=1（个）……3（根）
9 根	5	1	4	9÷5=1（个）……4（根）
9 根	4	2	1	9÷4=2（个）……1（根）
9 根	3	3	0	9÷3=3（个）
9 根	2	4	1	9÷2=4（个）……1（根）
9 根	1	9	0	9÷1=9（个）

师：同学们真厉害，课下可以继续尝试将其他摆法都找出来，看看有什么

① 摘选自（这里略有修改完善）：
刘佳，汲长艳，孔凡哲．“带余除法”课堂教学案例中的数学化过程[J]．小学数学教师，2015，(06)：27-29.

发现。

点评：这个环节采用“9 个小棒摆几个完全一样的图形”操作活动，进行直观教具验证活动，其中，既有“每 3 根小棒围成一个三角形”的情形，体现 $9\div3$ 的结果，又有 $9\div2=4\cdots\cdots1$ 等情形，即每两根小棒摆成一组平行线，可以摆成四组，还剩 1 根。这个环节的重要任务是巩固强化，但其中也逐步渗透、拓展业已建立的除法模型，即将 $M\div4$ 的模型扩展为 $9\div N$ 而余数为多种可能的模型。

由于每位学生都有同样的素材，都有动手操作实践的机会，从而学生在亲身经历了分夹子、摆小棒、猜颜色三个情境之后，能感悟出其中的秘密就在于带余除法，学生通过自主探究逐渐形成自己对带余除法的理解和认识，达到理解性掌握。

6. 素材应尽量避免引起与学习无关的行为

教师应从学生角度思考、看待所提供的素材。并不是素材越多越好，也不是越好玩越好。在选用素材时，教师一定要以学生的心态看待“这件素材怎样好玩”“它会影响课堂学习吗”等问题。

在探究活动中，教师为学生提供的素材不同、提供的方式不同，实际上反映了不同的设计理念。教与学是不可分割的一个整体，为学生提供有结构的素材，是探究学习的基础和保证，但提供了有结构的素材并不意味着学生探究学习的完成，教师必须深入领会探究学习的实质，以一位研究者、促进者的身份，指导学生的探究活动，让每位学生都能经历探究过程，在这一过程中促使学生的身心得到健康发展。

就探究学习的本质而言，无论小学科学课中的探究学习，还是小学数学中的探究学习，其基本规律是相同的。有关小学自然课、小学科学课的探究素材的选择规律，同样适合于小学数学。只不过关注数学的学科属性、帮助学生数学化是开展小学数学探究学习的关键，“教师的任务首先是为学生创设数学情境并组织引导学生开展数学情境的对话性实践。”①

（五）帮助学生掌握有效实施探究学习的若干技巧

与其他学习方式相比，探究学习更强调学生通过自己的方式在解决问题中获得新知，而探究的问题，既可以是教师预设的，也可以是学生从现实生活中发现的；探究学习强调学生的主动探究，强调过程与方法，强调理性质疑、实事求是的科学态度和精神。为此，有效促进学生的探究学习，就需要主题明确、规模适当、时机灵活，重视合作学习。

① 孔凡哲. 学会数学化切实提升数学学科素养[J]. 小学数学教师，2015，(06)：19-24.

1. 主题明确

与课外的探究学习相比，课堂中的探究学习属于一种定向探究，学生所探究的问题与课程中的知识、技能密切关联，因而，主题是否明确就成为制约探究学习有效性的关键点之一。

案例 3-11[①] 在“什么是周长”一课中，教师创设了“淘气家和笑笑家的花园”的问题情境，设计了“给花园围栅栏”的生活场景，借助学生直观感觉形成的矛盾激发学生探究的兴趣，也是本节课学生进行的第一次抽象活动，即从实物直观抽象到平面图形，把生活中的立体花园实物抽象到花园平面图形，并借助生活经验，即栅栏需要围绕花园一周，为后面周长概念的建构奠定基础。如图 3-12 所示，让学生经历从“立体花园实物”到“花园平面图形”、从“在花园周围围上一圈栅栏”到“图形的周长”两次抽象过程。这是数学化的第一个过程——现实问题数学化。

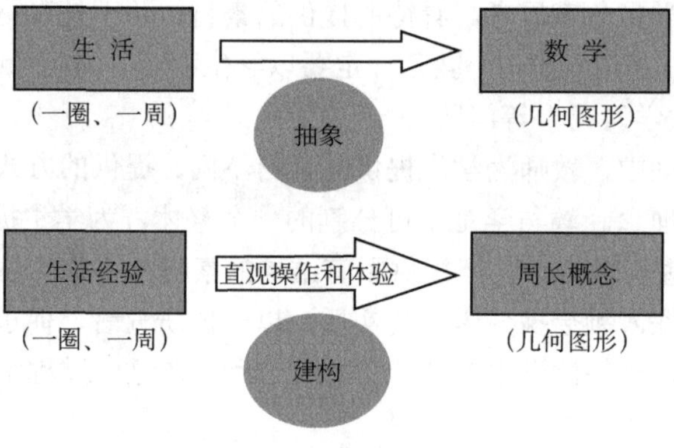

图 3-12

当然，课堂中探究学习的主题并非必须与课内知识、技能一一对应，往往需要教师整合学科内部已有知识与学科之间的关联，综合运用已有知识、能力解决学生感兴趣的现实问题。

2. 规模适当

学校教育的主渠道是课堂教学。在小学数学中，开展探究学习必须立足于课堂。一般来说，教学计划分为学期计划、单元计划、单课计划、课时计划。在设计探究学习活动时，最好从某一单元、某一节课入手。事实上，有些内容并不适合探究学习，教师也不可能将整个学期的数学课程内容都设计成探究学习，即使所有内容都适合探究学习，对在探究学习方面是新手的教师而言，无疑也是很难实现的。

① 汲长艳，朱国荣. 周长概念形成中的数学化案例[J]. 小学数学教师，2015，(06)：29-31.

同时，将一个单元的内容全部贯穿在一个主题的探究学习之中，往往很难完成——除非这种教科书是典型的问题驱动式的编排风格，诸如《情境数学》系列教科书，以及贾斯珀系列历险故事①。后者是美国建构主义教学模式的典型案例之一，由范德堡大学“温特贝特认知与技术小组”创设，这些历险故事共有 12 个，主要为小学五年级以上的学生设计的。这些故事主要是以发现和解决数学中的一些问题为核心，每个故事都为数学问题的解决、推理、交流以及与其他领域如科学、社会学、文化与历史等的互动提供多种机会。

在教学时间安排上，探究学习有时可以在一节课时内完成，有时可能跨越几个课时。像“什么是周长”等课中的探究学习，都是在一节课中完成的，但“长方形、正方形的面积”等课中的探究学习，则需要在两节课中完成。教师在设计这种规模的探究学习时，要把握好学生在分析问题、提出假设、设计探究思路、收集数据、处理数据、展示结果等方面的工作量、难度以及时间。课堂中的探究学习是以单课、课时为起点，当教师促进学生探究学习的教学技能稳定了、熟练了，再延伸到单元和学期课程。

3. 时机灵活

在课堂的探究学习中，探究的主体活动是在课堂上展开的，有些活动可以安排在课前，有些可以安排在课中，还有的可以安排在课后。一节课时、一整课的探究学习，可以只在课堂上展开重点的探究环节的活动，如分析问题、提出假设、展示结果、反思等；而另外一些探究环节的活动，如收集数据、调查、实验等，可以在课外进行。

案例 3-12　概念生成过程中的智慧——“破损的椅子与角”②

进行“认识角”教学，采取这样的导入：用动画展示蓝猫要开车去旅行，需要调一调驾驶室的椅背（呈现三种状态：锐角、钝角和直角），同时用画外音表达“只有（直角的）这种状态开车才方便”（而这一点恰恰是多数学生都具备的生活经验）。同时，特意将驾驶室的椅背的旋钮露出来，突出经过一个顶点有两条边，即“一个地方是尖尖的，两边是直直的”。而后将蓝猫一路见到的生活中各种形状的“角”凸显出来，抽象出来，初步认识角的概念和本质特征。教师对于蓝猫所见到的各个相关图片（其中都包含“角”）进行教学加工（比如，椅背的旋钮露出来了，而现实生活中是看不见的），目的在于帮助学生更好地理解从生活中的“角”抽象出数学中的“角”的过程。

① 王文静，郑秋贤. 贾斯珀系列——基于情境认知的美国数学学习案例研究[J]. 教育发展研究，2001，(08)：39-42.

② 孔凡哲. 追求智慧的课堂——智慧型课堂教学案例解读[J]. 小学教学（数学版），2013，(07)：11-14.

这种设计非常有智慧。让学生经历这种抽象过程，对人的大脑是一次激发，不只是让学生记住某个概念，而是通过各种活动将学生的潜质激发出来。

在日常教学中，一个高质量的问题情境，能集中学生的注意力，诱发学生思维的积极性，引起学生更多的联想，也比较容易调动学生已有的知识、经验、感受和兴趣，从而更加自主地参与知识的获取过程、问题的解决过程。

总之，课堂中的探究学习可以服务于不同的教学意图，而探究的时机选择也是灵活多样的。探究学习可以在初学某一知识时展开，以便学生建构新知识；也可以在学完新知识之后展开，以便学生灵活应用所学知识。

4. 重视合作学习

探究的过程可以是一个人独立研究的过程，但更多情况下，面对富有挑战性的问题，探究学习需要集体智慧、小组分工合作。在合作过程中，学生可以交流观点、分享理解，同时增强集体精神和合作意识。

案例 3-13 在“两位数减一位数退位减法的复习”一课[①]中，以“16−8”为例，教师引导学生回忆多种运算方法并依次汇报。随后，教师提出关键性问题“16−8 的计算与 10−8 的计算有联系吗？”……

教师提示：对于 26−8、36−8、46−8 的计算，我们能否联系已经学过的减法（比如，16−8 或 10−8 的计算），找到计算的“窍门”呢？

学生先独立思考一两分钟，而后进行小组讨论，并向全班汇报各组讨论结果，进行师生互动、生生交流。

点评：小组合作，探索运算技能中的秘密。在此环节，大部分学生已经能够将 26−8、36−8、46−8 化为 16−8 或者 10−8 进行计算，初步体会到其中的运算方法的等价性，并非仅仅将教科书中提供的 36−8 的运算方法当作两种独立的、不同的计算方法看待：教科书一是将 36 拆分成 26 和 10，用 10 去减 8 进行计算；二是将 36 拆分成 20 和 16，用 16 去减 8 进行计算。此时，学生对退位减法运算的认知已经达到脱离具体的技能方法而上升到感悟数学思想方法的高度。

总之，探究学习既可以针对现实问题开展探究，也可以针对数学内部问题进行探究。正是探究学习具有主题明确、规模适当、时机灵活的特点，才能作为一种具有旺盛生命力的学习方式，不仅可以有效培养探究精神、创新意识、合作意识，而且可以帮助学生在探索发现中获得理解性掌握，切实提升学生的数学学科素养，实现永续发展。

① 刘佳，刘帅，孔凡哲．“退位减法”教学中的数学化案例分析[J]．小学数学教师，2015，（06）：25-26.

第四节　课堂探究的新思路：帮助学生积累数学的基本活动经验[①]

一、一个常见教学片断中隐藏的问题

在小学数学中，“巧算”问题大多可以归结为规律类问题，适当改变数学课堂教学环节，实现课堂探究，可以引导学生经历归纳发现的过程，积淀数学归纳的基本活动经验。

案例 3-14　两位数乘两位数的乘法

吉林长春 D 小学，数学课“两位数乘两位数”刚刚开始。

教师由情境导入，列出算式“24×12”。

在教师引导下，学生基本理解“两位数乘两位数”的算理，初步掌握了列竖式的计算方法。

此时，教学转入巩固拓展阶段——教师安排了下面的系列习题作为巩固练习。

1. 列竖式计算。

13×23=　　　　23×22=　　　　41×12=

2. 填空：在□中填写适当的数字。

$$
\begin{array}{rrr}
 & \square & 2 \\
\times & 3 & 1 \\
\hline
 & 3 & 2 \\
\square & 6 & \\
\hline
\square & 9 & 2
\end{array}
\qquad\qquad
\begin{array}{rrr}
 & 2 & \square \\
\times & 3 & 1 \\
\hline
 & \square & 3 \\
\square & 9 & \\
\hline
7 & 1 & \square
\end{array}
$$

3. 拓展题：计算下列各式并观察计算所得的结果，比较各算式及其结果，你能发现什么规律吗?

12×11　　13×11　　15×11　　45×11　　11×63

其中，拓展题是面向优秀生的，而列竖式计算与填空题是面向全体学生的。

离下课剩不到 4 分钟了，学生很快算出了答案，然而，通过仔细观察找出其

① 本节主要参考：

孔凡哲，崔英梅．“巧算”背后的学科韵味——对知识技能教学的重新审视[J]．人民教育，2011，(11)：44-46.

孔凡哲．追求智慧的课堂——智慧型课堂教学案例解读[J]．小学教学（数学版），2013，(07)：11-14.

崔英梅，孔凡哲．课堂教学“多余环节”的学科审视[J]．上海教育科研，2011，(08)：63-66.

中的规律，显然时间略显紧迫。虽然个别学生也找出了一些规律，但始终未能触及最核心的规律。下课铃响之前的半分钟，教师很无奈地直接告诉学生，“大家再仔细看，一个两位数乘 11，乘积就是将那个数‘两边一拉，中间一加’，现在你们知道了吗？”

小学数学教学设计一般都有会“拓展提高”环节，而且此环节的内容并不要求所有学生都能理解和掌握。上面这节课的“拓展提高”内容是名副其实的“甜点”吗？

首先，这些是“两位数乘两位数”的计算题（一般性）；其次才是“积具有特殊规律”（特殊性）。从一般性来看，这些题应该是这节课的教学内容；从其特殊性来看，这些题符合数学课程标准中课程目标规定的“经历观察、实验、猜想、证明等数学活动过程”。因此，不应该只是简简单单的“甜点”，而是需要让每位学生都经历的、重要的归纳推理过程。在这里，教师的处理方法其实仅仅是让学生多做了一次有关“两位数乘两位数”的练习；而且，由于教师告诉了学生一个两位数乘 11 的巧算方法，学生只是知道了一种巧算的技巧，在能力上并未获得实质性的拓展提高，拓展题也就名不符实。

实际上，在小学数学中，大量“巧算”问题大多可以归为规律类问题。如果仅仅将其作为基本训练之余的拓展——由教师直接给出“巧算”的具体技巧，那么，这种做法的确可以产生“老师真厉害！”的震撼效果，但恰恰丧失了对学生进行归纳推理能力培养的绝佳机会！归纳推理是形成创造能力的根本。如果学生从未经历独立发现问题、提出数学问题并加以分析和解决的过程，那么，他长大以后要成为创新人才几乎是不可能的。

因而，在保证基础知识、基本技能学习的前提下，学生所积淀的、归纳的经历和经验，与其所获得的基础知识、基本技能一样重要。基于这种思路，我们修改并重新实施了上面的教学内容。

二、将技巧练习拓展为过程探究

上面的“巧算”内容——“一个两位数乘 11 的巧算方法”，的确属于一种数学技巧。之所以能够成为一种技巧，是因为其中蕴含某种数学规律，然而，这种规律是需要学生通过观察、发现、猜想、验证而获得的。

为此，在不改变这节课前半段的教学操作的前提下，将巩固拓展阶段做如下调整。

案例 3-15 “两位数乘两位数的乘法”的修正

保留练习“1. 列竖式计算”，删去练习“2. 填空”，将仅仅面向优秀生的“3. 拓展题”修改为面向全体学生的如下问题。

2. 算一算、想一想、猜一猜：

（1）列竖式计算：12×11　14×11　15×11　17×11

（2）仔细观察每道算式的因数与积，说一说你发现了什么。

通过笔算，从12×11=132，14×11=154，15×11=165，17×11=187中学生似乎可以发现：积是一个三位数，百位都是1，十位数字似乎与这个两位数有关（似乎是这个两位数的两个数位上的数字的和），积的个位数与这个两位数的个位数相同。

对学生来说，这是观察上面四道数学题而归纳猜想出的结论，属于第一次“发现”。

但是，这个猜想是否正确呢？有待验证。

于是，在此基础上，教师再给学生出示问题（3）。

（3）猜一猜11×24和11×45的结果可能是多少，再列算式验证自己的猜测。

学生按照刚才的猜想会猜：24×11的结果应该是“164”，45×11的结果应该是“195”。然而，学生通过列竖式计算后发现，24×11=264，45×11=495，而“百位不再是1”的“猜想”需要修正！这是猜想验证后的第二次“发现”。如何修正呢？

在第二次发现的基础上，教师引导学生思考问题（4）。

（4）观察上面的6个等式，它们有什么共同特点？有什么发现吗？能验证你的发现吗？

学生很快就能发现，“都是一个两位数乘11”，而且“积的百位数字与这个两位数的十位数字相同”。此时，部分学生可以得出“积是把与11相乘的另一个因数分开，中间放它们的和”。教师将其进一步归纳为“两边一拉，中间一加”。这是经过观察得出的第三次“发现”。

在此基础上，再验证我们的猜想，于是，教师出示问题（5）。

（5）运用上面发现的规律，自己编一个两位数AB，比如36，先猜测11×AB的乘积是多少，并列竖式验证猜测。

果真，猜想正确！

当学生感到三次发现的结论可以成立时，教师出示问题（6）。

（6）按照你自己的猜想，先猜一猜11×57的结果是多少？再用列竖式的方法验证。

学生们会发现，此时，两位数之和5+7是超过10的数，前面的猜想需要修改！

借助此时的认知冲突，教师引导学生归纳出：只有在“两位数的十位数字与个位数字的和不满十时”才适用“两边一拉，中间一加”的方式。

而“满十”时，这个“十”应该怎么处理呢？是写成“5127”还是“627”？

再来分析竖式，学生可以发现，此时的十位上“12”应该向百位进一，要写成“627”。

对于修改后的结论，此时的学生往往会尝试一下，比如计算“11×59”“11×67”，发现的确是11×59=649、11×67=737。

最终，学生将猜想“两边一拉，中间一加”进一步修改为“两边一拉，中间一加，中间满十，百位加1”。

这是学生根据观察若干个特例（个案）、归纳、猜想、验证、修正的四次“发现”!

上面的过程是否啰唆？其实，如此“啰唆的过程”并非多余。让学生经历这样的过程，真正的意图在于，在巩固“两位数乘两位数”的基础知识、基本技能的教学过程中，让学生多次经历归纳、猜想的思维过程，获得“个案1、个案2、……、个案n→归纳出一个共性规律，发现→猜想→验证自己的猜想→得出一般的结论”的直接经验和体验，让学生经历一次“数学家式”的思考过程，感受智慧产生的过程，体验创新的快乐。

当然，对于上面的第（6）问（即两位数字之和超过10的情况），作为部分学生课后研究的问题更合适，作为全班同学的共性要求可能高了一些。

上面的过程并非小学数学的个案和特例，而是具有一定的普适性。

案例3-16 用小棒摆三角形，三根小棒可以围成一个三角形，如图3-13所示。

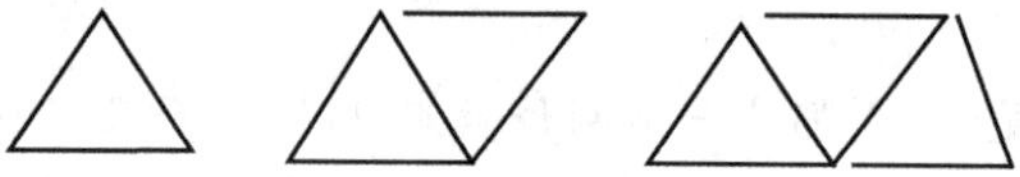

图3-13

（1）要摆2个三角形，需要几根小棒？请用学具中的小棒摆一摆、数一数。

（2）要摆3个三角形，你先猜一猜，需要几根小棒？再亲自动手摆一摆，验证一下。

（3）上面的过程有什么规律吗？按照你发现的规律，先猜一猜，按照这样的方式摆5个三角形，需要几根小棒？摆20个三角形呢？还需要具体摆一摆吗？

（4）尝试着说明你“发现”的道理，并与同桌交流（大班交流）。

“巧算”之“巧”在于充分发现、了解、认识数字背后的规律，这种规律性的东西，正是我们在数学教育中让学生“经历观察、实验、猜想、证明等数学活动过程”的着力点。在这一点上，可以说“巧算”实质上是一种课程教学资源，只有充分认识其价值，才能使教学效益最大化。

三、课堂“多余环节”必须体现浓厚的学科韵味、深刻的学科内涵

对于课堂教学中的“多余环节”，需要我们辩证地看待，不宜简单地评判是

否多余。

1. 并非多余的“多余环节”

许多似乎多余的教学环节，其实是为了让每一位学生都经历探索过程和学科思考的过程，获得直接的经验和体验，建构真正的学科理解，最终形成良好的学科直观。

这种目的表现在数学教学中，就是让学生亲身经历概念的抽象过程、算法的形成过程，亲身经历算理的逐级抽象过程。数学新知来源于直观之上的归纳，数学发展依赖于推理，而推理的主要方法是归纳与演绎。归纳推理是人类发现新知的重要思维方式。然而，长期以来，我国小学数学教科书内容的编排主要采取演绎方式，即从一般到特殊。我们的小学数学课堂教学也习惯于演绎方式，即先讲一般，再讲特殊，而特殊又常常被放在“拓展提高”环节，当作只有“学得好、学得快”的学生能够尝试的“甜点”，因而，普通学生很少经历从特殊到一般的归纳过程。

因此，培养学生归纳思维水平，就需要将一些课程内容按归纳方式呈现在小学数学教科书之中。例如，“两位数乘两位数”，其教学重点是“理解两位数乘两位数的算理，并掌握列竖式计算的方法”。案例 3-14 中的“巧算”内容，本质上是“两位数乘两位数”，如果将“一个两位数乘 11”，如“12×11”作为例题，将用于归纳的“14×11”“15×11”“17×11”“24×11”“45×11”“11×36”“11×59”“11×67”等作为练习，再用一般的算式，如“24×12”“33×23”等来检验学生是否“理解两位数乘两位数的算理，并掌握列竖式计算的方法”，这样的设计是不是更恰当一些？

至少，这种设计会使学生在体验观察、发现、猜想、验证的操作中，多次经历归纳思维的过程。

应当注意的是，“巧算”仅仅是提供归纳思维过程的载体，不必要求学生都必须掌握这种“巧算”的方法，毕竟“巧算”的算式一般都具有特殊性，需要有一定的前提条件。

2. 可能多余的“多余环节”

课堂教学中的有些“多余环节”可能是多余的，诸如，重复性的、简单的机械训练，无异于消磨学生的意志、损耗学生的激情和新奇，助长学生的惰性。然而，如果能将其精心设计成逐级递进、螺旋上升的内容阶梯，既可以减轻学生由于重复练习导致的厌烦心理，又可以提高学习的挑战性，激活教学的动力。

在进行“两位数加一位数”课堂研究的同时，笔者也针对“两位数乘两位数”的课堂教学进行了观察和研究。在后一节中，经过引入两位数乘两位数的乘法的必要性、如何计算的教学环节，通过十分钟的当堂巩固练习，大部分同学都能比较熟练地进行两位数乘两位数的计算，此时，任课教师又给出下列习题作为强化训练（即“比一比，看谁算得快？）。

12×11　　13×23　　15×38　　45×11　　22×63

这就有简单重复之嫌！建议进行如下修改。

案例 3-17　将这些课堂习题修改为如下形式：12×11，13×11，15×11，45×11，11×63，并提出“计算下列各式，并观察你得到的结果，比较各个算式及其结果，你能发现什么规律？能尝试着验证你的猜测吗？”的要求。

这就不是多余的教学环节了，而是螺旋上升、呈梯度深化的课堂环节——学生从 12×11=132，13×11=143，15×11=165 中，似乎可以得出“乘积是三位数，百位都是 1；十位数字似乎与其中的一个乘数有关”；当学生发现 45×11=495 后，往往会修改自己的猜测，部分同学会得出“两边一拉，中间一加”的猜测，即“将乘数 45 的两位数字一拉，中间放上这两个数字之和 4+5，即 9，得到的数字就是乘积”；同时，学生还可以用 11×63（或者自己编一些题目，如 11×27）验证自己的“发现”，即先猜测 11×63 的积是多少（即 693），再用列竖式的方法验证自己的猜想。

教学的层次性并不是在知识技能的简单重复上下功夫，而是按照知识技能的复杂程度、学科思维的深广度、待解决问题的繁难程度等，作为交替螺旋上升的线索，在知识技能的教学中，让每位学生获得知识技能形成的经验、自己独立思考的经验，以及猜测发现的直接经验和体验，最终形成良好的数学学科直观，提升其学科素养。而这种过程性的教学，正是数学教育的魅力之所在！

[思考题 3]

1. 如何理解当前小学数学课堂教学中的探究教学模式？
2. 与接受学习模式相比，课堂探究模式在最终目标的达成上有什么不同？
3. 小学数学教学中的哪些内容比较适合探究课堂教学模式？请举例说明。

第四章　小学数学有意义接受式教学模式及其典型案例研究

[学习提示]

有意义接受式教学模式作为传统的接受式教学模式，在日常教学中具有广泛的应用范围和使用频率。然而，究竟如何做才能实现有意义接受式教学？有意义接受式教学模式有哪些操作流程和实施技巧？这些内容都是本章需要学习和掌握的。

第一节　有意义接受式教学模式的基本含义与基本流程

对于缺乏生气和活力、效率低下的课堂教学，人们常常将其归咎于接受式教学模式，然而，进行有组织的课堂教学都无法轻易摒弃接受学习和讲授教学。正确看待接受式教学模式，对于当前的中小学课堂教学具有重要意义。

本章主要探讨接受式教学模式及其现代发展——有意义接受式教学模式，分析有意义接受式教学模式与其他现代教学模式的综合使用，并通过典型案例，分析在课堂教学中恰当运用有意义接受式教学模式的具体策略。

一、接受式教学模式

接受式教学模式是一种特定的教学模式，以教师讲授、学生接受为主要模式，将新知以定论形式传递给学生，进而达成课堂教学目标，有时也称为“传递一接受式”教学模式。

接受式教学模式由于传授新知的信息数量大、速度快，内容相对系统，因而，一直以来深受广大一线教师的喜爱。

接受式教学模式源于赫尔巴特四段教学法①，后经苏联著名学者凯洛夫等人改造而趋于成熟。自传入我国以来广为流传，很多教师习惯使用这种模式开展课堂教学。

正如我国学者述评的，这种教学模式以传授系统知识、培养基本技能为主要

① 赫尔巴特（Johann Friedrich Herbart，1776—1841），近代德国著名的哲学家、心理学家和教育家，科学教育学的奠基人。

目标，着眼点在于充分发挥学生的注意力、记忆力与间接经验在掌握新知方面的作用，使学生比较快速、有效地掌握更多的信息。[①]这种教学模式非常强调教师的指导作用，非常注重教师的权威性。

（一）理论基础

接受式教学模式根据行为主义心理学的原理设计，尤其受斯金纳操作性条件反射理论[②]的影响，强调控制学生的行为以达到预定目标，认为只要通过联系—反馈—强化这样反复的循环过程就可以塑造有效的行为目标。

（二）基本程序

接受式教学模式的基本教学程序如下：

复习旧课→激发学习动机→讲授新课→巩固练习→检查评价→小结。

其中，复习旧课的目的在于强化记忆、加深理解、加强知识之间的相互联系，以及对知识进行系统整理。激发学习动机是根据新课内容，设置一定情境和引入活动，激发学生的学习兴趣。讲授新课是教学的核心，主要以教师的讲授和指导为主，而学生要遵守纪律，跟随教师的教学节奏按部就班地完成教师布置的任务。巩固练习是学生在课堂上对所学新知进行运用和解决问题的过程。检查评价是通过学生的课堂作业和家庭作业，检查学生对新知识的掌握情况。小结是为了总结、提炼，加深理解。

（三）教学原则

接受式教学模式坚持两个基本教学原则：

（1）依据学生现有的认知水平和身心特点，对教学内容进行加工整理，力求所传授的知识与学生原有的认知结构相联系。

（2）充分发挥教师的主导作用。在传授知识时，教师需要拥有良好的语言表达能力，同时，对学生学习中遇到的问题及时觉察与引导。

（四）辅助系统

接受式教学模式需要一个良好的辅助系统，这个辅助系统由课本、黑板、粉笔、挂图、模型、投影仪等系列材料所组成。

（五）教学效果

接受式教学模式的突出特点在于，学生能在短时间内接受大量信息，教学投

---

① 冯忠良，等. 教育心理学[M]. 2版. 北京：人民教育出版社，2010.

② 斯金纳（Burrhus Frederic Skinner，1904—1990），行为主义心理学最负盛名的代表人物。

入相对较少，因而经济实用。其缺点在于，对知识、技能的传授相对有效，对过程与方法、观念、情感、意志以及学科素养、学科能力的教学，其效果相对较差；同时，学生对接受的知识不易获得理解性掌握，而教师对学生的个性化发展、个别化需求几乎无法有效关注，因而，这种教学模式不利于培养学生的创新思维和解决实际问题的能力。接受式教学模式由于其系统传输新知的背景不同、情境不同而导致不同的具体体现模式：如果能唤醒学生的学习热情，将学习变成有意义的学习，那么，此时的接受式就变成有意义接受式；否则，如果学生没有做好学习的准备，而是被动地接受，那么，此时的接受式很容易变成机械接受。

（六）适用范围

接受式教学模式对知识、技能等结果性内容的教学相对有效，特别是当期望学生在短时间内掌握一定的知识并马上去应试时，其短期效果尤为显著。

接受式教学模式注重结果，着眼点是学生应该掌握哪些知识、技能要点，注重教师“教会”，而几乎不考虑帮助学生“会学”，对学生来说只注重学习的结果；探究式教学模式关注学生的学习过程，在教学过程中，教师创设展示知识形成过程的情境，充分显现思考的过程，让学生在此过程中既要“学会”，更要“会学”。

二、有意义接受式教学模式

在新知识以定论的形式传递给学生的过程中，由于学生理解和接受的状态不同,因而,接受式教学模式又可分为机械接受式教学模式和有意义接受式教学模式。

在课堂教学中，有意义接受式教学模式对学生而言就是有意义学习。有意义学习的基本理论是奥苏伯尔提出的，他把学习区分为接受学习与发现学习，又根据学习材料与学生原有知识结构之间是否存在关系，把学习分为机械学习和有意义学习，并认为，中小学生的学习方式主要是有意义接受学习。

按照奥苏伯尔有意义接受学习理论，我们来阐述有意义接受式教学模式的有关观点。

（一）有意义接受式教学模式的内涵

有意义接受式教学模式，是指以有意义为前提条件的接受式教学模式。所谓“有意义”，是指以符号代表的新观念与学生认知结构中原有的适当观念建立实质性的和非人为的联系。这里的“实质性的联系”是指这种联系是非字面的、内在的必然联系；其中的“非人为的联系”是指有内在联系而不是任意的联想或联系，指新知识与原有认知结构中有关的观念建立的某种合理的或逻辑基础上的联系[①]。

① 孔凡哲，曾峥. 数学学习心理学[M]. 2 版. 北京：北京大学出版社，2012：第二章第 6 节.

例如，“等腰三角形”关键属性在于“两条边相等的三角形”。在学生原有的认知结构中，已有关于三角形的表象、线段及其相等的概念，学生也具备观察等腰三角形构成的实物或图形的直接经验和体验，当他们学习这个新概念时，很自然地与他们原有认知结构中相应的表象、观念、经验建立关联。关联一旦建立，学生就能用自己的语言把这个新概念表述出来，即“一个三角形，只要它的某两条边相等，它就是等腰三角形”，或“等腰三角形有两条相等的边”等。表达的语词虽不尽相同，但关键特征没有变化，它们引起的心理结构也没有变化。如此，新知识与原有认知结构中的相应观念之间就建立了实质性的联系。

机械接受教学模式与有意义接受式教学模式相对应，机械接受教学模式是指以机械接受为主要特征的接受式教学模式。这里的“机械接受”，是指学生并未理解由符号所代表的新知的含义，仅仅记住了某个符号或某个词句的组合。例如，对于数学概念“偶数”，如果仅仅记住了“能被 2 整除”，而对于“能够分解为两个相同的自然数之和”并不理解，那么，此时的接受就是机械的。

有意义接受式教学模式的核心在于，教学内容是以定论形式呈现给学生，即把概念、问题的条件、结论以及推导过程等，都叙述清楚，不需要学生独立发现，只要他们积极主动地与已有认知结构中适当的内容相联系，进行思维加工，然后与原有知识、观念融为一体。

（二）有意义接受式教学模式的基本程序

有意义接受式教学模式属于接受式教学模式的一种，其特点在于“有意义”。所以，有意义接受式教学模式就是将“以符号代表的新观念与学生认知结构中原有的适当的观念建立实质性的和非人为的联系”的有意义特点贯穿于基本程序中。有意义接受式教学模式的基本程序如图 4-1 所示。

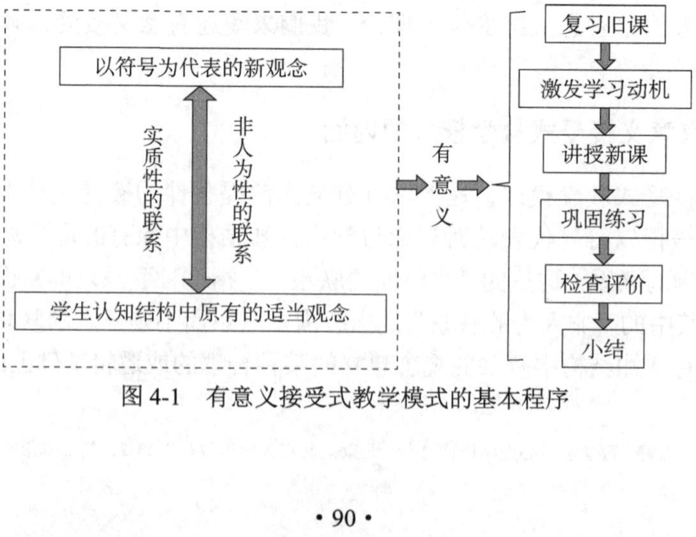

图 4-1　有意义接受式教学模式的基本程序

（三）有意义接受式教学模式使用的条件

有意义接受式教学的产生，既受课堂教学材料自身性质的影响，也受学生身心发展水平的影响。前者为形成有意义接受式教学的外部条件（即客观条件），后者是制约有意义接受式教学的内部条件（即主观条件）。

从客观条件看，有意义接受式教学的课堂教学材料本身必须满足“能与学生认知结构中的有关知识建立实质性的和非人为的联系”。也就是说，教学材料对学生而言必须具有逻辑意义，同时，材料的难易程度在学生能力范围之内。

一般而言，世界各国为学生学习准备的教科书往往都是精心设计的、优质的，其中所包含的学科知识是人类认识世界的概括，一般都是有逻辑意义的。

从主观条件来看，要确保有意义接受式教学的良好效果，必须关注三个要点。

首先，学生具有有意义学习的心向，亦即必须具有积极主动地将符号所代表的新知的意义与认知结构中的适当观念建立联系的倾向性（主动性、自觉性）。

其次，学生认知结构中必须具备适当的知识，以便与新知建立联系。如果课堂教学材料本身有逻辑意义，而学生认知结构中又具备了适当的知识基础、经验基础，那么，这种教学材料对学生来说就构成了潜在意义，即教学材料具有了与学生认知结构中的适当观念建立联系的可能性。

最后，学生必须积极主动地将具有潜在意义的新知与认知结构中的有关知识相互作用，形成新的认知结构或使原有的知识结构得到改善，如此，新知便获得实际意义，即心理意义。

有意义接受式教学的重要目的在于，保证输入学生头脑中的符号所代表的新知能够获得心理意义。如果教学材料本身缺乏逻辑意义，或者虽然教学材料本身具有逻辑意义，但是学生认知结构中缺乏与新知能够产生关联的经验，或者学生缺乏将符号所代表的新知与认知结构中原有的适当内容加以联系的主动性，即便教学材料对学生具有潜在意义，也无法产生心理意义，这样的学习就是机械接受学习。

总之，有意义接受式教学的产生必须具备两个条件：一是教学材料对学生来说是有意义的；二是学生必须具有有意义学习的心向。二者缺一不可，否则就不能构成有意义接受式教学。也就是说，教师所要提供的正是学生期望获得的。特别需要指出的是，教师所能提供的材料，不仅对学生当前的发展具有鲜明的潜在意义，而且对其未来可持续发展也具有潜在意义。亦即不仅有显著的“立竿见影”效果，而且具有长期的、对学生的终生可持续发展有潜在价值。

第二节 小学数学有意义接受式教学模式的典型案例分析

一、有意义接受式的典型案例及其分析

案例 4-1 “圆的认识”教学实录①

教学内容：《义务教育数学课程标准实验教科书·数学》（北师大版）六年级上册“圆”。

教学目标：①通过观察操作等活动认识圆，初步体会圆的本质特征（到定点的距离等于定长的点的集合）。②知道同一圆内所有的半径都相等，直径也都相等，直径等于半径的2倍。③能够体会圆心和半径的作用，会用圆规画圆。④能用圆的知识解释简单现象，解决简单的实际问题。

教具、学具：大圆规、小圆规、圆片、直尺模具、圆形瓶盖、透明胶、硬币、题签等。

教学过程：

（一）唤醒经验、揭示主题

1. 出示问题

师：同学们，还记得赵老师两周前曾进行的一项问卷调查吗？谁能告诉大家那是关于什么内容的调查？

生：关于圆的问卷调查。

师：关于圆的知识，你们了解了哪些？大家交流一下，好吗？

生：圆有直径、半径、圆心。

生：圆无处不在。

生：除圆规之外，好多物体都可以画圆。

生：我知道阿基米德关于圆的故事。罗马入侵希腊，他为了“保护”圆牺牲了。

2. 唤醒学生的生活经验

师：你们知道的可真多。同学们说圆在我们生活中无处不在，你们在哪里见到过圆呢？

生：钟面是圆形的。

生：光盘是圆形的。

生：瓶盖是圆形的。

生：汽车的车轮是圆的。

① 执教者系吉林省第二实验学校小学部赵全红老师，孔凡哲点评。

生：硬币是圆的。

生：碗口是圆的。

师：的确，圆在我们的生活中随处可见。老师也收集了一些图片，想看看吗？

（教师出示图片：车轮、天坛、水波纹、钟面、太极、飞镖盘等。）

3. 以旧导新

师：在这些物体上，我们都能轻松找到圆。那么，圆与我们学过的长方形、正方形、三角形、四边形等有什么不同呢？

生：那些都是直线形的图形，而圆形是曲线形的图形。

生：圆没有角，没有顶点。

生：那些图形是由线段围成的，圆是由曲线围成的。

生：圆没棱没角。

师：说得好。圆是平面内的一种曲线图形。那么，这种封闭的曲线图形到底具有哪些特征呢？这节课我们就来进一步认识圆。

（板书：圆的认识。）

（二）实践操作，探究特征

1. 学习用圆规画圆

师：赵老师知道我们班上绝大多数同学都会画圆。接下来就请同学们用自己喜欢的方式画一个圆。画完的同学将画出来的图形举起来示意。

（学生操作。）

师：老师问一下，你们用什么工具画圆呢？

生：我用圆规画的。

生：我用瓶盖拓的。

生：我用直尺上的模具画的。

师：用实物拓圆的请举手。（生举手）拓圆最大的好处是方便。在没有规定圆的大小的情况下，是完全可以的。如果老师规定圆的大小，还能拿实物拓圆吗？

生：不能。

师：（出示圆规教具）我们用专业的画圆工具——圆规画图，正所谓“没有规矩，不成方圆”。谁能说一说怎样用圆规画圆？

生：将圆规两脚分开，有尖的一端固定在纸上，旋转上面的柄一周，就画出一个圆了。

师：如果我们想把圆画得大一些，怎么办呢？

生：圆规两脚分开大一些。

师：想把圆画得小一些怎么办？

生：圆规两脚分开小一些。

师：如果想画一个固定大小的圆形，怎么办？

生：不仅要使用圆规，还要请直尺帮忙，我们可以在直尺上量出规定的长度。

（学生演示在直尺上确定长度的具体过程。）

2. 体会圆心、半径、直径的含义

师：刚才同学们画圆的时候，圆规有尖的这端固定在纸上不动，纸上会留下一个点。而这个固定点位于圆的中心，叫作圆心，用字母 O 表示。而连接圆心到圆上任意一点的线段，叫作半径，半径通常用 r 表示（图 4-2（a））。

（教师在圆内画出两条线段，一正一反两个例子，让学生判断是不是半径，可不可以用 r 表示，从而体会“半径”以及“任意一点”的含义。）

师：请同学们仔细观察，老师在圆内又画出一条线段。这条线段通过圆心，两端都在圆上，这样的线段叫作直径。直径一般用 d 表示（图 4-2（b））。

（教师再举一正一反两个例子，让学生判断是不是直径，能否都用字母 d 来表示，见图 4-2（c）。）

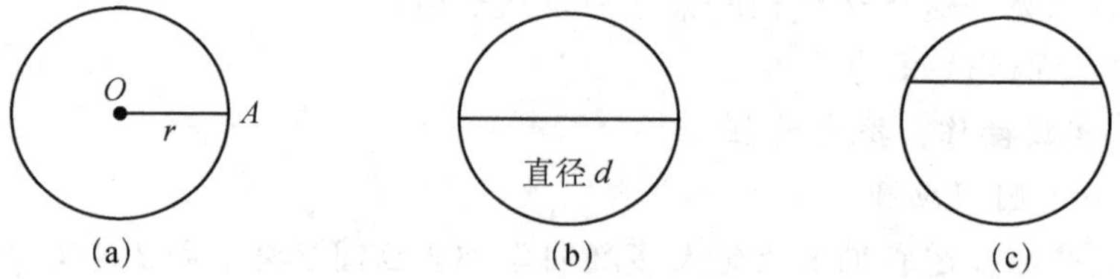

图 4-2　圆

3. 分析半径、直径的条数及其关系

（1）创设情境，组织探究

师：请大家拿出圆纸片，在圆内想办法找出圆心，画一条半径和一条直径。

（学生利用圆纸片折圆心，画半径、画直径。教师组织学生汇报折圆心的过程。）

生：（边说边演示，见图 4-3）将一个圆对折，再对折，就能找到圆心。找到了圆心，就可以画出半径和直径了。

师：很好。刚刚大家都准确折出了圆心，画出了一条半径和一条直径。你们有没有想过，在一个圆里，能画出多少条半径和直径？这些半径和直径各自有什么特征呢？半径和直径之间是否存在某种关系？下面我们就以小组为单位，利用这个圆纸片研究一下，也可以借助手中的其他工具。小组长执笔完成学习提纲。（教师出示学习提纲，见表 4-1）

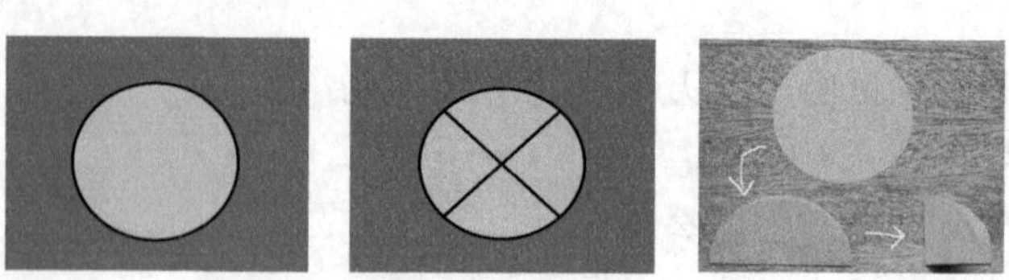

图 4-3　折圆心

表 4-1　学习提纲

在同一个圆里	条数/条	长度/厘米
半径		
直径		
直径与半径的关系		

（2）全班交流

师：先来说一说半径。半径有多少条？它们的长度是怎样的？你们是怎么知道的？

生：（演示折的过程）我通过折发现半径有无数条。

生：我是量的，发现半径的长度都相等。

师：直径呢？条数有多少？长度呢？又是怎样知道的呢？

生：我通过推理发现的。因为一条直径是由两条半径组成的，半径都相等，当然所有的直径也都相等。

师：你真善于观察和思考，推理的确是个好方法。

师：直径和半径之间的关系怎样？

生：直径是半径的 2 倍。

生：半径是直径的一半，或者说 1/2。

（师出示直径与半径关系的字母公式。）

师：好，这些是我们的学习成果，有成就感吧。

老师想问一问大家，所有这些结论在任何情况下都成立吗？

（学生一时间无从说起，教师进一步启发。）

师：你们手中的圆的所有半径，与老师黑板上圆的所有半径都相等吗？直径呢？你们手中的圆的直径是不是老师手中的这个圆的半径的 2 倍呢？

生：都不是。

师：需要具备怎样的前提条件呢？

生：必须在同一个圆内。

生：在两个相等的圆内也可以。

师：好极了。根据直径与半径的关系，完成下表（表 4-2）。

（学生口答。）

表 4-2　直径与半径的关系

半径	3 厘米		
直径		4 分米	5 米

4. 体会半径、圆心的作用

师：老师现在还想请同学们再用圆规画几个圆。不过，这回可有新要求，能画吗？按要求画圆，并且完成填空。

（1）画出一个半径是2厘米的圆形。

（2）画出两个圆心相同但大小不同的圆形。

（3）填空：（　）决定圆的位置，（　）决定圆的大小。

5. 分析概括圆的特征

师：到目前为止，我们已经比较全面地认识了圆。那么，你们能不能说一说，圆到底是怎样的一种图形？具有什么特征？

生：圆是平面内的一种曲线图形，圆上任意一点到圆心的距离都相等。

师：说得好极了。同学们用了二十多个字就把圆的特征说清楚了，而早在我国春秋战国时期，墨子对圆就有了准确的概括。我们来看一看吧。

（出示：圆，一中同长也。）

师：谁知道这句话是什么意思？

生：圆有一个（中心）圆心，圆上各点到圆心的距离（半径）都相等。

师：仅仅六个字就把圆的特征说得清清楚楚，了不起。我们再来有感情地读一遍这句话。

（三）建立模型，解释及应用

1. 观看表演

（出示图4-4。）

图4-4　观看表演

师：人们观看表演时常常围成一圈。你能用今天学习的内容解释其中的道理吗？

生：每位观众离圆心的距离都相等。

生：圆形场地的面积最大，便于表演。

生：视角最大，看着方便。

师：刚才大家解释得好极了。

2. 飞镖大赛

师：接下来，我们看一看还有哪些精彩的赛事。

生：飞镖大赛。

（出示图 4-5。）

图 4-5 飞镖盘

师：选手晶晶、贝贝、欢欢。老师用圆点代替飞镖，你能看懂比赛结果吗？这是谁的飞镖？

（学生一一介绍三个选手的飞镖。教师根据学生读图信息推断学生已经理解题意。）

师：好，为了让大家看得更清楚，老师画了一幅示意图。

（出示图 4-6。）

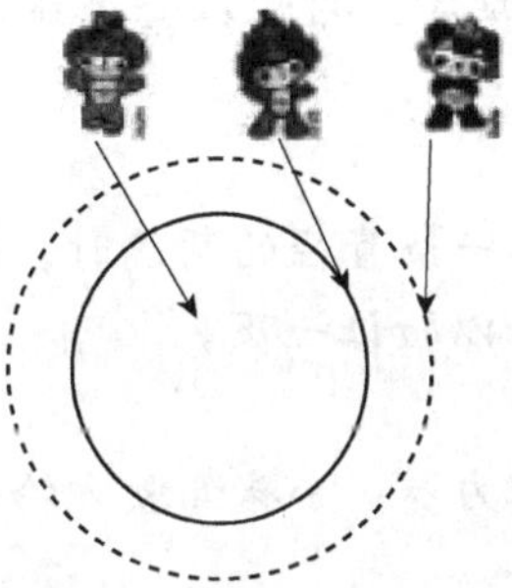

图 4-6 选手飞镖位置

师：请你用圆上、圆内、圆外介绍三个选手飞镖的位置。

生：晶晶的飞镖在圆内，贝贝的飞镖在圆外，欢欢的飞镖在圆上。

师：老师用 L_1、L_2、L_3 分别表示飞镖到靶心的距离。你会比较 L_1、L_2、L_3 与半径 15 厘米的关系吗？

生：L_1 大于 15 厘米，L_2 等于 15 厘米，L_3 小于 15 厘米。

师：随着比较大小的结束，三人比赛成绩也见分晓了。冠军、亚军、季军有可能是谁呢？

生：晶晶第一，欢欢第二，贝贝第三。

3. 套圈比赛

师：接下来，我们再看看，这里是谁在比赛呀？

（出示图 4-7。）

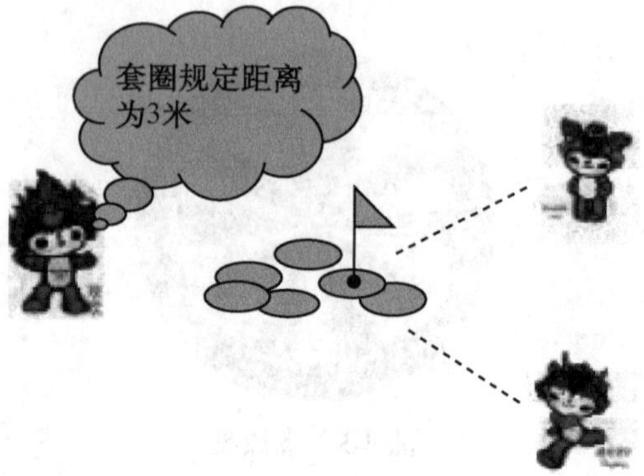

图 4-7　套圈比赛

生：迎迎和妮妮比赛套圈。套圈规定距离为 3 米。

师：请解释一下比赛规则，规定距离 3 米是什么意思?

（生答略。教师出示两个问题。）

（1）画出迎迎和妮妮比赛时可以站的位置。

（2）迎迎和妮妮最远相距多少米?

（教师展示学生的示意图让学生讨论：一个错误，不全面，只画出几个点；一个正确，画出了一个圆形。）

生：6 米。

师：很好。当两个选手在一条直径的两端时，距离最远。这是一个基本的数学事实，有兴趣的同学课下可以验证一下。

4. 赛车

师：动物王国举行汽车拉力赛。小猪驾驶方轮车、小狗驾驶椭圆轮车、小马驾驶圆轮车前来参赛。

（出示图 4-8。）

图 4-8　赛车

师：预测一下比赛结果，谁可能得第一名？

生：小马得第一名。

师：好，我们来看看比赛实况。

（动画演示比赛实况，比赛结果显示预测是对的。）

师：如果你是裁判，你觉得这样的比赛公平吗？

生：不公平（方形车轮、椭圆形车轮比圆形车轮走得慢）。

师：我们来修改车轮，把方车轮和椭圆车轮都修改成圆的，可以吗？同时，要保证圆形尽可能大。修改后的圆形车轮的半径是多少呢？

生：小马的车轮半径为 4 分米，小狗的车轮半径为 3 分米，小猪的车轮半径为 2 分米。

（师根据生回答出示图片。）

师：车轮修改成功了，现在工程师们已将圆形车轮都安好，整装待发了。如果这三辆车的车轮每分钟转动的圈数相同，请你再次预测一下比赛结果。

生：小马第一，小狗第二，小猪第三。因为小马的车轮半径最大，所以，转动一圈走得最远；小狗的车轮半径第二大；小猪的车轮半径最小，转动一圈走得最近。

师：在这节课上，大家不仅学会了圆的知识，对圆的周长问题也有了一定了解，大家真棒。

（四）实践性作业

（1）下水井盖为什么大多做成圆形的？

（2）生活中的大圆是怎样画出来的？

教师指出：在下周数学活动课上交流展示调查报告。

（五）小结

师：在这节课上你有什么收获？

生：学会了有关圆的知识。

生：解决了很多问题。

师：学以致用，解决问题是学习数学的目的之一，也是我们学好数学的重要方法和途径。它就像一把打开数学世界的金钥匙，希望同学们都能早日拥有它。

点评：这是一节典型的“图形与几何”领域的概念抽象课。此课按照以有意义接受式教学模式为主、部分探究式教学模式为辅的思路进行设计，总体设想包括“唤醒经验，揭示主题→实践操作，探究特征→建立模型，解释及应用→实践性作业→小结”的基本环节。此案例符合有意义接受式教学模式的基本流程。

教师通过课前调查，唤起学生的生活经验，帮助学生建立新知与旧知之间的实质性的、非人为的联系。在突出“有意义”之后，又对圆的特征进行探究，通过画圆、折圆，探索圆的特征；而学生探索后，教师又用“圆，一中同长也”归纳了圆的特征，随后进行了及时的巩固练习和检查评价，最后进行了总结与提升，这样的教学设计有利于教学目标的达成。

1. 唤醒经验，揭示主题

教师在上课前对学生们进行的关于圆的知识的问卷调查，目的是了解学生对圆的知识的掌握程度，亦即确立学生的学习起点。类似的课前调查有利于教师及时准确掌握学生的认知情况，便于教师在备课时根据学生已掌握和未掌握的知识，恰当处理教学的重点和难点，对教学进行有针对性的设计，这符合学生的认知规律。同时，课前调查也能帮助学生了解即将学习的内容，对新内容有所期待。课前调查是有益的，但并不局限于问卷调查，可以对班级每个层次有代表性的学生进行随机访谈，以此来确定全班同学对于某个知识的掌握程度。在实际教学中，可以采用问卷调查或分层抽样的随机访谈等方式进行课前调查。

在本节课中，教师利用关于圆的调查问卷了解学生的起点，唤醒学生的生活经验，揭示主题，导入新课。同时，再次以旧知导新知，从多角度入手来使新知与原有知识建立实质性的、非人为的联系，属于典型的有意义接受式教学模式。这样的引入有利于激发学生的学习兴趣，让学生乐于进行后续学习。

2. 实践操作，探究特征

依据课前问卷调查结果以及本节课的特点，选取圆的特征进行探究学习，这符合学生的认知特征。在学习用圆规画圆的过程中，体会圆心、半径、直径的含义，通过折圆纸片分析半径、直径的条数及其关系、分析概括圆的特征，然后用“圆，一中同长也”总结圆的特征。学生的“做”和教师的“讲”比较自然地融合在一起，学生在这样的探究与提升过程中，更容易理解、掌握圆的特征。

3. 建立模型，解释及应用

本环节通过观看表演、飞镖大赛、套圈比赛、赛车四个问题情境，对学生进行巩固练习和检查评价，巩固学生学习的新知，并对认知上的错误进行及时纠正，这是有意义接受式教学模式不可或缺的教学环节。

4. 实践性作业

在此案例中，教师精心设计的实践性作业是与生活中密切相关的圆。利用新学习的知识来解释（解决）生活中的问题，能够在学生的新知和生活经验之间建立有意义的联系，使学生更加深刻地理解新知，并且数学来源于生活又服务于生活，这样的设计能够增加学生学习数学的兴趣。

5. 小结

小结是有意义接受式教学模式的关键环节。如果不能将学生学习的新知及时明确地提取出来，那么，之前精心的教学设计便达不到良好的教学效果。在学生在新旧知识之间建立联系的基础上，教师引导学生对本节课的收获进行梳理，有利于学生更好地掌握新知。

二、以有意义接受为主要特征的典型案例及其分析

案例 4-2 “认识角”教学实录[①]

教学内容：第七单元第一课时“认识角”。

教学目标：①结合生活情况认识角，建立角的正确表象，知道角的各部分名称，学会比较角的大小，进一步体会数学与生活的联系。②培养学生观察、动手操作的能力，培养学生的空间观念。③创设生动活泼的生活情境，激发学生积极参与数学学习活动的兴趣。

教学重、难点：确定角的特征和角的大小比较是教学重点；角的大小与什么有关是教学难点。

教学过程（课堂实录）

课前谈话：

师：同学们，看看老师手里拿的是什么？（师手拿两架纸飞机：蓝色的一架机头呈尖角形，粉色的一架机头呈方形。）

生：纸飞机。

师：猜猜看，这两架飞机，你认为哪架飞机飞得更远一些？

生：“蓝色的”“蓝色的”“蓝色的”……

师：猜蓝色的这架飞机飞得远的请举手。（学生纷纷举手。）

师：那么多，好，老师就让这两架飞机试飞一下，请观察，结果究竟是怎样的？（蓝色飞机平缓地飞出较远距离，粉色飞机转弯后在近处跌落，引起学生一阵哄堂大笑。）

师：结果真像同学们猜得那样“蓝色飞机飞得远”，（指定一名学生）你刚才为什么猜这架飞机飞得远呢？

生：因为蓝色飞机的头非常尖，粉色飞机的头两侧都是一样的，它的平衡力就不好。

师：你观察得真仔细。（指定另一名学生。）

生：因为蓝色飞机有尖角，它的阻力就从两个翅膀间划过，而粉色飞机没有尖角，所以受到的空气阻力更大。

师：你知道得真多。同学们刚才能抓住这架蓝色飞机的特征来观察，真不错。那么这节课我们就来研究一种图形，比比看谁能把它的特征把握得更全面。好，我们现在准备上课，准备好了吗？

生：准备好了！

① 执教者系辽宁省鞍山市胜利小学数学教师郭莹。此案例由刘程程（当时在读的硕士研究生）在郭莹老师课堂教学展示时现场观察、记录，后用于刘程程的硕士学位论文：刘程程. 基于教师学习共同体的问题驱动式学习方式研究[D]. 长春：东北师范大学，2010.

（一）借用文字“角”，激活经验，揭示课题

师：上课！

生：老师，您好！

师：同学们好。

在生活当中，有许多这样的角。（师板书“角”）这个字念什么？

生齐答：角。

师：看到这个“角”字，你想到了什么？

生：生活中有许多角。

师：你还想到什么？

生：我想到衣柜上有一个角。

师：想象真丰富。

生：我想到墙角。

生：我想到三角铁的角。

生：我想到冰箱的角。

生：我想到窗户的角。

师：刚才，老师说过生活中有许许多多这样的角。这节课，我们就来认识角。（师板书，将课题补充完整：认识角）

（二）多样活动，探索特征，明确“角”的概念

1. 找角

师：同学们，快来看，角都藏哪儿了？［出示课件：剪刀、钟表、插在饮料瓶中的吸管、红领巾（图 4-9）。］

生：剪刀的上有角。

师：是这个位置吗？（师指剪刀两个刀刃之间的夹角。）

生：是。

生：剪刀外面那个是角。

师：外面哪个部位？是这个部位吗？（师指剪刀把手上一段弯曲的弧度。）你认为这也是个角吗？

生：是。

师：一会儿我们再来分析它到底是不是角。

生：黄色剪刀把手里面那儿有一个角。

师：你也认为这是一个角。（师指剪刀两个有曲度的把手所夹的部分。）好，再说说其他图形还有角吗？

生：钟的指针是一个角。

生：杯子的吸管中间那个弯曲地方的。

师：啊，你找到了，这也是一个角。（师指吸管弯折处所夹的角。）

生：红领巾中间有一个角。

生：红领巾上的角。

生：还有，那个三角的边也是一个角。

师：是这个吗？（教师比划红领巾上一个锐角的边缘，该学生认为不是角，而当教师圈出红领巾上的那个锐角时，该学生认为是角。）

生：屏幕的旁边也是角。

师：哦，这也是角。（指屏幕旁白板上的一个角。）

同学们真了不起，找到了这么多角。剪刀上、钟表的指针、吸管，还有红领巾的角，都能找到。（出示课件：以红色线条勾画出以上实物中的角。）其实，角在我们身边无处不在。同学们现在看一看，在你的周围有没有角呢？指一指，说一说。

生：空调那边有一个角。

生：桌子这边有个角。

生：黑板那块儿有个角。

生：我的文具盒有个角。

生：数学书有个角。

师：马上利用身边的事物来观察。

生：屏幕上有个角。

师：很好。

生：三角形有个角。

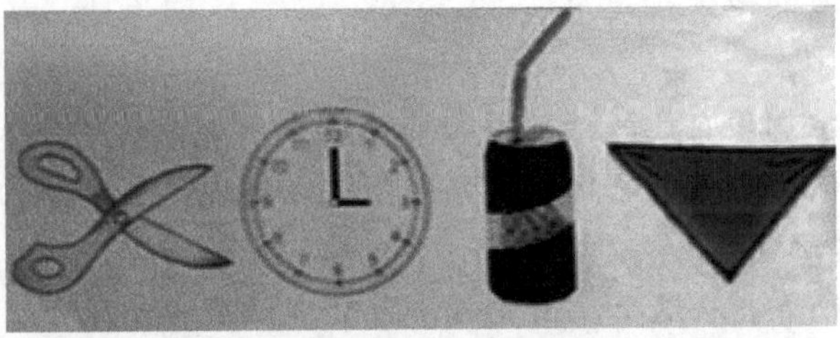

图 4-9　带“角”的物品

2. 摸角

师：好，同学们在身边找到那么多角。请把你们的三角板拿出来，找到其中的一个角，摸一摸。你摸到了什么？

生：我摸到了角。

师：什么感觉啊？什么样子的？说具体一些。

生：尖尖的。

生：有点扎手。

生：几乎把我的手划破了，可锋利了。

师：哦，跟他的感觉是一样的，顺着你刚才摸的尖尖的点，你再往旁边摸一摸，你又摸到了什么？

生：我摸到了边。

生：我摸到了非常光滑的边。

师：说得真具体、真完整。

生：我摸到了非常硬的边。

3. 观察角

师：刚才同学们找了那么多角，亲手摸了角，角到底是什么样子呢？老师现在就把这些角从图片中请出来（课件出示：将红线勾画的角从实物中平移出来），请你再仔细观察，角是什么样子呢？

生：由两条竖线折叠起来而成的。

师：谁还能用自己的话说一说？

生：就是由一个点发出的两个边。

师：你说得太准确了。你能不能解释一下“发出”两条什么样的边呢？

生：就是像一条直的线一样。

师：太好了。

生：两条斜线连在一起，中间那个点就是角。

生：一条线这样折起来（边说边做动作）就是一个角。

师：想象力真丰富。

生：两条线中间圆的地方就是角。

生：中间最窄的地方就是角。

4. 画角

师：刚才同学们用自己的话把角的样子说出来了，老师就根据同学们说的，把这个角画在黑板上。请大家仔细观察一下，老师是怎样画角的。

（师边讲解边画角）

师：先画一个点，从这个点出发画一条直直的线，老师可以把这条线画得很长很长，可是黑板长度有限，老师就画这么长吧。从这一点出发向另一个方向再画一条直直的线，同样，老师也可以把这条直直的线画得很长很长，黑板还是这么大，老师画这么长就足够了。刚才老师画的点就是角的顶点。（板书：顶点）

这两条直直的线就是角的两条边。（板书：边）谁来说一说，角由哪些部分组成？

生：角是由一个顶点、两条边组成的。

师：说得真完整。

生：角是由一个尖尖的顶点和两条光滑的边组成的。

师：你说得更具体了。

生：角是由一个顶点推出来两条边组成的。

师：同学们，看老师手指的地方，这是角的什么？

生：顶点。

师：这两条直直的是什么？

生：边。

师：同学们，现在你们知道了，角是由一个顶点、两条边组成的，那角究竟在哪儿呢？

生：角在顶点的位置。

师：谁能指一指？

生：角在顶点这个尖的位置。（生上前指角）

师：老师告诉大家，尖的位置只是角的顶点。这两条直直的边中间所夹的部分就是角。

5. 标角

师：老师在靠近顶点两条边的中间画一个小弧线，把角标出来，因为老师在黑板上画了一个角，老师就用数字“1”来表示，把它记作“∠1”（师板书），读作“角 1”。

同学们看，这是一个记角符号，它与我们以前学的哪个符号特别像？

生：它与我们以前学的小于号“<”很像。

师：完全一样吗？

生：不是。

师：区别在哪儿呢？

生：小于号是两条斜线，这个符号是一条斜线一条横线。

师：你说得太完整了。同学们，请把手拿出来，我们一起来写一写角的符号。（师生一起书写角的符号）角的符号下面的线一定要写横线。

师：同学们看，黑板上这个角，老师把它记作“∠1”，上面的角（指大屏幕上的一个角）我们可以把它记作什么呢？

生：“∠2”。

师：下一个呢？

生：∠3，∠4，∠5，…

师：如果还有角呢？

生：∠6，∠7，…都可以。

6. 指角

师：同学们现在已经都认识角了，现在再来看一看，刚才你们在周围找到的角，是不是全都是角呢？这回，你自己再在身边找一找，角在哪儿？

生：在桌子上。

师：指一指。(生指)真完整，把两条边和中间所夹的部分都指出来了。

生：在那个红布上。(生指红色条幅)

师：用手来指一指。两条边中间所夹的部分。

生：在音箱上。(生指)

生：在音箱旁边。(生用手比划出一个角)

师：在你周围能摸得到的地方找一找。

生：文具盒这个地方是角(生指文具盒上的角)。

师：还有两条边也要指出来。

(生分别指出数学课本上的一个角，师指导学生指两条边中间所夹的部分。)

师：现在，同学们已经认识角了，我们回过头再来看一看，刚才有同学说剪刀的这个部位(师指剪刀两个有曲度的把手所夹的部分)是角，你同意吗？

生：不同意。

师：为什么不同意？说说你的理由。

生：后面那个地方有个小弯曲点。

师：说明它的这两条边怎么样呢？

生：说明那两条边不是直的，所以，它不是角。

师：同样，刚才有同学说，这个位置是角(师指剪刀的把手上一段弯曲的弧度)，这里是不是呢？

生：不是。

师：同学们真正认识角了。老师给同学们带来一组图片(图 4-10)，请你判断一下，哪些图形是角？哪些图形不是角？用你的手势告诉老师，对或者错(师示范对错的手势)，看谁判断得准确？

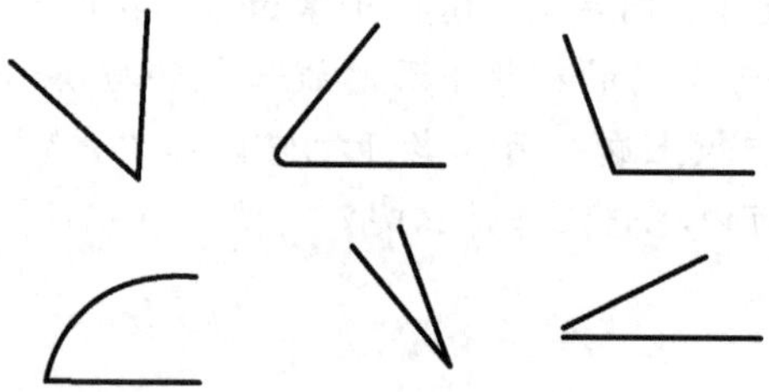

图 4-10

(师出示第一个图形，生出示“对”的手势。)

师：既然是角，它就有一个顶点、两条边。(出示课件：角、边)

(师出示第二个图形，生出示“错”的手势。)

师：为什么？

生：前面那个是弯的，不是角。

师：说明它没有什么？

生：没有顶点，所以，它不是角。

（师出示第三个图形，生出示“对”的手势。）

师：非常准确。（师出示第四个图形，生出示“错”的手势。）

师：你来说说理由。

生：因为它的一条边弯曲了，所以，它不是角。

师：不是直直的边，说得很明白。（师出示第五个图形，生出示“对”的手势。）

（师出示第六个图形，生出示“错”的手势。）

生：它的两条边没有连上。

师：它的两条边没有交叉在同一个顶点上。

7. 数角

师：看来同学们真的认识角了。请把老师刚才发的题单拿出来。题单上有两个图形（图 4-11），数一数，每个图形中有几个角？用老师刚才教给同学们的小弧线和数字把角标出来，现在开始。

（师投影展示一名学生给出的答案。）

图 4-11

师：第一个图形标出了∠1、∠2、∠3 三个角，同意吗？

生：同意！

师：第二个图形标出了∠1、∠2、∠3、∠4 四个角，同意吗？

生：同意。（有少数同学不同意）

师：不同意的同学，请说说理由。

生：这块和这块也是两个角。

（师投影展示该生的错误答案——误把第二个图形桥洞两侧弯曲的部分也当作角。）

师：她说∠2 和∠5 也是角，同意吗？说说理由。

生：这两个角的这条边和这条边都是弯曲的，不是直的，所以，∠2 和∠5 不是角。

师：你明白了吧？好的，现在请把错的纠正过来，然后同桌之间再互相检查一下。

8. 做角

师：同学们了解了角的这么多特征，想不想自己亲手来做一个角？

生：想。

师：老师为每个小组准备了一个袋子，袋子里有小圆片、毛线等，每个小组要先研究做角的方案，确定用什么材料、怎样能做成角，然后，把你做的角钉在白纸板上，还要到前面来展示。大家听明白要求了吗？

生：听明白了。

师：现在，小组开始动手做，大家一定要配合好。（学生小组合作做角）现在每组派一名代表展示你们的作品。（组长代表各小组上前展示成果）你来说一说，你用什么材料？怎样做的角？

生：我用小棒做了一个角，又用毛线做了一个角。

师：给大家指一指，你做的角在哪里？（生指角的顶点。）

师：她指的是角吗？这是角的什么？刚才老师是怎么指角的？两条边中间所夹的部分。

（生正确指角）

师：你们组很有创意。

生：我用橘色的纸、铁丝，还有纸条做的角。

师：铁丝在哪里？

生：（指橘色的三角形）铁丝是固定的，放在里边了。

师：是让它坚固一些，是吗？你们小组真有创意啊。指一指，角在哪儿？

生：这里。（生指三角形三个角的顶点。）

师：你指的是三角形的三个顶点，两条边中间所夹的部分是角。（师示范指出角：指两条边，在两条边所夹的部分划出一条弧线。）（该生再一次指角，方法正确。）

师：（走到一个展示绿色三角形的学生面前）你再来指一指，你做的角在哪儿？（生正确地指出角。）

师：（走到一个展示粉色三角形的学生面前）你再来指一指。

师：这是角吗？

生：不是，这是边。（正确地指出角。）

师：老师发现这儿还有一个用铁丝做的角。你来指一指，角在哪儿？（生正确指出角。）

师：同学们，把你们的作品高高举起来，让大家欣赏欣赏。同学们找一找，角在哪儿？

（台下的学生找角）

师：老师还要留下同学们的作品慢慢欣赏，请同学们回到座位上。

（三）通过摆角，比较角的大小

师：老师看得出来，在刚才的活动中，二年级一班的同学们做得很棒。同学们做了角，老师也做了一个大大的角。

（展示活动角）你们能不能用老师刚才发给你们的小纸条做一个比老师这个角还要大的角？

（全班出现分歧，有的学生认为能，有的学生认为不能）

师：认为不能的同学，请说说理由，为什么不能？

生：我的这个角太小了。

师：刚才这位同学说，不能做出一个比老师的角还大的角，因为你们的纸条太小了，是吗？有没有不同意见？

生：粘在一起。

师：粘在一起比老师的边还长，你就认为这个角比老师的角大，还有没有不同意见？

生：开的口越大角就越大。（生用自己的活动角做摆出一个比老师的活动角开口更大的角。）

师：你把你做的角跟老师的角比一比，老师把这两个角顶点重合，一条边也重合。张的口越大，这个角就越大，大家同不同意？

生：同意。

师：刚才有同学说，这个边越长，这个角越大。同学们忘了吗？刚才老师画角的时候说，这个边可以画很长很长，它是可以无限延长的，想画多长就画多长。同样，你手里的纸条也可以变得很长很长。所以，就不用考虑边的长短了。同学们说，角的大小与边有没有关系呢？

生：没有。

师：角的大小与边的长短没有关系，那与什么有关系呢？

生：角开口的程度。

师：跟角的开口有关。我们把这两条边中间的开口叫作张口。同学们看，张口变大，角变怎样了呢？

生：角变大。

师：张口变小，角怎样变化呢？

生：角变小。

（师板书：张口大，角大；张口小，角小）

师：你能不能做出比老师的角更小的角？跟老师比一比。

（生摆出角，跟老师的活动角相比较。）

师：同桌互相玩一玩，比一比角的大小。

（同桌比较活动角的大小。）

（四）摸角，欣赏角，巩固新知，加深认识

师：同学们对角的特征已经非常熟悉了。下面，老师请同学们再玩一个游戏，好不好？

生：（很兴奋）好。

师：这个游戏就是摸角。老师袋子里有好多东西，看谁能准确地把角摸出来。

你来摸一摸，双手放进去摸，不准看。

（生摸，其他同学都好奇地看着他）

师：摸到了吗？

生：摸到了，尖尖的顶点还有两条边。

师：摸得真准确，拿出来看一看对不对。（生拿出一个正方形纸片，其他同学发出笑声。）

师：他摸得对不对？

生：对。

师：角在哪儿？

生：这两条边中间所夹的部分。

师：指角指得真准。再请同学来摸。（生很高兴地摸。）摸到角了吗？

生：摸到了。

师：摸到后请拿出来。（生拿出一个三角形。）你指一指角在哪儿？（生正确指出角。）

师：你来摸。（生摸出一个三角板，正确指出角。）你来摸一摸，看看能摸到吗？（生摸出一个量角器，师让这个学生指出角，学生意识到没有角。）

师：看来一定要细细摸哟。（生摸出一个平行四边形，并正确指出角。）

师：老师袋子里剩下的东西，同学们怎么不摸呢？我们拿出来看一看，看它到底有没有角？同学们为什么都不摸它？（师拿出一个三角铁。）

师：有没有角？

生：没有。

师：为什么没有？

生：因为这上面是漏的。（指三角铁上端的缺口。）

师：这里呢？（指三角铁下端的一个圆弧状的角。）

生：弯弯的没有尖尖的顶点。

点评[①]：这是一节典型的几何概念抽象课，采取有意义接受式教学模式进行设计，基本符合有意义接受式教学模式。借用文字“角”唤起学生的已有经验，文字中的“角”与数学中的“角”是旧知与新知的关系，教师引导学生建立新知与旧知之间的联系。在试图做到“有意义”之后，教师引导学生通过找、摸、观察、画、标、指、数、做多种活动来明确“角”的概念。这样与探究适当结合的新课讲授，比单纯的教师灌输要好一些，学生可以在教师引导下从“做”中学，通过摆角、比较角的大小，在明确“角”的概念之后对角进行进一步深入学习，在摆的过程中体会角的大小。最后，教师给出包含角的大量物品，通过摸和欣赏来巩固新知、加深认识，这样的巩固练习值得肯定。美中不足的是，教师没有对

① 评析由孔凡哲现场观课完成，本次活动系东北师大与鞍山市胜利小学联合举行的同课异构活动。

所学习内容进行引导小结。小结是有意义接受式教学模式的关键环节，也是一节课的必备环节。如果不能将学生学习的新知及时、明确地总结、提升，之前的精心设计就很难达到理想效果。

1. 借用文字“角”，激活经验，揭示课题

本案例中，教师期望借用文字“角”唤起学生的已有经验，是可行的，并且也通过文字的“角”引出学生的生活经验，使学生的新知与旧知、生活中的经验建立起联系。但有待提升的是，文字“角”和数学上的“角”存在差异。文字中的“角”既包含数学中的“角”，也包含羊角、牛角、犄角等生活中的“角”。既然借用文字“角”引出数学“角”，那么，教师就应该在适当环节辨析文字“角”与数学“角”的差异，否则学生会产生认知误区——文字“角”就是数学“角”。这也给我们以启示，使用有意义接受式教学模式进行教学设计时，应充分考虑如何在新知与旧知之间建立实质性的、非人为的联系。如何做到“有意义”是有意义接受式教学模式的核心问题。

2. 多样活动，探究特征，明确“角”的概念

本环节中，教师引导学生通过找、摸、观察、画、标、指、数、做等多种活动，来明确“角”的概念，与探究适当结合的新课讲授，积累了学生的数学活动经验，学生在教师引导下从做中学，强化了理解和认识，效果良好。

案例 4-1“圆的认识”以有意义接受式教学模式为主、辅以探究式教学模式引导学生学习圆的特征。本案例也是以有意义接受式教学模式为主，在角的概念的明晰上使用了探究式教学模式。两个案例可以给我们以下启示：以有意义接受式教学模式为主、探究式教学模式为辅的多种教学模式相结合的设计思路，比较适合图形与几何领域的概念抽象课乃至更多课型。

3. 通过摆角，比较角的大小

通过摆角比较角的大小是在明确角的概念之后的进一步学习，在摆的过程中进一步体会角的大小。让学生在做的过程中进一步感受、理解角的大小，这种做法值得肯定。

4. 摸角，欣赏角，巩固新知，加深认识

此案例中，教师精心设计了一个游戏，让学生通过摸角、欣赏角进行新知的巩固，这种寓教于乐的方式值得借鉴。小学二年级的学生喜欢学习好玩的数学，在游戏中学习和巩固，符合学生身心发展规律和年龄特征。

三、有意义接受与合作探究综合运用的典型案例分析

案例 4-3 分数的除法

2007 年 12 月 3 日至 7 日，中国教育考察团一行六人到日本京都、大阪进

行学术访问和日中课程教学合作研究。日方将会场之一安排在大阪城乡结合部的一所小学，随机听课、现场研究，笔者①自带摄像机录下了观察到的一节完整的课。由于这所小学所有年级的课堂都可随意进入，笔者按照自己的理解，随机选择一个班（恰好是六年级），教学内容是"分数的除法"，属于典型的随机抽样。

课堂实录

师：上节课我们学习了整式除法，下面这个问题谁能帮老师解决呢？

问题：3dl②油漆能刷 $6m^2$ 的墙，1dl 能刷多少平方米的墙？

（在教师指导下，全体学生齐声读题）想一想该怎么列式呢？（教师板书，见图 4-12）

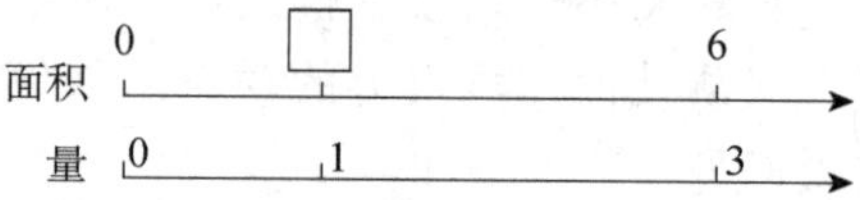

图 4-12

生甲：（口述算式）$6m^2 \div 3d1=2m^2/dl$（教师板书）$2m^2/dl$

师（总结）：总量÷份数=一份的量。

师：（出示新问题）$\frac{1}{3}$dl 油漆能刷 $\frac{5}{8}m^2$ 的墙，问 1dl 能刷多少平方米的墙？（全体学生读题）

师：利用上面的模型，我们该如何画出类似的示意图呢？

当你看到这个问题时，结合我们学习过的整式除法，应该怎么计算呢？我们简单回顾一下上题，"3dl 油漆能刷 $6m^2$ 的墙，1dl 能刷多少平方米的墙？"，可以看出来，3 对应 $\frac{1}{3}$，6 对应 $\frac{5}{8}$，那么，应该怎么列算式呢？请大家独立画出示意图。

（教师在学生中巡视，发现两种典型画法，教师将其抄在黑板上，见图 4-13）

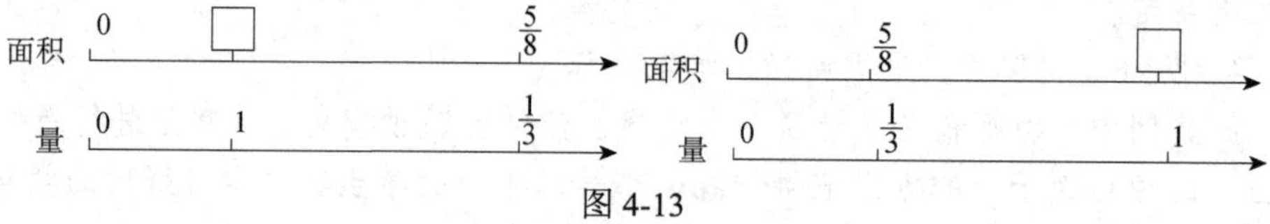

图 4-13

生乙：$\frac{5}{8} \div \frac{1}{3}$……

师：是这样的吗？

① 即本书作者之一孔凡哲．此案例曾公开发表：孔凡哲．中日课堂教学对比诠释及其启示——以小学分数除法课堂教学为例（上）[J]．小学教学（数学版），2009，（04）：51-54.

② 单位 dl，即分升，它介于升与毫升之间。我国目前一般不采用这个单位，而直接用升与毫升。

生丙：（式）$\frac{5}{8}\text{m}^2 \div \frac{1}{3}\text{dl}$（教师板书）

师：上面两个图示，哪个正确呢？

（师生一起进行一番讨论，最后，确定右图示是正确的。随后，教师擦去错误的图示，保留正确的图示。如图 4-14 所示。）

师：大家能根据这个图示（图 4-14）计算出它的结果吗？自己先在作业本上算一算。

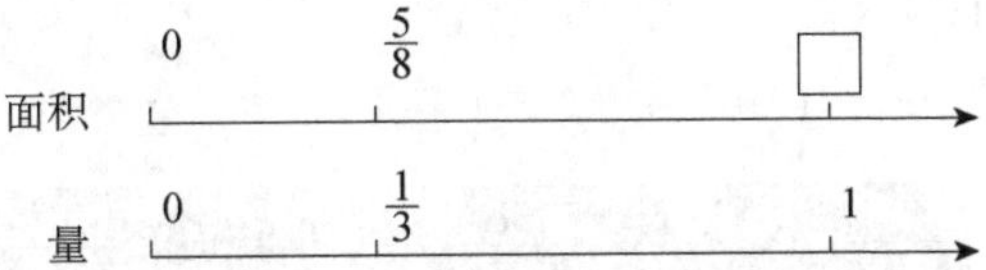

图 4-14

（教师巡视，发现有的学生的答案是错误的，如 $\frac{5}{8}\text{m}^2 \div \frac{1}{3}\text{dl}=\frac{5\times1}{8\times3}=\frac{5}{24}\text{m}^2/\text{dl}$，同时，发现多数学生并不知道如何去计算。）

师：现在分小组进行合作学习，将你的答案与同伴说一说。

（仅仅十几秒时间，各组就将各自的单桌拼摆成一个长方形的讨论区，每小组六个人围坐一圈，开始讨论。）

师：各小组的小组长到前面领取小黑板，待会儿将讨论结果展示给大家。

（但是，六个小组并非都在热烈讨论。也就是说，每个小组并不是每位学生都参与讨论，如，第一学习小组的一位男同学开始给旁边的一位男同学讲自己的想法，两个人在互相探讨，而同组的其他四人都没有参与进来，其中的两位学生在做小动作，另外两位学生在翻课本、在纸上乱写乱画。班内其他五个小组多数都在热烈讨论。时间持续了 10 分钟。）

（小组讨论在继续，两分钟后，下课铃声响起，此时，各小组仍在热烈讨论，笔者赶紧抓拍各小组合作学习完成的状况，各组写在小黑板上的算式或计算过程如下。）

小组一：$\frac{5}{8}\text{m}^2 \div \frac{1}{3}\text{dl}=\frac{5\times3}{8\times1}\text{m}^2/\text{dl}=\frac{15}{8}\text{m}^2/\text{dl}$

小组二：$\frac{1}{3}$dl 油漆能刷 $\frac{5}{8}\text{m}^2$ 的墙，从图 4-15 可看出，从 $\frac{1}{3}$ 到 1 扩大了 3 倍，从 $\frac{5}{8}\text{m}^2$ 到□也应该扩大 3 倍，因此，1dl 油漆能刷：（式）$\frac{5}{8}\text{m}^2 \div \frac{1}{3}\text{dl}=\frac{5}{8}\text{m}^2\times3/\text{dl}=\frac{15}{8}\text{m}^2/\text{dl}$.

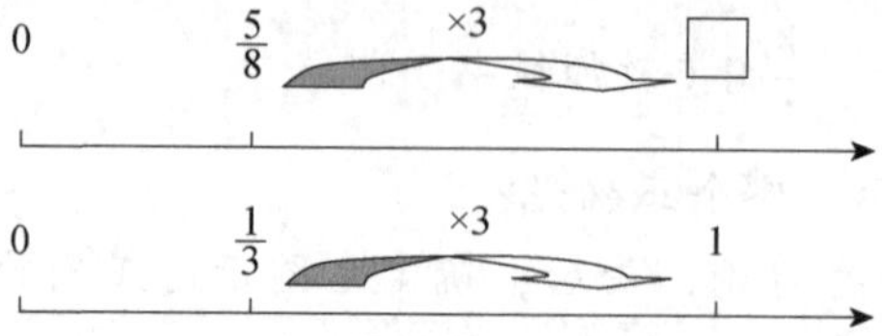

图 4-15

小组三：$\frac{5}{8}\text{m}^2 \div \frac{1}{3}\text{dl}=\frac{5}{8}\times\frac{3}{1}\text{m}^2/\text{dl}=\frac{15}{8}\text{m}^2/\text{dl}$

小组四：（图 4-16）

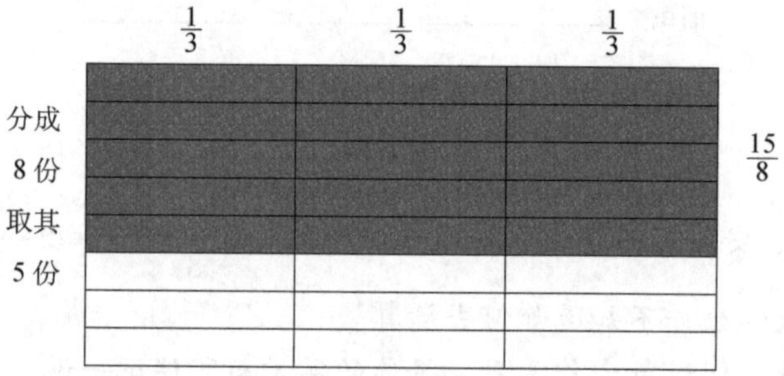

图 4-16

小组五：$\frac{1}{3}$dl 油漆能刷$\frac{5}{8}\text{m}^2$的墙，从示意图（图 4-14）中可以看出，1 包含 3 个$\frac{1}{3}$，每个$\frac{1}{3}$dl 油漆能刷$\frac{5}{8}\text{m}^2$的墙，1dl 油漆能刷墙的面积$\frac{5}{8}\text{m}^2\div\frac{1}{3}$dl 应该等于$\frac{5}{8}\times3=\frac{15}{8}$（$\text{m}^2$/dl）。

小组六：未完成，如图 4-17 所示。

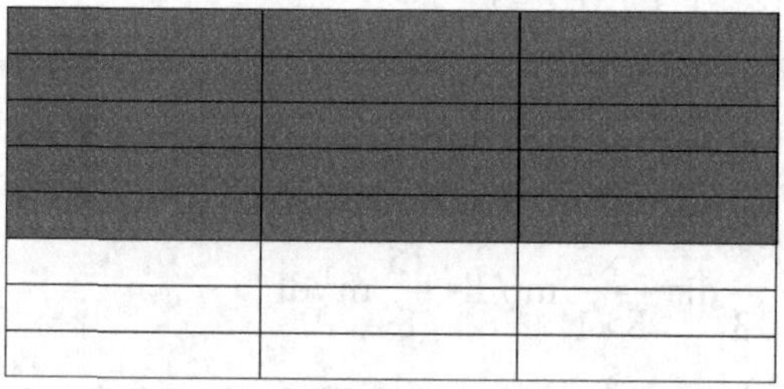

图 4-17

（说明：这节课在学生分组争论尚未结束、教师尚未进行全班汇总的情况下就结束了。但是，各组讨论的结果基本成型。不难发现，六个小组的讨论结果中，二、四、五小组的结果正确，而且合乎情理，比较完美；而小组一、三的结果正确，可道理可能不太好说；小组六借助直观图，结果正确，道理基本可以说清，但不知学生如何交代。

点评：从课堂教学完整性来看，这是一节不太成功的课。而从实际效果看，这是一节优质高效的课。这节课采用了多种模式并存的教学模式。

首先，对于复习旧知、引入新知的关键点“总量÷分量=一份的量”，教师采取学生独立思考、自主完成基础之上的有意义接受式教学模式；其次，在呈现新知“$\frac{1}{3}$dl 油漆能刷 $\frac{5}{8}m^2$ 的墙，问 1dl 能刷多少平方米的墙？”的第一个环节“列算式”，教师采取学生独立完成的方式；而在其第二环节“如何计算这个算式”，教师采取学生独立思考基础之上的引导发现与精讲相结合；最后，在学生都清楚“1 中包含 3 个 $\frac{1}{3}$”的前提下，教师采取分组合作探究方式。

显然，这节课的教学模式是典型的多种模式并存，而其中的有意义接受和合作探究为主要形式。以倾听、学习他人的见解为信息来源接受新知，是有意义接受的重要特征。

21 世纪以来，特别是随着“互联网+”时代的到来，学生获取信息的渠道日趋宽广，除了教材提供的知识之外，在每节课上，教师个人的知识、师生互动产生的知识，以及生生互动产生的知识，都在学生的知识来源中占有很大比例。因而，在课堂教学中，要善于引导并教给学生学会倾听他人（包括老师和其他同学）的不同见解或想法，以反思自己的看法、完善自己的认识。特别是在解决问题策略方法多样化的情境下，更需要教师引导学生学会倾听，而不能仅仅沉浸在自己的想法或思路中。而课堂实践中，每一位学生发言时，其他学生都在教师的组织下认真倾听、思考，特别是某一位同学“最合理”方案一出台，就赢得本组成员的一致赞同。这种带有鲜明的合作互助烙印的接受学习，其效果是显而易见的。

总之，当我们回归课堂教学本质，重新审视似乎“臭不可闻”的接受学习时，才发现它依然是当前中小学课堂学习的主角之一，依然那么重要。在深化基础教育改革发展、实现学生可持续发展的今天，关注有意义接受式教学模式，并加以适时、适当、合理运用，才能营造真正有效的课堂教学。

第三节　小学数学课堂有意义接受式教学模式的基本要领与技巧分析

一、有意义接受式教学模式的局限性分析

（一）接受学习与接受式教学

课堂教学包括教和学两种活动。对教学而言，教学的主体是教师，教师是课

堂教学的第一责任人；对学习而言，学生是学习的主体。因而，分析有意义接受式教学，必须从教和学两个角度来分析。接受式课堂教学模式下的学生学习主要是接受学习。

在奥苏伯尔看来[①]，接受学习不同于发现学习，它是在教师指导下，学生接受事物意义的学习。接受学习也是课堂学习的主要形式之一；接受学习适合年龄较大、有较丰富的知识和经验的人；在接受学习中，所要学习的内容大多是现成的、已有定论的、科学的基础知识，包括一些抽象的概念、命题、规则等，通过教科书或教师的讲述，用定义的形式直接呈现给学生。这时，学生只能接受这些已有的知识，掌握它的意义。

学生接受新知的心理过程为：首先，在认知结构中找到能同化新知的有关观念；其次，找到新知与起固定点作用的观念的相同点；最后，找到新旧内容的不同点，使新内容与原有内容之间有清晰的区别，并在积极的思维活动中融会贯通，使知识不断系统化。

（二）先行组织者教学策略

奥苏伯尔认为，影响接受学习的关键因素是认知结构中起固定作用的观念的可利用性。为此，他提出先行组织者（advanced organizer）的教学策略[①]。

所谓先行组织者，是先于学习任务本身呈现的一种引导性材料，它的抽象、概括和综合水平高于学习任务，并且与认知结构中原有的观念和新的学习任务相关联。其目的是为新的学习任务提供观念上的固着点，增加新旧知识之间的可辨别性，以促进学习的迁移。

例如，奥苏伯尔曾研究过先行组织者对学习有关钢的性质的材料的影响。实验组学生在学习该材料之前，先学习了一个先行组织者，它强调了金属和合金的异同、各自的利弊和冶炼合金的理由。控制组学生在学习该材料之前，先学习一个有关炼铁和炼钢方法的历史说明材料以提高学习兴趣，但没有提供可作为理解钢的性质的观念框架的概念。结果两组学生在学习钢的性质的材料之后，实验组学生的平均成绩明显高于控制组。

后来的研究发现，组织者不仅可以是先行的，也可以放在学习材料之后呈现；不仅可以是陈述性的，也可以是比较性的，即比较新材料和认知结构中相类似的材料，从而增强似是而非的、新旧知识之间的可辨别性。

（三）有意义接受式教学模式的使用误区分析

如众所知，20 世纪 60 年代，以布鲁纳倡导的发现学习为核心的“新数运动”

① 转引自：孔凡哲，曾峥. 数学学习心理学[M]. 2 版. 北京：北京大学出版社，2012：18-19.

曾风靡全球，试图完成布鲁纳的断言——“学生学习的本质在于发现”。无论是美国 20 世纪 70 年代以来的中小学课堂教学实践，还是中国进入 21 世纪以来的中小学课堂教学实践，都证实了一个事实，——有意义接受式教学模式仍然是中小学校课堂教学的主要方式。

不仅如此，有意义接受式教学模式是学生掌握人类文化遗产及先进的科学技术知识的主要途径之一。在教师合理的点拨引导下，学生可以在较短时间内掌握大量间接知识。对学生而言，有意义接受所获得的新知是相对系统完整、相对准确的，便于储存和巩固。

客观地说，奥苏伯尔的有意义接受说和布鲁纳的认知发现说并不矛盾。布鲁纳的发现学习强调学生用自己的方式获得新知，而奥苏伯尔的接受学习则主张充分利用学生原有认知结构的同化作用。事实上，学生发现新知并不是建立在“空中楼阁”之上，而是以认知结构中原有的适当知识为基础；当同化新知时，并非消极被动接受教师所传授的知识，而需要通过自己头脑积极主动的反应才能实现。亦即发现学习和接受学习虽然强调的侧重点有所不同，但是，两者都特别重视学生认知结构的作用，重视学生认知结构的构建、完善与发展。在机械接受教学中，所学的全部新知都是以定论形式由教师传授给学生，学生无须进行独立发现，而只需要接受即可。亦即学生只需将教师呈现给他的知识加以组织或内化，纳入已形成的认知结构中，以便将来再现或运用。这里所说的内化是指将新的学习内容通过整合储存于已有的认知结构之中。

长期以来，人们对接受式教学模式的认识存有以下误区。

误区一：接受学习=机械学习

接受学习并不等于机械学习。机械学习是不理解知识的实质意义而死记硬背的学习。例如，在有余数除法中“余数要比除数小”的结论，如果是死记硬背，不理解其含义，在运用时就会混淆，出现“除数要比余数小”或“余数要比商小”等错误；如果是通过理解基础上的接受学习记住的，就会懂得余数是平均分后的剩余量，不够再分了，应该小于除数，运用时就不会出现上述错误。

误区二：接受学习=被动学习

接受学习也并不等于被动学习。当学生缺乏学习的需要、动机，或缺乏必要的学习能力、知识基础等，因而缺乏学习主动性时，这种学习就是被动学习。其中，学生对所学的新知往往似懂非懂（甚至根本不懂）。主动学习与其相对，是指学生在具有强烈的学习需求情况下投入学习，能积极主动地使自己的学习逐渐走向深入，学习兴趣和求知欲是主动学习的基本保证。教师创设的情境或氛围是激发学生主动学习的关键，而教师在课堂上适度张扬的个性化教学，也有助于提高学生兴趣。

应当清楚地看到，接受学习具有鲜明的局限性，容易使学生处于被动接受状态。如何在接受学习中有效发挥学生的主动性，就变得至关重要。同时，在课堂教学中，不能仅局限于帮助学生掌握、记忆和再现新知，还应帮助学生深入理解、大胆质疑、敢于批判、主动建构新知，并了解这种新知进一步发展的可能性。

在课堂教与学的模式上，当前中小学课堂教学中出现片面强调探究式而否定接受式的倾向。正如邵瑞珍等[1]、丁枬[2]指出的，“把接受学习等同于机械的被动的学习”“把讲授教学法等同于注入式教学法”都是大错特错的。也如 20 世纪 60 年代以来西方对于杜威理论的反思一样，由于受杜威的影响，英国小学教育一直强调儿童中心、活动中心，主流的教学策略是小组教学与个别教学。这种教学模式的最大优点在于，能激发学生学习的兴趣和积极主动性，却忽视了传统教学方法，降低了教师的作用，不利于学科知识的系统掌握[1]。

事实上，各种教学模式其实是各有所长、各有利弊。如果学生缺乏学习的积极性、主动性，即使在探究学习中，也可能是被动的。

案例 4-4 在小学科学“环境对生物的影响”教学中，任课教师把小白鼠分给各个小组后，向学生交代科学探究的六大步骤。然后，组织学生进行实验方案的交流与评比，最后学生动手实验。

这种所谓的“探究学习”教学设计，其实存在三个问题：一是过于程序化的科学探究操作很容易使原本丰富多彩的探究活动变得僵化；二是学生的探究活动具有不完备的特点和个性化倾向，在实际操作之前，教师要求学生的实验方案必须规范、统一，这是过分要求；三是激发学生的探究欲望，是小学科学教育的重要任务之一，而上述设计却忽视了这点。

可见，如同探究学习有其局限性一样，有意义接受式教学模式既有其优点，也有其局限性。只有合理使用，才能扬长避短。

二、实施有意义接受式教学模式的基本要领

当前，在中小学课堂教学中实施接受式教学，不应该走“满堂灌输、机械训练”的老路，而应当创造性吸取其合理内核，准确把握、实施有意义接受式教学的基本要领，努力营造多种教学模式并存互补的局面，进而实现接受学习与其他模式的优化与整合。

（一）启发探究前提下的接受式教学

启发探究前提下的接受式教学是指在课堂教学之初，教师先启发、引导学生

① 邵瑞珍，皮连生，吴庆麟. 略论课堂学习中的动机作用——兼评奥苏伯尔的动机观[J]. 华东师大学报（哲学社会科学版），1983（02）：48-53.

② 丁枬. 现代认知派的教学论[J]. 外国教育动态，1985（01）：49-54.

自学思考，在比较充分的启发探究前提下，教师再进行精讲。这种模式就是启发、探究前提下的接受式教学模式。其本质是启发式、探究式在有意义接受式中的综合体现。

例如，在小学数学“笔算除法”教学中，曾出现如下课堂情境。

案例 4-5 教师出示问题：昨天我们学习了乘法的竖式计算，今天我们学习除法的竖式计算。你能在练习本上尝试用竖式来计算吗？随后教师引导学生在乘法竖式计算的基础上，探究“笔算除法”，并指定几位学生板演。结果学生的写法千奇百怪。

这个现象表明，让学生在乘法竖式的基础上自主探究除法竖式的书写形式是不可取的。乘法竖式与除法竖式的共同点其实并不明显，在大多数学生还没有接触过除法竖式的前提下，这种毫无实效的自主探究往往会成为知识负迁移的催化剂。“竖式除法”其实是一种规定性的事实性知识，这种内容并不适合探究发现式教学。为此，任课教师在随后的课堂教学中采取如下方式。

案例 4-6 教师采取阅读课本、自学引导模式，先让学生有目的地通过自学课本相关内容，感受除法竖式与加、减、乘法竖式的不同，初步了解其书写方法，再由教师边演示边讲解除法竖式的书写形式及每步计算的含义，并组织学生讨论“除法竖式为什么不能像加、减、乘法一样书写？”，使学生在具体的情境中，懂得除法表示把总数平均分，有时能正好分完，而更多的情况是不能正好分完，因此，要把要分的数与实际分的数进行比较，没有剩余就是正好分完，有剩余就要用余数来表示，所以，要写成现在的样子。

通过自学课本完成教学任务也是接受学习的一种。由于学生做好了学习准备，又都带着自己感兴趣的问题进行阅读，因此，自学的目的性强，在获得一定感性认识后，再进行有针对性的交流、讨论，这种模式效果更好。卢仲衡自学辅导法①就是这种教学模式的代表。

（二）在接受的同时注重以体验、感受为主的过程性接受方式

在接受式教学中，教学的主要内容基本以定论形式直接传授给学生。然而，这并不妨碍学生经历概念的抽象过程、发现问题并尝试解决的过程。

其实，接受中可以有学生的自我发现，在学生的自我发现中也可以有接受。例如，“长方体和正方体的认识”教学中，对诸如“面”“棱”“顶点”等长方体的各部分名称这些约定俗成的知识，并不存在探究的意义和价值，比较适合接

① 自学辅导法是中国科学院心理研究所卢仲衡研究员主持的培养学生自学能力、研究学生学习思维活动及其规律的一项实验。利用自学辅导法教学，学生根据教师编写的自学教材自学，教师予以点拨、释疑。

受式教学。但是，如果采用直接讲述模式，大部分学生可能要依靠反复的机械记忆才能掌握；如果将接受学习融入生动描绘和直观演示之中，往往会收到事半功倍之效。

在实际教学中，一位教师把一个萝卜和一把小刀带进课堂，现场演示用刀切萝卜的过程。

案例 4-7 切第一刀，萝卜出了一个平平的面，此时，教师边展示边口述“这是物体的面”。（板书：面）

再切第二刀，萝卜上出现两个面，而两个面的交线就成为一条长长的边，教师指着这条边说：“这是物体的棱。”（板书：棱）

切完第三刀，萝卜尖尖的顶点就露出来了，教师接着口述“这是物体的顶点。”（板书：顶点）

学生一下子就被这个“切萝卜”的过程深深吸引住了，他们边听边看，直观形象的操作帮助学生在大脑中想象出点、线、面的形象。教师顺势概括并启发，“一刀出面，两刀出棱，三刀出顶点。四刀、五刀、六刀将会怎样呢？”

学生们窃窃私语，跃跃欲试。等第六刀切完，一个长方体便出现在眼前了。

就这样，学生在教师生动直观的演示、讲解和启发下，初步认识了长方体的特征，个个跃跃欲试，很想亲自实践一下。在直观感知活动中，不用死记硬背，学生就已理解“面面交成线、线线交成点、面面围成体”的事实，并能牢牢地记住长方体各部分的名称。

（三）激活内驱力前提下的精讲——主动建构的接受式教学

在激发学生求知的内在需求基础上，教师适时适当地精讲，也可以构成有意义接受式教学，即主动建构的接受式教学。

如众所知，知觉是个体以其已有经验为基础，对感觉所获得的资料做出的主观解释。知觉学习就是用联想和过去的经验来丰富感觉经验。知觉学习的效果在很大程度上受制于学习者内心的关注程度和期待状态。期待之，则感受之；否则，视而不见、充耳不闻。

因而，激发学生主动思考、在激活学生内驱力的基础上，教师选择精讲模式进行教学，也常常能取得良好的教学效果。例如，某节课上，学生通过自学产生疑问，经过小组合作探究不能解决问题，进行全班交流后，仍不能做出合理解释。这时，就需要教师通过精讲来满足学生合理的学习需求。

案例 4-8 小学“一个数除以分数”的新授课的一个教学环节：教师先出示例题“一桶油漆的 $\frac{1}{3}$，可以刷 2.4 平方米的墙，1 桶油漆能刷多少平方米的墙？”，再引导学生看书自学，并带着疑问进行课堂讨论交流。

师：大家还有没解决的问题吗？

生1：老师，为什么2.4除以$\frac{1}{3}$会等于2.4乘3？我对这点还是不明白！

师：对××同学（生1）提出的问题，哪个小组或哪位同学能解释？（全班鸦雀无声，没人举手）你们心中是不是也有同样的疑问？（几乎全班学生频频点头）

师：（指着黑板上的线段图）1桶里有几个$\frac{1}{3}$桶呢？

生2：1桶里有3个$\frac{1}{3}$桶。

师：例题告诉我们“一桶油漆的$\frac{1}{3}$，可以刷2.4平方米的墙”，那么，1桶油漆能刷多少平方米呢？怎样列式呢？

生3：列算式应该是总量除以份数，总量是2.4，份数是$\frac{1}{3}$，算式应该是$2.4\div\frac{1}{3}$。

师：1桶油漆能刷多少平方米？你是怎么想的呢？

生4：1桶中有3个$\frac{1}{3}$桶，1个$\frac{1}{3}$桶可以刷2.4平方米，3个$\frac{1}{3}$桶可以刷2.4×3平方米。

师：非常好！1里有3个$\frac{1}{3}$，1桶油漆能刷$2.4\div\frac{1}{3}$平方米，也就是2.4×3平方米。

学生边听边看，频频点头，流露出恍然大悟的神情。

在上述情境中，教师在有效激发学生内在需求的基础上，结合线段图进行直观讲解，也是教学处理的最佳选择之一，而且，教师采取谈话式讲解，其时机恰到好处。

（四）以合作探究为典型特征的复合式接受

下述案例是一位小学教师的课堂探索①。

案例4-9　“统计”（苏教版一年级教材）

1. 在轻柔的音乐声中分组进行钓鱼比赛（钓鱼时间一分钟）

师：你们组一共钓了多少条鱼？每类鱼各有多少条呢？你打算怎么计算出来呢？

（学生以小组为单位合作计数）

① 黄根良. 数学课堂“接受学习”与“探究学习”的有效整合[J]. 教育科研论坛，2006（12）：15-16.

2. 每组发表统计计算的结果，并说明计数策略及方法

师：请各组用简洁流畅的语言汇报你们的钓鱼情况，要简明扼要，让大家一听就明白。

生1：我们组把“鱼”交给一个人，由一人来逐条统计，算出总数。再分出“鱼”的种类，数出每种“鱼”的条数。

生2：我们组个人计算自己的“鱼”，然后再相加计算出总数。在数的时候把相同类型的“鱼”放在一起，然后再数出每种“鱼”的条数。

生3：我们组是先分类计算，然后将各类数相加计算出总数。

师：你们说说，哪组的分类方法更合理呢？

生：我认为第2组和第3组比较好。因为这两个小组是分工合作的，既快又好。

师：在计算小组钓“鱼”总数时，要先分工，计算每个人的总数或每类的条数，再合作，做加法得总数。这是一个很好的策略，体现了团队合作精神。

师：如何检验你们统计的结果是否正确呢？

生：看分类数的和与总数是否相符。

（学生检验，有错的改正。）

3. 揭题

师：像刚才这样了解、计算鱼的条数的过程，就是各小组钓鱼情况的统计结果。

（板书课题：统计）

师：老师很想知道你们组的“鱼”有哪几类？每种“鱼”有多少条？你们有什么好办法让老师一眼就能看出来？

（学生合作设计方案，教师参与、帮助、指导。）

4. 小组讨论设计方案后，展示版面，进行交流

师：你们觉得哪一组的方法好？好在什么地方？

（在学生评价中，教师抓住分类、排齐、计数这几个要素，并依此对一个小组的版面进行调整，将比较规范的一个统计图在全班展示。）（图略）

师：这样的图就是我们今天要学习的统计图……

在此教学片段中，接受学习与探究学习两种方式有机地融合在一起，其中，接受学习的环节自然、协调，有水到渠成之感。对统计图的概念，学生是在探究过程中进行有意义接受。在整个教学过程中，学生在实践、探究中学会学习，在合作、互动中体验成功的快乐，师生和谐互动的课堂氛围的确得益于教师恰当的引导。

在课堂互动中，我们要特别关注合作互动，如学生合作探究、小组探究、集体合作探究等。在合作探究中，通过教师适时的点拨，进一步强化学生的合作探

究意识，帮助学生在成功的情感体验之中进入良性循环的心理状态，从而构建和谐的优质课堂。

三、实施有意义接受或教学模式的若干技巧

在日常教学中，来自中小学一线的教师对有意义接受式课堂教学进行了大量实践探索，总结出诸多有效的经验，这里归纳总结了针对“何时进行教师讲解”的部分技巧。

（一）教师的精讲宜安排在学生“对话”对而不明之时

由于学生的个体差异与认知局限，对课堂教学素材的丰富内涵、精确语言等往往理解不深、把握不准，此即“对”而不明。此时，教师实施及时有效的点拨引导，就成为“及时雨”。关键是话不在多而在精。

（二）教师的点拨宜出现在学生难以获得“体验”之时

与文本对话，引发学生对文本蕴含的思想、情感的品味，从而获得对文本之中的学科内涵的深刻体验，这是课堂阅读、自学教科书文本的目的。如果漫无边际任凭学生放羊式的自学，往往难以奏效。此时，教师出示恰当的问题串，点拨引导，效果往往较佳。

（三）教师的帮助宜在学生“探究”遇到困难而无法独立解决之时

当问题深、难、泛，特别是漫无目标之时，学生的自主探究往往困难重重。一旦“卡壳”，就需要教师提供资料，适时引导、讲解、指导学生推动探究的进程，得出问题的结论。

（四）教师的引导宜在剖析核心内容、分析关键字词之时

就小学数学教学而言，一些核心内容、关键字词往往是教学的难点，如果学生对于这些核心内容、关键字词的自我建构出现方向性错误，那么，往往需要教师适时引导，帮助学生顺利越过工具性的、方向性的学习障碍。

需要注意的是，“精讲”其实并没有固定模式，淡化形式，注重理解性掌握、感悟，才是有意义接受式教学之根本。

[思考题 4]

1. 如何理解小学数学课堂教学中的有意义接受学习模式？有意义接受与机械接受的区别是什么？

2. 在小学数学教学中，哪些数学学习内容更适合有意义接受式教学模式？请举例说明。

3. 以小学数学“分数的除法”或“圆的周长”为例，设计一个课堂教学案例，帮助学生获得理解性掌握。

第五章　小学数学课堂自主学习模式及其典型案例研究

[学习提示]

自主学习模式作为最近三十年才产生的新型的课堂教学模式，具有一定的规律可循，其核心在于学生的自主学习。为此，需要了解自主学习的含义、操作流程和实施技巧。

第一节　课堂自主学习模式的基本含义与基本流程

正如哲学家叔本华①所言，“从根本上说，只有我们独立自主地思索，才真正具有真理和生命”。其实，有效的课堂学习活动不能单纯依赖模仿与记忆，知识不是被动地从一个人传输给另一个人，而是在各种活动中，靠做、反思、讨论而构建起来的。动手实践、自主探索与合作交流是课堂学习的重要方式，学生在观察、实验、猜测、验证、推理与交流等学科活动中，才会形成自己对数学的理解和有效的学习策略。

一、课堂自主学习模式的含义

所谓自主，简言之，就是为自己做选择并为这些选择负责。

汉语字典给出的解释是“自己做主，不受别人支配”②。在建构主义观点下，自主学习实际上是元认知监控的学习。

一般认为，自主学习与他主学习相对立，特指学生主导自己学习过程的一种学习方式。而组织学生开展自主学习的教学模式，就是课堂自主学习模式。

自主学习可以分为三个方面：一是学生对学习目标进行事先计划和安排，而不是由教师分配；二是学生对自己的学习活动进行自我监察和反思性评价；三是学生对学习活动能进行自主调节、适时修正和自我控制。

---

① 亚瑟·叔本华（Arthur Schopenhauer，1788—1860），德国著名哲学家。

② 在线汉语字典（xh. 5156edu. com），2020-05-14 引用。

在国外，与自主学习有关的术语很多，如自我调节学习、主动学习、自我教育、自我计划的学习、自我定向学习、自我监控学习等。由于不同的研究者对自主学习研究的理论和视角不同，因此并没有形成统一的自主学习定义。下面的几种定义颇具代表性：

齐默尔曼①（Zimmerman）认为，“当学生在元认知、动机、行为三个方面都是一个积极的参与者时，其学习就是自主的（学习）”②。亦即自主学习有三个显著特征：一是强调元认知、动机和行为三个方面的自我调节策略的运用；二是强调自我定向的反馈循环过程；三是强调如何使用学习策略。

齐默尔曼认为，在元认知方面，自主学习的学生能够对学习过程的不同阶段进行计划、组织、自我指导、自我监控和自我评价。在动机方面，自主学习的学生把自己视为有能力、自我有效和自律者。在行为方面，自主学习的学生能够选择、组织、创设使学习达到最佳效果的环境。③

为了进一步解释什么是自主学习，齐默尔曼提出自主学习的研究框架（表 5-1）。②

表 5-1　自主学习的理解维度

科学的问题	心理维度	任务条件	自主的实质	自主的信念和过程
为什么	动机	选择参与	内在的或自我驱动的	自定目标、自我效能感、价值观、归因等
怎么样	方法	控制方法	有计划的或习惯化的	策略使用、放松等
何时	时间	控制时限	定时而有效的	时间计划和管理
学什么	行为表现	控制行为	意识到行为和结果	自我监控、自我判断、行动控制、意志等
在哪里	环境	控制物质环境	对物质环境的敏感和随机应变	环境的选择和营造
与谁一起	社会性	控制社会环境	对社会环境的敏感和随机应变	选择榜样、寻求帮助等

借助表 5-1 对于自主学习的理解维度的分析，我们可以更好地把握自主学习模式。

宾特里奇（Pintrich）④认为，“自主学习是一种主动的、建构性的学习过程，在这个过程中，学生首先为自己确定学习目标，然后监视、调节、控制由目标和情境特征引导和约束的认知、动机和行为等”⑤。而迈克·G·穆尔认为，自主学

① 齐默尔曼（B J Zimmerman），美国纽约城市大学教授，美国社会认知学派的代表。

② 转引自：庞维国. 自主学习理论的新进展[J]. 华东师范大学学报（教育科学版），1999，（03）：68-74.

③ B J Zimmerman. Dimension of Academic Self regulation. *In* D. H. Schunk & B. J. Zimmerman（Eds. ）. Self-regulation of Learning and Performance[M]. Mahwah N J：Lawrence Erlbaum Association，1994：8.

④ 宾特里奇（Pintrich），美国密执安大学教授。

⑤ Pintrich P R. The Role of Goal Orientation in Self-regulated Learning [M]. New York：Academic Press，2000：451-501.

习是指学习者对学习过程的自我控制，学习者要具有高度的学习责任感和自我控制学习的能力，衡量自主学习的三个指标是学习目标的建立、学习方法的掌握及学习评价的实现。

皮连生①认为，自主学习是主动、自觉、独立地学习，它与被动、机械、接受地学习是相对的。而庞维国认为，自主学习一般是指个体自觉确定学习目标、制订学习计划、选择学习方法、监控学习过程、评价学习结果的过程或能力。②

综上所述，我们认为，作为课堂教学模式出现的课堂自主学习模式，是以学生作为学习的主体，通过学生独立的分析、探索、实践、质疑、创造等方法，进而实现学习目标的一种教学模式。而自我导向、自我激励、自我监控是课堂自主学习模式的关键属性。其中，学生是学习的主体，对学生而言，这种模式的核心就是自主学习，而对教学而言就是课堂自主教学模式。

自主学习模式具有四个特征：①学生参与确定对自己有意义的学习目标，自己决定学习进度，参与设计评价指标；②学生积极发展各种思考策略和学习策略，在解决问题中学习；③在学习过程中，学生有情感的投入，有内在动力支持，能获得积极的情感体验；④学生对认知活动能够自我监控，并做出相应调适。

特别需要指出的是，与其他课堂教学模式相比，自主学习模式不是一种程序化、具体化的操作流程，而更多地体现为开展课堂教学活动的一种方式，这一方式既可以在教学中的某一操作程序中得以发挥和体现，又可与其他多种模式相结合，形成各种变形，诸如自主探究模式、自主合作模式等。

二、课堂自主学习模式与接受学习模式的关系

传统的课堂教学强调的是接受式，我们今天提倡自主学习模式，并不意味着否定接受式，也并非一概采用自主学习。

事实上，根据《基础教育课程改革纲要（试行）》的精神，需要改变“过于强调接受学习”的倾向，实现教学模式的多元化，但并不意味着完全取消接受学习。之所以提出自主学习模式，主要是针对传统的课堂教学忽视学生的主体作用、片面强调教师的作用。

与接受学习相比，自主学习模式与接受学习模式在学习的侧重点、学生观、师生关系等诸多方面存在明显差别。

1. 学习的侧重点不同

自主学习模式注重学习者主动参与学习过程，充分体现学习的主体性；而接

① 皮连生，教育心理学著名学者，华东师范大学教授、博士生导师，主要从事教育心理学教学与研究工作。

② 转引自：庞维国. 自主学习理论的新进展[J]. 华东师范大学学报（教育科学版），1999，(03)：68-74.

受学习模式则侧重于将成定论的知识直接传授给学生。

2. 学习内容的确定渠道、系统性不尽相同

自主学习模式的学习内容是由学生自己确定的，是学生感兴趣、愿意努力钻研的内容。从系统性上看，这些内容可能是零散而不系统的，价值多元且可能良莠不齐。而接受学习模式的学习内容是由课程标准、教科书等划定并由教师最终认定的，具有权威性；同时，这些内容按照学科逻辑顺序和学生身心发展顺序安排体系，系统而规范。

3. 彼此的师生关系不同

在自主学习模式中，教师处于辅助地位，帮助学生完成既定目标，师生是彼此平等的交流主体。而在接受学习模式中，教师往往是知识、真理和成人社会的化身，是知识传授、技能养成、品德规范的执行者，与学生构成从属关系。

4. 评价的侧重点不同

自主学习模式的评价重点在于学习者的参与程度，亦即学生在学习活动各环节的主体性发挥得如何，以及学生是否形成了一定的能力、获得了对个体而言具有新颖性的体验、是否达到了自己预定的目标。而接受学习模式的评价重点在于，学生对教师传授的知识掌握了多少，掌握程度如何，很少关注个体的情感体验、知识过程。

5. 学习动力差异显著

自主学习模式的动力主要源于学生的自我强化和内部动机，在不断的自我激励中产生自我效能感，创造条件、排除干扰、解决困难，以达到自己确定的学习目标。而在接受学习模式中，学生的学习动力是内部动机和外部动机结合的产物，其特点是外部动机逐渐向内部动机转化，其强度也随年龄增加而增长，而强化物主要为教师的表扬或考试成绩等。亦即，自主学习模式的学习动力更多地来自学生自己，而接受学习模式的学习动力更多地来自外部（虽然也包含少量的学生内部动力成分）。

6. 所持有的学生观不同

自主学习模式的出发点在于充分相信学生学习的自觉性、主动性，即“自主”，相信学生能够自我管理学习行为，达到良效——毕竟学生是自己知识结构的主动建构者。而接受学习模式则认为学生的自主性必须在教师引领下才能有效发挥，教师处于教学过程的中心地位、主导地位，学生仅仅是新知的接纳者。

虽然接受学习模式与自主学习模式在诸多方面存在差异，但并不能认为接受学习模式就是一种落后的学习方式，也无法断言“自主学习可以完全取代接受学习”。在教学中，自主学习、接受学习相互补充，彼此协调，共同促进学生的发展。

（1）接受学习模式的实施条件、前提等容易满足，更易于操作。因而，接受

学习模式更具普遍性，适用范围更广泛。就目前而言，接受学习模式仍是一种公认的最经济的方式，学生可以在教师指导下在较短时间内迅速获得大量系统的人类知识经验，为后继学习打下坚实基础。只要智力发育正常，具备接受学习最起码的基本生理条件，接受学习模式就有可能实施。而自主学习模式则不然，它要求学生不但具备学习的基本能力和知识基础，还要具有比较充分的自我意识，能够自主确定和监控学习进程，学习的自主权在学生自己手里。所以，大多数时候，接受学习模式仍是中小学校课堂教学的主要方式。

（2）自主学习模式是学生身心发展到一定程度的产物。在学生尚未形成自主学习的自主性和相应能力之前，以及自主学习的初始阶段，接受学习都是必要的。自主学习模式实施的条件表明，只有当学生的自我意识、个性心理倾向和学习能力发展到一定程度，才能实施自主学习模式。然而，这些条件是个体自然成熟与后天社会环境、生活实践交互作用基础之上逐步积累的结果。一般而言，学生在小学中、高年级才能形成一定的目标意识，但其学习动机仍以外部奖惩为出发点，兴趣也不稳定，意志力相对薄弱，自主学习能力尚未形成。可见，在小学阶段，实施自主学习模式虽有可能，但仍应以接受学习模式为主。在学生发展进程中，接受学习不是没有必要，而是应该在接受学习的基础上，逐渐加强学生自主学习能力的培养。

（3）自主学习模式也有其自身难以克服的局限性，这使得它不可能完全取代接受学习。首先，自主学习模式难以保证学生所选择的学习内容形成有机整体，其中的某些知识可能不完整，也可能只关注焦点问题，而没有抓住核心和关键；其次，自主学习模式由于是自我探索，在时间和精力上显得并不经济；再次，自主学习模式是学生主动建构的过程，是自己对知识同化和顺应的过程，其前提是必须拥有最基础的知识，而自主学习本身并不能提供这样的知识结构；最后，为了保证全体学生具备最起码的知识，达到最低的能力水平，有些学科知识的教学安排并非完全依学生的兴趣而定。正是上述几方面原因，决定了接受学习模式仍有良好的使用空间。

三、典型的课堂自主学习模式：杜郎口“三三六”模式

山东杜郎口中学经过多年“草根式”的实践，摸索出课堂教学的一种结构——“三三六”模式，后来被一些小学运用于数学课堂教学中。

“三三六”模式体现课堂自主学习的三个特点，即立体式、大容量、快节奏；自主学习的三大模块，即预习、展示、反馈；课堂展示的六环节，即预习交流、明确目标、分组合作、展现提升、穿插巩固、达标测评。①

① 本段引自：许爱红，刘延梅，刘吉林. 农村中学课堂教学模式的重大变革——解读杜郎口中学“三三六”自主学习模式[J]. 当代教育科学，2005，(11)：18-26.

（一）课堂自主学习的三个特点：立体式、大容量、快节奏

所谓立体式，就是教学目标、任务是新课程要求的知识与技能、过程与方法、情感态度与价值观，将学习任务落实到每个人、每个小组，充分调动每个学生的主体性，发挥每个学习小组的集体智慧，产生不同层次、不同角度的思考与交流；所谓大容量，就是以教材为基础，进行拓展、演绎、提升，通过多种课堂活动形式展现，如辩论、小品、课本剧、诗歌、快板、歌曲、绘画等，倡导全体学生参与体验；所谓快节奏，就是在单位时间内，紧扣目标任务，通过周密安排和师生互动、生生互动，达到预期效果。

（二）自主学习的三大模块：预习、展示、反馈

三者具有辩证关系。预习包括知识构建、储备、搜集信息及情感体验，初步形成三维目标，它是展示课的基础，没有预习或预习不充分绝不进行展示，预习具有基础性。展示是对学生预习的延伸与检测，目的是通过全员合作学习，提升学习质量，让学生们得到成功的体验，具有激励性。反馈是进一步解决展示过程中的死角，保障人人达标，具有保障性。预习是明确学习目标，生成本课题的重点、难点并初步达成目标；展示是呈现、交流预习模块的学习成果，进行知识的迁移运用和对感悟进行提炼提升；反馈是反思和总结，对预设的学习目标进行回归性的检测，突出“弱势群体”，让他们说、谈、演、写，是“兵教兵”“兵练兵”“兵强兵”。

预习模块的主要任务是让学生明确学习目标，生成本课的重点、难点。教师联系与课文相关的背景、场景、情感、过程与方法，先进行集体备课，然后指导学生自学，学生在学习中统一用双色笔做预习笔记，通过自主学习与组内交流合作完成学习任务。各学习小组根据所学内容讨论本课学习目标，找出学习重点、难点，然后由教师进行补充完善。经过长期这样的训练，学生对学习目标的确定，对学习重点、难点的把握，都已经相当熟练。课堂教学目标达成之后，教师将重点、难点的学习任务分配到各个学习小组，一个小组完成一项学习任务，然后在班上进行综合。学生在对文本思想内涵与情感的体验中感悟情思，形成自己的观点，然后以诗词、朗诵、歌曲、相声、小品、舞蹈、绘画等形式，个性化地展现自己的学习收获。对于一题多解的学习内容，学生会从不同角度、不同侧面观察分析问题，找到各种简便易行的解决问题的办法，大大开阔了解题的思路。

预习课的基本过程是学生根据自学后对文本的把握，教师根据对课程标准的把握，通过师生共同讨论，创设学习目标。然后，学生用双色笔做预习笔记，通过自学、生生互动、师生互动等形式，初步达成预设的目标，并对自己找出的重点、难点进行深入探究，在此基础上不断生发新的学习目标。

这个过程既有自主学习、自悟，又有合作交流。学生相互启发、共同探究，

通过对文本的挖掘、思想内涵的体验，形成一定的解答方法和答案。

展示环节既是预习成果的展现、交流，又是学习内容的进一步提升，主要进行“展现提升”与“穿插巩固”的工作。展示课是生生、师生、组生、组组互动的过程，主角是学生，学生提出问题，然后讨论、阐述自己的观念和见解。学生先就自己的预习展开交流，接着确定目标，然后由教师分配学习任务，一般是以小组为单位，这里的分配任务就是立体式教学的体现，原来一节课是在教师主持下，全体学生同时思考相同的问题（打个比方，就像学生食堂的打饭窗口一样，一个窗口排好长队伍，多开几个窗口不就提高效率了吗？），小组领到任务后，自主探究、交流合作，形成自己或小组的最佳解答方案。完成后，各小组展现提升，分享成果，或者在某小组展现时受到启发，又有更好的解答方法。学习活动由一条线变为立体式网络。通过各组对不同任务的完成及展现提升，课堂容量加大，原来一节课完成三个问题，现在能完成十几个；原来一题只有几种解法，现在多达十几种、几十种。立体式教学不仅课堂容量加大，而且教学进度加快，学生的理解、掌握、体会更深、更透、更快。在展示课中，教师更多地发挥导演的特点，既是平等的课堂一员，又有着特殊使命——要特别注重学生的差异性，把握优等生、中等生、后进生展示的机会，尊重、鼓励每个学生，及时根据课堂表现与互动出现的新情况进行灵活调整，确保课堂展示的正确方向和教育目标的实现。

反馈模块的主要任务是对学生的认知、体验、感受予以反思总结，对预设的学习目标进行回归性检测。本环节尤其突出“弱势群体”，进一步检查三维目标的落实情况，努力达到不让一名学生掉队，利用好“兵教兵”“兵练兵”“兵强兵”战略，全面提升全体学生的知识、能力、情感等。鼓励基础薄弱学生在某一问题上主动向优等生拜师学艺，可以是同组的，也可以是他组的。练习方式丰富多样：可以在黑板上演示，也可以蹲在地上用粉笔演算。脑、眼、耳、口、手并用，思维活跃，方法灵活。通过反馈课的检测练习，全面提升全体学生的知识、能力和情感态度与价值观，促进学生的全面发展。

（三）课堂展示六环节：预习交流、明确目标、分组合作、展现提升、穿插巩固、达标测评

预习交流、明确目标，即通过学生交流预习情况，明确本节课的学习目标；分组合作，即教师口述将学习任务平均分配到小组内，一般每组只完成一项即可；展现提升，即各小组根据组内讨论情况，对本组的学习任务进行讲解、分析等；穿插巩固，即各小组结合别组展示情况，对本组未能展现的学习任务进行巩固练习；达标测评，教师以试卷、纸条的形式检查学生对学习任务的掌握情况。

预习、展示、反馈三大模块贯穿在一起，就构成了杜郎口中学的自主学习模

式的主体。与我们通常的理解不同的是，其课堂预习、展示和反馈模块都占用正式课时，有时是一节课，有时是两节课，还有可能是十几分钟，具体时间根据学生的学习进展情况而定；但这些环节是必不可少的，而且这些模块的教学组织形式都主要以小组活动和学生自学为主。

课堂时间是 10+35 模式，即每节课教师讲授不得超过 10 分钟，学生活动不得少于 35 分钟，在时间上保证学生参与活动，讨论交流。

课堂组织形式是师生合作、学生小组参与。小组合作学习是“三三六”模式的重要组成部分，“讨论”方式被普遍使用。其操作流程如图 5-1 所示。

空间（组织形式）	时间模式	教师研究模式
↓	↓	↓
小组合作学习	10 + 35	业务论坛

图 5-1　操作流程图

第二节　小学数学课堂自主学习典型案例分析

一、以问题解决为主要特征的典型案例分析

案例 5-1　“出差中的数学”①　（本课题自拟，属于五年级下学期的教学内容）

学习目标：（1）巩固三位数乘、除两位数计算和估算方法，巩固整数乘小数计算方法及统计方法。通过计算本校教师出差中的机票、住宿、学习等费用，体会数学在生活中的实际应用。

（2）通过小组学习、合作探究等形式，提高合作交往、解决问题的能力。

（3）通过调查机票价格和山东的人文、地理、气温等情况，撰写出差费用预算报告等活动，培养缜密思考问题的习惯与网上学习能力，提高数学与地理、语文等学科的综合运用能力。

（4）全身心投入体验学习的快乐，培养爱校爱家的情感，增强主人翁责任意识。

学习重、难点：通过三位数乘、除两位数，整数乘小数等计算方法的巩固和运用，提高运用数学知识解决实际问题的能力。

课堂实录

（**课前准备：**学生查询长春到山东的交通工具价格，比如火车票、飞机票等

① 执教者系长春东光学校小学部黄娟（现任职于长春市教育科学研究所）。

的价格；有关山东的人文、地理环境等方面的资料；查询杜郎口中学的相关信息。）

引入新课

引入：开课之初，讨论现在的数学课与以前相比有什么变化。

师：咱们现在的课堂改革借鉴了山东杜郎口中学的一些做法。在假期中，我校计划组织45人的学习团到山东杜郎口去学习。在计算各项费用的时候，老师发现，这些计算都是咱们五年级同学所学过的内容。今天，你们就来帮老师解决出差中的数学问题，有信心吗？

讲解新课

1. 用投影仪出示本节课的学习任务

（1）利用所学知识对出差中各项费用进行计算。

（2）撰写出差费用预算报告。

（3）课后做“六一”儿童节旅游策划方案。

2. 学习过程

课件出示：出差日期20～25日，45人（男14人，女31人）。

（1）往返机票六折。

（2）住宿三人间每晚210元，双人间180元。共住5天。

（3）学习第一天每人170元，第二天后每人150元，学习了4天（21～24日）。

专题1：计算机票费用

师：现在我们一起解决第一个问题。

出示课件（出差信息）：20～25日，45人（男14人，女31人），机票单程原价960元，往返6折。机票实际费用除机票本身价格外，还要加上机场建设费与燃油附加费，这两项费用单程120元，保险费单程20元。问题：买机票需要多少钱？

师：第一个问题，谁知道6折是什么意思？

生：就是原价乘以0.6。

师：现在请同学们讨论后作答，最先写完的同学可以到黑板前展示，开始吧。（学生小组探究6分钟。请2名学生板书解题过程并讲解思考过程）

方案1汇报：

生1：机票单程是960元，算6折，就是960元乘以0.6，但这是单程576元，因为还有其他两项费用120元、20元，这两项也是单程的，加在一起得出的结果是716元。费用是往返的，往返就是两回，乘以2就能求出买机票多少钱，结果是1432元。汇报完毕。

生2：出差共有45人，你只求出一人机票往返的钱数，其他人花的费用呢？

师：大家同意这个质疑吗？

生：同意。（生2将解题过程补充完整）

方案 2 汇报：

生 3：大家请看黑板。老师们的单程机票是 960 元，这是没有打折的，打 6 折，还是往返，往返就应该乘 2 次，6 折就是乘以 0.6，这个算式就是 960×0.6×2，算的是机票的单程价。然后，题中还说加一些燃油费和保险费，合在一起是（120+20）元，乘 2 是因为往返，不能算单程。我们得出的结果是 1432 元。

师：大家对于他们小组的回答，有什么需要补充的吗？

生 3：1432 元是一个人的费用，求总费用还得乘以 45。

生 4：沙冰组的同学说 960×0.6×2 是单程，应该是往返才对。

师：有没有跟他们两组算法不一样的？（不少同学举手示意）

方案 3 汇报（图 5-2）：

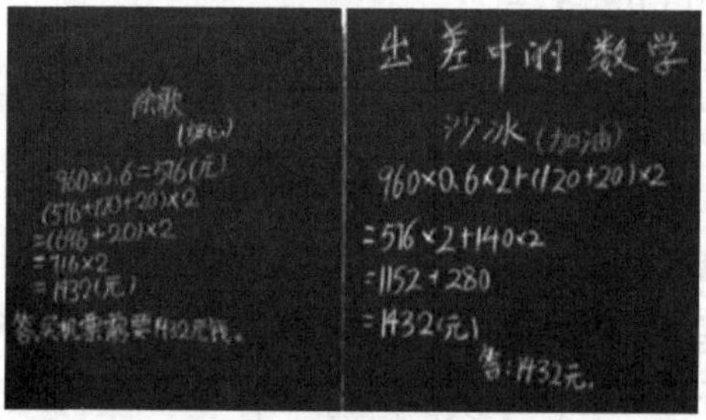

图 5-2

生 5：我们的算法与他们不同。我们先用 960 元乘以 2，等于 1920 元，先算出不打折机票往返是多少钱，然后再乘以 0.6 算出打折机票往返是多少元，接着算出往返的燃油附加费和机场建设费，加起来等于 1432 元。一共是 45 人，再乘以 45 就是一共需要多少元。

师：老师听清了，你是说这一步是 960×2×0.6 吗？最后的结果是多少？

生：我们最后的结果是 64 440 元。

专题 2：计算住宿费用

教师出示课件（出差信息）：小组开始讨论和计算。有没有同学想提醒大家要注意什么？

生："至少"就是最少用多少钱。

生：男女教师应该分开住（不能住同一间屋）。

（此时，学生们已开始小组探究，绝大部分学生没有听清上面的讨论）

（小组探究约 11 分钟，2 名小组代表板书解题过程）

方案 1 汇报（图 5-3）：

生 1：我先算住双人间的情况，双人间一个屋里只能住 2 人，所以，用 45 除以 2 算出总共用多少个房间，结果是 22 人还多出 1 个人来，再用 22 加 1，因为那一个人不能没地方住，所以，还得再住一间双人间，总共是 23 间，再用 23

乘以 180，因为一个双人间是 180 元，所以，乘以 180 等于 4140 元，要是都住双人间就得 4140 元。我再算一下三人间的情况：一个房间只能住 3 人，45 除以 3 等于 15，总共需要 15 个房间。一个房间要 210 元，用 15 乘以 210 等于 3150 元。3150 元就是三人间一共需要多少钱。再用 4140 元跟 3150 元比较，3150 元比较便宜，因为要住 5 天，所以，用 3150 乘 5 等于 15 750 元。汇报完毕。

（教室里响起掌声，同时出现质疑声，教师示意生 1 到前面来接受同学们的质疑。）

师：能不能说说他们的汇报有什么问题？

生 2：他们组这么做不可以，刚才我都提示大家了，男女教师不能住一间，可是算两人间和三人间的时候他们把男女教师合在一起了。

师：是啊，男女教师不能混住在一起。

生 3：老师，我认为他们的方案不是最便宜的，我们组算出来只需 11 500 元就可以了。

师：（转向生 3）刚才你说你们的方案更便宜，请说说你们的想法吧。

方案 2 汇报（图 5-4）：

生 3：我们组是这样想的：男老师有 14 人，咱们就都先让他们住三人间，用 14 除以 3 等于 4，需要 4 间三人间，还余下 2 人，咱们先不看这 2 人，再算女老师的，女老师是 31 人，也除以 3，等于 10 间，又余下 1 人，然后，咱们就先把这两部分三人间放到一起，乘以 210，但不能把余下的 2 个男老师和 1 个女老师丢下，还不能让他们住一个房间，所以，就是 2 个双人间，就是 180 乘以 2，然后再乘以 5，得出的费用就是 11 500 元。

师：你的方案一共是几个三人间？

生 3：14 个三人间，5 天就是 14 乘 5。

师：14 个三人间和 2 个双人间，是吗？

（生 3 点头）

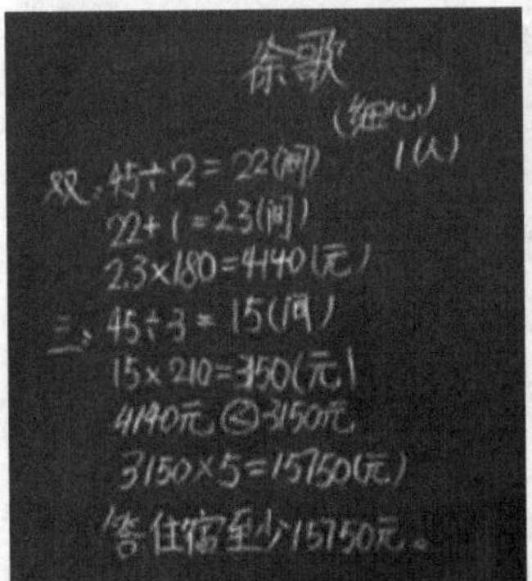

图 5-3

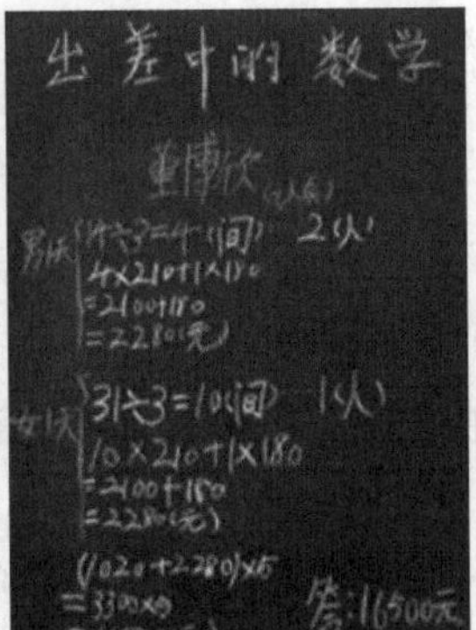

图 5-4

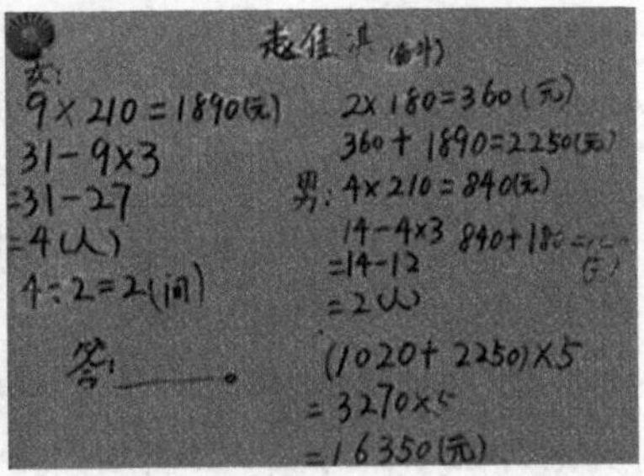

图 5-5

生 4：老师，我们的想法与他们的差不多，但算出的费用是 16 500。

师：你们算出的结果不一样，是吗？

生 4：是啊，我们组是这样想的。（上前板书并汇报）

生 4：住三人间，每晚 210 元，双人间每晚 180 元。男老师住三人间，需 4 间余 2 人，比较花费钱，一共加在一起是 1020 元。女老师住三人间，需 10 间余 1 人，让她住一个双人间，加在一起是 2280 元。题中说是 5 天，我用的是女老师一天的和男老师一天的加在一起再乘以 5，最后结果等于 16 500 元。

（教室再次响起掌声）

生 5：老师，我想问她一个问题，她说男老师余下的 2 人不能住三人间，因为太费钱了，可是为什么要住双人间呢？

师：谁能帮她解释一下？

生 6：因为双人间比较省钱，我们要求“至少多少元”。

生 7：老师，我们组的比他们组的都便宜。（教师示意该生到前面展示）

方案 3 汇报（图 5-5）：

生 7：三人间是 210 元，我们组先求女老师住三人间一共是多少元。我们可以先住 9 个三人间，每个三人间是 210 元。我们先用 9 乘以 210 等于 1890 元。只是求出 9 个双人间一共是 27 人，还余 4 人怎么办呢？剩下的 4 个人可以住 2 个双人间，用 4 除以 2 等于 2 间，可以求出 2 个双人间。一个双人间是 180 元，用 2 乘以 180 等于 360 元。求的是 2 个双人间一晚多少钱，9 个三人间和 2 个两人间加在一起，1890 元加上 360 元等于 2250 元，求出的是女老师一晚上住宿用多少钱。算完女老师的再算男老师的，男老师一共是 11 人，我们可以先住 4 个三人间，三人间比较便宜，用 4 乘以 210 等于 840 元，但 840 元并不是所有男老师的住宿费用，还剩下一些男老师怎么办呢？就用 14 减去 3 乘以 4，剩 2 人，这 2 人可以住一个双人间，最后就是 840 加上 180 等于 1020 元，1020 元指的是男老师一晚上的住宿费用。女老师住的钱和男老师住的钱加在一起，乘以 5 天，最后的结果是 16 350 元。我们的比他们的便宜 150 元。我的汇报完毕。

（教室里第三次响起了掌声）

生 8：我给他纠正一个口误，应该是男老师 14 人，他说成了男老师 11 人了。

生 9：我也给他纠正一个错误，应该是 9 个三人间，而不是 9 个双人间。

师：我们汇报时一定要做到表达清楚。对比一下方案 3 与方案 2，看一看，哪个方案更省钱？为什么要这样分着住？在方案 3 中女老师住了几个三人间呢？

生：10 个。

师：10 个三人间和 1 个双人间，余了 1 个人，就余了 1 个床位。方案 2 呢？女老师住了几个三人间？

生：9 个。

师：还余多少？

生：4个人。

师：这4个人住的是？

生：2个双人间。

师：这就奇怪了，刚才同学说，三人间是最省钱的吧，我们尽量要可着三人间住，那么，剩下的人到底是住几个双人间？你看，方案3中住了几个双人间？

生：2个双人间。

师：没有空闲的床位，那方案2呢？

生：空余了一个床位。

师：到底哪个方案最省钱呢？我们一定要实际算一算。（生计算）

师：经过同学们计算验证，哪个方案花费最少？

生：方案3。

师：建议掌声送给他们。

（教室里响起热烈的掌声）

专题3：计算学习费用

出示课件（出差日期）：20～25日，45人（男14人，女31人），学习第一天每人170元，第二天及以后每人150元，学习4天。问题：学习需要多少钱？

师：能独立完成吗？不需要讨论，快速在你的题卡上完成。

师：要提示大家注意什么？

生1：出差人数为45人。

生2：第一天的费用每人170元，第二天以后每人150元。

生3：一共学习了4天。

（学生独立解决，完成后小组内对答案，用时2分钟）

师：谁来说一说你们的结果？

生1：我们计算出的花费为27 900元。

总结、拓展

师：这堂课，同学们表现得非常出色，尤其是在讨论时同学们争先恐后，老师非常欣赏。接下来，我们有一个预算报告需要书写，留作课后作业。大家先看看要求，首先预算报告的格式有这样5项，同学们在书写时要严格按照这5项去做，各项预算的结果我们可以直接把列式写在上面。

预算报告格式：①称呼；②简要概括预算内容；③各项费用预算结果；④落款：预算报告人姓名；⑤日期。

拓展性作业

课后以小组为单位，做“六一”儿童节一日游策划方案，包括旅游地点、日程安排、费用、注意事项等。（一周时间）

附：学案

我校教师于近日到山东杜郎口中学学习，具体信息如下：

（1）出差日期20～25日，45人（男14人，女31人）。

（2）机票6折往返。

（3）住宿三人间每晚210元，双人间180元。共住5天。

（4）学习第一天每人170元，第二天及以后每人150元，学习4天（21～24日）。

请各位同学对我校教师此次到山东学习的费用进行预算，并写出书面预算报告。

点评：本课是在教师指导下以自主学习模式开展小学数学课堂教学的一次成功尝试。教师善于自主开发教学资源，巧妙地从实际生活中提取数学问题作为学生开展自主学习的素材。由于问题本身是学生身边实际发生的事，能很好地激发学生的学习动机，调动学生帮助教师攻克难题的积极性，主动投入问题解决中来。

在上课开始，学生就明确了本节课的学习任务，学习更具有指向性。但应当看到，教学任务的设置存在一定弊端。一方面，学习任务的制定权完全由教师掌控，学生只是被动地“服从”，学生的主体性发挥还不充分，难以体现学生自我导向作用。另一方面，将教学目标与学习任务进行比较可知，两者存在着一定脱节。从教学目标可知，本课教学目标不仅体现在强化计算能力，撰写研究报告等知识技能方面，还体现在过程与方法方面，让学生通过小组学习、合作探究方式进行自主学习；在情感态度与价值观方面，让学生体会数学在实际生活中的应用，感受区域人文，培养主人翁意识等。由此可见，其教学目标的设置是丰富而多元的。然而，学习任务的设置却仅局限于利用所学知识对出差费用进行计算，撰写出差费用预算报告等知识技能性任务，忽略了对自主学习过程的关注，忽略了学生的情感投入。因此，其学习任务的设置相对于教学目标而言显得单一。

在课堂中，教师努力营造民主开放的学习氛围，课堂上掌声不断，学生能够畅所欲言，大胆质疑与评价，这是自主学习模式得以实施的有利条件。在学生自主研究过程中，大部分学生能够积极投入小组讨论中，有的小组还出现激烈争辩。然而，在汇报交流中，往往是一个小组只派出一位代表发言，这种方式表面上高效，但小组代表的话语强权却弱化了其他组员的自主意识，全班交流变成了个别学生之间的激烈争辩。如果在开展小组学习任务之前，教师能更明确地分配学习任务，组长能够明确每位组员在小组合作中的个人角色，自主学习模式的实施可能会更高效。同时，小组集体讨论前的个人思考也是有必要的。在小组讨论前，如果能给学生更多的时间独立思考，就可以避免以个别学生的发言取代每个个体的主动思考的弊端，否则，“自主”变成“他主”，不利于大多数学生自主性的发展。

在汇报交流中，学生之间能够互相做出较为积极有效的评价，认真倾听别人的发言，大胆表达自己的认识，这有利于发展学生对问题做出评判的意识和能力，有利于发展学生的自主意识。教师不再是独霸课堂的点评人，而转变为积极的旁观者。但“旁观”并非“消极等待”，在学生口欲言而莫能达时，教师应给予引导和补充，对学生的回答进行提升，以使全班同学达成共识。

从本课学习任务的完成情况看，虽然未能完成撰写出差费用预算报告任务，但就问题顺利解决、顺利达成预期目标而言，学生的自主性得到了比较充分的发挥，教师从一个管理者、控制者的权威角色退居“二线”，将课堂上更多的时间和空间留给学生自主探讨、交流、点评、补充、质疑，学生能够走向前台，成为课堂的主人。

二、以导学案为核心的课堂教学案例分析

案例 5-2 “认识方程”①

（长春东光小学在学习杜郎口中学“三三六”模式的基础上，结合小学生认知规律和年龄特征，构建了具有校本特色的自主学习模式。为了更好地体现上述模式的实施过程，下面以四年级小学数学的一节课堂教学案例加以说明。）

“认识方程”教学设计

教学内容及分析：“认识方程”是（北师大版）小学四年级数学下册第七章的内容，是在学生学会用字母表示数的基础上进行学习的。本节内容对于学习等式的性质、解方程及运用方程解决简单的实际问题起承上启下作用。

教学目标

1. 知识与能力

（1）结合具体的情景，理解方程的含义，会用方程表示简单情境中的等量关系。

（2）会用方程解决简单的实际问题，进一步理解等量关系。

2. 过程与方法

（1）感受数学与现实生活的联系，初步掌握列方程解决一些简单的实际问题的方法。

（2）体验解决问题策略的多样性，发展创新能力。

3. 情感态度与价值观

（1）获得运用数学去发现和再创造的积极情感体验。

（2）培养学生初步的代数思想和良好的学习习惯。

教学思路：教学设计重在体现和强调学生要真正成为课堂的“主人”：教师首先下发导学案，让学生自学，通过现场批阅导学案，对学生预习情况有一个整体了解；课上引导学生通过导学案中的具体问题列方程展开讨论，通过学生之间

① 长春东光学校小学部程晓燕老师执教，教学模式与案例设计、点评由黄娟老师组织研制完成。

的合作交流、纠错释疑、展示共享，培养学生自主学习能力，锻炼学生思维的深刻性和语言表达能力；通过教师的及时引导和适时点拨，帮助学生自主发现含有未知数的等式的共同特点，在此基础上引导学生体会、构建方程的概念。这节课的教学设计突出体现"以学定教"的思想。

教学重点、难点：理解方程的意义，能正确寻找问题中的等量关系，列出方程。

教学准备：实物投影或教学挂图、课件。

教学过程

1. 总结导学案（参见"认识方程"导学案）

通过教师对导学案的总结，使学生进一步明确预习中出现的共性问题，明确本节课的重点在于解决易错知识，在总结预习成果中，激发学生的小组合作意识与小组竞争意识。

2. 分配任务，组内预展

（1）以班级小组为单位，进行导学案全面交流，由小组内的学生之间的交流互助，总结个人在预习中出现的问题，每个成员积极发表自己对问题的看法，生生互助解决一些简单而个性的问题。

（2）给各组分配任务。在交流中小组内不能解决的重点、难点知识和易错问题，教师在课堂中重新分配任务到已经率先将问题解决的小组。

（3）小组领取任务后，组内成员进一步讨论分配到的专题，在组内进行预先展示练习，以期在正式讲解时，做到有讲解、有总结、有提示，达到举一反三的效果。

3. 展示专题

专题二（详见"认识方程"导学案）

（1）称草莓。

（2）称月饼。

（3）水壶倒水。

（4）小结。

理解方程的意义。

①刚才我们通过称草莓、称月饼和水壶倒水的三次实践活动，得到下面三个等式：

$x+30=50$　　　　$4y=380$　　　　$2z+200=2000$

②小组交流：说一说上面的等式有什么共同特点？

③全班交流（通过交流使学生明白：上面三个式子都是等式，并且都含有未知数）。

师生得出结论：像 $x+30=50$、$4y=380$、$2z+200=2000$ 这样含有未知数的等式叫方程。

板书课题：方程

（5）巩固知识。

说一说方程必须具备哪几个条件？（一方面，必须是等式；另一方面，必须含有未知数）

你会自己写出一些方程吗？试着写下来，然后同桌交换检查。

学生试着写出各式各样的方程，再在全班展示。当然也有可能出现一些不是方程的式子，教师应引导学生说出它不是方程的原因，加深对方程意义的理解和认识。

4. 巩固练习

专题三　（1）请你判断下列式子是方程吗？（详见“认识方程”导学案）

（2）思考一下，等式与方程是什么关系呢？

专题四　看图列方程，说一说你是怎样想的？（详见“认识方程”导学案）

课堂小结

（1）通过今天的学习，同学们有哪些收获？

（2）同学们是怎么学到这些知识的？

附：“认识方程”导学案

（一）学习目标：

（1）结合具体情境，理解方程的含义。

（2）学会用方程表示简单情境中的等量关系。

（3）在列方程过程中，发展抽象概括的能力。

（二）学习重点、难点：理解方程的意义，能正确地找出题目的等量关系，列出方程。

（三）学法指导：仔细阅读教材，分析天平原理，根据生活经验找到天平左右两边相等的部分，结合用字母表示数的相关知识，尝试列出方程。

（四）专题设计：

专题一　复习用字母表示数

（1）小红原来有5本书，又买来a本，现在一共有（　　　）本书。

（2）四年级有x人，三年级比四年级少15人，三年级有（　　　）人。

（3）大货车每次运货n吨，运了6次，一共运了（　　　）吨。

（4）16盒牛奶共花了y元，平均每盒牛奶（　　　）元。

专题二　初步感知“天平”平衡

针对图5-6，请思考如下问题：

（1）你从图5-6中看到了什么？

（2）你能写出数量关系式表示天平的平衡状态吗？

（3）请把关系式写成一个含有未知数的等式。

（4）这个等式与学过的等式有什么不同？

针对图 5-7，思考如下问题：

（1）这是一个台秤，请写出一个数量关系式。

（2）请把关系式写成一个含有未知数的等式。

（3）如果用 y 表示每块月饼的质量，这个关系可以怎样表示？

图 5-6

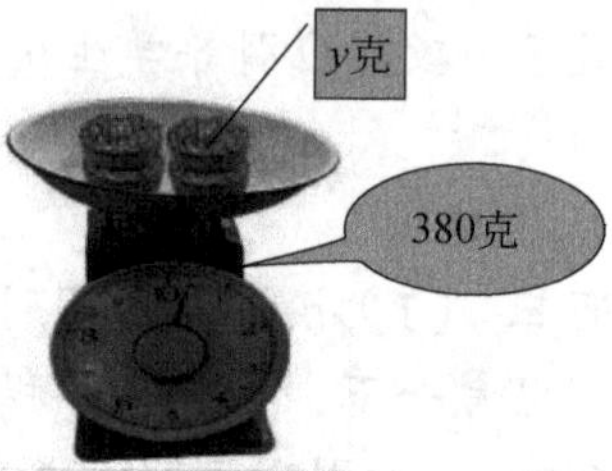

图 5-7

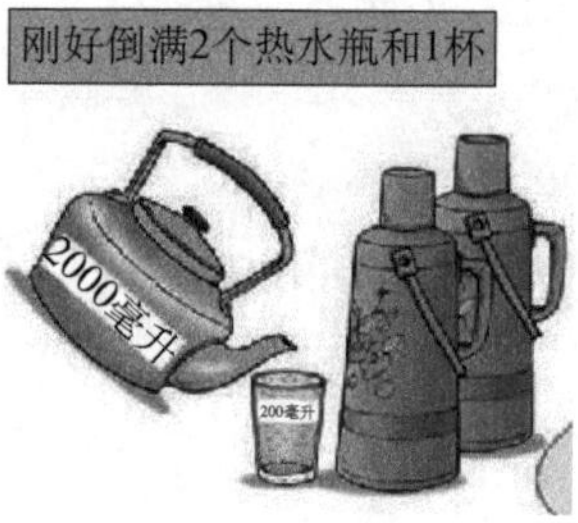

图 5-8

针对图 5-8，思考如下问题：

（1）从图中你能获得哪些数学信息？

（2）根据情境写出一个数量关系式。

（3）若用 z 表示每个热水瓶的盛水量，写出含有未知数的等式。

（4）这个等式与学过的等式有什么不同？

专题三　认识方程

（1）请你判断下列式子是方程吗？

$3+2=5$　　$a+3$　　$y+4=6$　　$x=9$

（2）思考一下，等式与方程是什么关系呢？

专题四　看图列方程，说一说你是怎样想的？

观察图 5-9，思考如下问题：

图 5-9

（1）小明买了两盒爆米花与一个汉堡，一共花了 11 元，可以列出方程：__________。

（2）根据小明心里的话，可以列出方程：__________。

（3）方程：______________________。

观察图 5-10，你能列出什么方程？

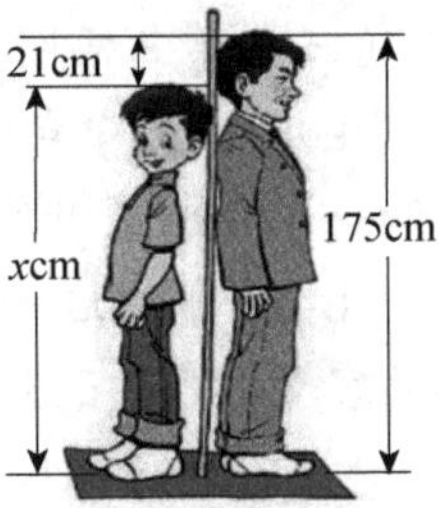

图 5-10

总结：在这节课中，你有什么收获？

“认识方程”课堂实录[①]

一、总结导学案

师：老师在批阅导学案中发现同学们对于用字母表示数掌握得比较好，本节课就不再展示；老师发现大家对方程的意义仍然理解得不够好，本节课把它作为重点再来探究。

二、分配任务，组内预展

（1）小组讨论交流导学案，组内汇报预习情况。教师巡视解疑。

（2）分配专题任务。

师：大家对专题一掌握得比较好。这节课我们首先加强对专题二的知识点归纳。下面，我们分配一下专题二各主题图的汇报任务。（学生小组争先领任务）

（3）各小组指派学生板书，其他人进行深入讨论。

三、专题展示

（一）第一幅图

生 1：大家好，我们是第一小组，我们展示的内容是专题二的第一幅图。大家请看，这是一个天平。天平左边是一个 30 克的砝码和一个草莓，天平右边是一个 50 克的砝码。

生 2：根据上述内容，我们能列出一个关系式：一个草莓的重量+30 克砝码的重量=50 克砝码的重量。

生 3：同时，用一个含有未知数的等式表示这个关系式：设一个草莓的重量是 x 克，则 $x+30=50$。

生 4：这个等式与我们以前学过的算式不一样的地方在于，它当中含有未知数。大家听明白了吗？我们小组汇报完毕。

（二）第二幅图

生：我们是第三小组（跳舞进入），我们展示的内容是专题二第二幅图。

生 1：同学们请观察，这是一个台秤，根据它所提供给我们的信息，可以列出一个数量关系式：每块月饼的质量×4=380 克。

生 2：我们可以列出一个含有未知数的等式表示这个关系式：$4y=380$。

生：（其他组学生质疑）请问 $4y=380$ 到底表示什么意思呢？

生 2：表示左右两边的质量相等，所以用等号连接起来了。

生 3：这个等式中含有未知数。

① 长春东光学校小学部程晓燕老师执教，课后点评由黄娟老师完成。

（三）第三幅图

生1：从图中我们能看到一个装有2000毫升水的热水壶正好能装满2个热水瓶和一个200毫升容量的杯子。

生2：根据这一点，能列出一个数量关系式：2个热水瓶的容量+200毫升水杯的容量=2000毫升水壶中的水。

生：（其他组学生补充）还可以列出另一个数量关系式：两个热水瓶的容量=2000毫升−200毫升。

师：（及时做出评价）你真聪明！这个关系式也可以。

生3：用含有未知数的一个等式表示这个关系式：$2z+200=2000$，与我们以前学过的算式不一样的地方是它当中也含有未知数。

生：（质疑）老师，可以列成（2000—200）÷2=z这样吗？

师：理论上是可以的（这样有点绕，不符合惯例）。但是，列方程时，一般不把未知数单独放在等式的一边，而含有未知数的式子通常写在等式左边。

师：同学们，请观察一下这三组算式有什么共同特点？

生：它们都含有未知数。

师：是的，它们都含有一个未知的量，是将已知的量与未知的量联系在一起了。我们把含有未知数的等式叫作方程。（板书方程定义）

（四）巩固练习

师：在批阅导学案时，老师发现同学们对什么样的式子是方程还有不少疑惑。经过刚才的学习，现在请重新完善你的导学案，看看自己能不能进一步改正。

（生进一步完善导学案）

师：通过对方程的学习，请在小组内快速交流一下专题三、专题四中的问题，有结果后请推荐一名同学进行板书展示。比一比哪个组讨论有效果、展示得最好。（生快速讨论和板演）

生1：解决问题的关键是方程的定义。根据方程的定义，我们知道，含有未知数的等式叫方程，所以，我们看到这几个式子中，3+2=5是等式，但其中没有未知数；$a+3$不是等式；$y+4=6$和$x=9$都符合方程定义，所以都是方程。

生2：我们由此判断出“方程一定是等式，但等式不一定是方程”，关键看其中是否含有未知数。

生3：根据已知信息，我们可以按照叙述列出一个方程：$4x+6-3=87$。

生4：图中的信息告诉我们，这个男孩和爸爸的身高相差21厘米，所以，根据这个等量关系，能列出方程：$x+21=175$。

生5：关键是找到等量关系，明确男孩和爸爸的身高相差21厘米，从而列出方程。

四、小结本节课的收获

师：学习了本节课，你能谈谈有哪些收获吗？

生：我学会了什么叫作方程，含有未知数的等式叫方程。

生：我知道了列方程的关键是要找出等量关系。

五、课堂检测

1. 根据叙述列方程。

x的6倍减$2x$等于64　　　　　　　　　　方程：（　　　　　　）

长方形长30米，宽x米，面积是$600m^2$　　　方程：（　　　　　　）

把x平均分成6份，每份是4　　　　　　　　方程：（　　　　　　）

2. 下面式子中，哪些是方程？是方程的，请在其后面打上“√”。

$x+3x>56$　　（　　）　　　　　　$y\div16$　　（　　）

$4(a+b)=64$　　（　　）　　　　　　$3x=135$　　（　　）

$36+4=40$　　（　　）　　　　　　$40>56$　　（　　）

点评：从整个教学过程来看，“认识方程”这一案例基本体现了杜郎口自主学习模式的基本特征。本课基本体现了杜郎口模式的“预习—展示—反馈”三大模块，但在教学具体操作流程上做出大胆改进尝试。由于杜郎口自主教学模式的适用对象为中学生，小学生较中学生而言，其自我意识还不够成熟，自我导向、自我监控、自我反省的能力还有待提升，因此，必须根据小学生的年龄特征和心理发展特征的实际状况做出调整。

案例一共体现出五个教学环节：总结导学案—分配任务，组内预展—展示专题—反思总结—课堂检测。在“组内预展”模块，主要进行预习交流，对导学案进行总结，明确学习任务。由于小学生的自我导向能力不够强，学习任务往往由教师明确提出。在“展示”模块，首先进行分组合作，将学习任务相对平均地分配到各小组，对本组任务的达成情况进行组内交流展示，相互补充、相互启发。继而，根据组内讨论的情况，在全班汇报中对本组的学习过程和结果进行展示，全班交流。最后，在“检测”模块，通过达标测评检查学生学习任务的完成情况。

首先，精心编制导学案，提高预习效率。

在教学中，为了保证学生自主学习的有效性，需要教师精心编制导学案。导学案将教学内容按照由浅入深、由易到难的原则进行编排，分专题进行设计，以问题的方式呈现。让学生在预习中以问题为线索，亲身经历知识的建构过程，最终达到对知识的理解性掌握。编制导学案充分考虑了教材特点、学生认知规律和数学内部的逻辑结构。通过导学案的引领，使自主学习具有更强的指向性，大大提高了自主学习模式实施的实效性。

在案例中，导学案首先在专题一复习了“字母表示数”这一先前知识，这是学习方程的基础。在专题二，借助学生的生活经验，对天平平衡的原理有充分的感知，并借助天平平衡的生活经验，将等量关系表达成含有未知数的等式。在专题三，更进一步明确“方程”的概念，对方程做出判断。最后，在专题四，练习列出简单的方程，对数学建模的过程有了初步感知。可见，专题之间是层层递进的，逐渐将学生的思维引向深入，这一循序渐进的过程符合儿童的认知特点，帮助学生实现“方程”概念的自我建构。

其次，有效调控汇报环节，提高展示效率。

一方面，问题汇报展示不求面面俱到，而是求精。绝大多数学生已经掌握的预习内容不必花费时间在课堂中进行展示，而那些有难度、有挑战性的、易错的典型性内容是课堂汇报展示的重中之重，以使学生能够举一反三、触类旁通。在互动交流中，实现思维的碰撞，凸显主动寻求意义建构的自我。如在案例中，对导学案中的“复习用字母表示数”内容就没有花费时间进行汇报展示，节约了课堂时间，提高了课堂的实效性。而对于后三个专题，则花费了大量时间和精力让学生充分地发表见解，补充、反思、质疑，目的在于充分地激活学生的思维，挖掘学生的潜能，为学生尽可能多地提供参与课堂的机会，使学生真正成为课堂的主人。

另一方面，发挥教师的主导作用，“自主”不等同于“自流”。由于小学生的年龄特点和认知水平的局限性以及学生个体差异，课堂汇报展示难以完美、准确、全面，这是无可厚非的。当学生的汇报存在缺陷，或“口欲言而不能达”时，需要教师的及时点拨、启发、引导，使学生对问题的认识达到更高层次和水平。因此，自主学习中教师的角色可以定位为“积极的旁观者”，自主的课堂不等同于完全放任自流的“自习课”，自主学习同样需要教师及时有效的引导，抓住契机，促进学生实现健康发展。在案例中，明确方程的概念，需要在教师的引导下，仔细观察算式，从中抽取共性，才能实现方程概念的自我构建。

最后，及时测评，提高反馈的时效性。

在反思本课学习收获之后，及时进行达标测评，以检验学习任务的掌握情况，对整个自主学习成效进行反馈，这样，能够及时查缺补漏，有效达成教学目标和学习任务。

第三节　组织小学生开展数学课堂自主学习的基本要素与技巧分析

在小学课堂教学中，为促进学生自主学习，教师要掌握自主学习模式实施的基本要领。

一、准确把握课堂自主学习模式实施的基本要素

“学习者要做到自主学习，必须具备三个条件”①，而这三个条件恰恰构成自主学习模式实施的基本要素，“其一是心理要达到一定的发展水平；其二是要具有内在的学习动机；其三是应具备一定的学习策略”①。

因此，学习者的自主学习是在自我意识充分发展的基础上，对自己学习行为的目的性有比较明确的认识，有能力并自觉监控自己的学习活动，以使学习进程在符合自己需要的基础上产生。为此，把握好自主学习模式实施的三个条件至关重要。

（一）自我意识的发展成熟是自主学习模式实施的基本条件

从学习者自我意识的发展来看，小学生的自我意识已经有了一定发展，但仍不够成熟，表现为对学习的自我监控能力还相对较差，自制力相对薄弱，自主行为尚未充分发展起来，学习的驱动和评价主要以外在评价标准为主。小学三年级以后，自我意识获得一定发展，在学习过程中，开始有自我评价的意识和能力，能认识到自己学习行为的目标性，自主学习有了发生的前提和可能。

（二）内在动机的激发与强化是自主学习模式实施的重要条件

学习者对学习活动目的性的认识是与其个性心理倾向性的发展联系在一起的。具体地说，就是与需要、动机、兴趣、理想、信念、价值观紧密相关。在自主学习中，学习者对学习的需要主要源于已有的知识经验不足以解决面临的现实问题，而在正式的课堂教学中，学生难以获得合乎自己知识结构的信息。为了解决面临的问题，学习者的学习积极性将被激发出来，形成学习的内部动机，这是一种积极、持久的动机。在这种动机激发下，学习者的自主学习行为才可以维持下去，才可以根据自己的情况和外界变化对学习进行监督和调节。学生对于知识的兴趣越强，学习的主动性、自觉性也就越强。

理想、信念、价值观都涉及个体自我比较稳定的核心动力特征。学习者将自己的学习行为与自己的理想、信念、价值观联系得越紧密，自主学习的特征才表现得越突出。

（三）学习能力的逐步完善是自主学习模式实施的必要条件

在学习过程中，学习能力是顺利完成学习任务的内隐的个性心理特征，主要是通过学习策略表现出来。

---

① 庞维国，刘树农. 现代心理学的自主学习观[J]. 山东教育科研，2000（07-08）：55.

学习者的学习策略分为三类：与具体学习行为有关的策略、与元认知有关的策略，以及资源管理策略。其中，具体学习策略指的是在进行某个学科学习时为了效率和成果最大化而采取的个性化学习措施或策略，比如，记笔记策略、辅助线策略、记忆策略等。如果学习者没有掌握这样的策略，学习将事倍功半，难以产生成功体验，也就难以坚持自主学习。元认知策略属于一般学习策略的范畴，不管什么样的学习都需要元认知的参与，需要对学习进行调节和监督，需要对认知活动的进程进行监控，表现为学习者在一定目的指引下的计划、检查、反思等，它最能体现自主学习的特色。资源管理策略是辅助性质的学习策略，主要是对时间资源、外界智力资源、信息资源等的利用和掌握。在学习活动中，学生必须“能学”，才可能主动自觉地学，产生自主学习。

二、掌握诱发学生自主学习的若干技巧

在课堂教学中，诱发学生自主学习需要教师掌握一定的技能技巧，具备良好的组织能力和主动意识。这些技能技巧通过训练是可以掌握的。

（一）创设恰当的问题情境，激发学生求知欲，产生认知冲突，变“要我学”为“我要学”

“乐学”是推动学生主动参与学习的动因，创设能够引起学生学习兴趣的问题情境，是组织学生开展自主学习的第一步。

自主学习对学生的自主性、主动性提出了更高要求，如果所要学习的内容未能激发学生的求知欲，就很难达到良好的学习效果。组织开展自主学习，首先关注恰当问题情境的创设，以问题情境中的若干有趣问题，学生迫切想知道其中的谜底究竟是什么为主要环节，激活学生自主学习的内驱力。

正是由于激活了学生的学习内驱力，才能使学生的注意力保持高度集中，感知力、理解力和创新意识保持在最佳状态。学生自主学习的热情高涨，就能主动参与新知的学习，取得良好效果。当然，如果创设的问题情境需要用到已学内容，就有必要对相关内容进行简要复习，切实为学生自主学习提供必要的先前知识。

（二）提出明确的学习目标，有效保证自主学习的指向性

学习目标对学生学习活动具有指向作用、激励作用和标准作用。学习目标要兼顾知识与技能，过程与方法，情感、态度与价值观三个维度，而不能仅仅强调“知识与技能”一个方面。在检验学习效果时，也要从知识与技能，过程与方法，情感、态度与价值观三个维度综合考虑，而不是仅仅强调某一方面。教师必须充分认识到，明确的学习目标是课堂教学的灵魂，教学环节、教学资

源条件的设计、实施都是为落实学习目标服务的。教师对于课堂教学中的每个环节的达成目标做到心中有数，才可能熟记在心，随机应变，最终实现有效课堂。

（三）提供丰富素材，营造良好的自主学习氛围，给学生提供安全、平等、民主、祥和的课堂学习环境

关于自主学习中的教师行为的问卷调查及访谈结果①显示，排前十二项的内容分别是：

（1）创造一个很好的学习气氛（占比 37%）；

（2）尊重学生（占比 31.3%）；

（3）与学生多沟通（占比 29.8%）；

（4）教学方式灵活、新颖（占比 19.6%）；

（5）语言尽量幽默（占比 18.4%）；

（6）多听学生的意见，改进教学方法（占比 13.3%）；

（7）重视每一位学生（占比 12.3%）；

（8）在课堂上让学生多参与（占比 10.4%）；

（9）多鼓励、少批评（占比 9.6%）；

（10）提倡学生从不同角度、不同侧面去分析问题（占比 6.6%）；

（11）把知识和实际应用联系起来（占比 5.3%）；

（12）让学生自己得出规律或公式（占比 4.3%）。

这个结果表明，教师恰当的教学行为，可以创设适切的课堂环境。

学生开展自主学习需要良好的外在氛围和安全、平等、民主、祥和的课堂学习环境作为保障。为此，教师不仅需要根据拟创设的问题情境给学生提供相对丰富的素材，通过解决问题情境中的问题达到完成主要学习内容的目的。同时，提供给学生的素材要有明确的任务指向性，确保可以解决问题情境中的问题。素材可以来源于教材，也可以来源于现实生活，而且素材的选取必须符合学生身心发展规律与认知发展现实，由易到难、由简到繁，以学生为主体，尊重他们的想法，充分利用资源来创设丰富的学习环境，引导学生主动、循序渐进地学习。

（四）以学生的自主学习为主，综合运用多种学习方式

自主学习并不是个人自学，可以充分调动可用资源，如教师、学生共同进行合作式的自主学习。自主学习也不是简单地完成问题，而是在解决问题过程中与

① 单志艳. 中学生自主学习及教师相应教学行为的评价研究[D]. 北京：北京师范大学，2002：51.

同伴一起讨论、探索等。综合运用自主学习、合作学习、探究学习、接受学习等多种方式，整合多种学习方式的优势，唤醒学生的主体意识，帮助学生主动投入学习活动中，真正形成乐学、能学、会学的综合能力，才能实现学习能力提升与学习方式变革的同步发展。

（五）以点评为手段，进行交流与讨论

学生通过自主学习，对所提供的问题进行自主探索与分析解决后，将探究结果展示出来，需要对其结果进行评价。以学生点评为手段进行交流讨论，不仅可以培养学生对问题的评判意识与能力，也使教师从“裁判员”角色转变为“积极的旁观者”。教师要对点评提出明确要求，再组织学生按要求进行点评，这有利于学生自主完成点评过程，也有利于培养学生分析解决问题的能力。

（六）点评总结，检测评估

自主学习是在教师指导下进行的，教师是课堂教学的责任人，自主学习最大限度地展现学生学习的主体性，但由于学生对问题的解决未必彻底，也可能出现不尽人意之处，因此，有必要对学生的点评进行总结。在这个过程中，教师要及时弥补学生未能尽善尽美的地方，以便学生对问题有总体把握。同时，也有必要准备当堂检测题目以检验学生的学习效果。

（七）课堂小结，激励评价

正如前文分析的，自我评价、反思性评价是自主学习的重要组成部分，而自主学习中的评价主要以激励为主，因此可以在学生点评过程中，由学生、教师对其点评、补充、质疑等进行评价，也可以在课堂小结时评选出优秀小组和先进个人，使他们获得成就感。需要注意的是，分组要以组内异质、组间同质为原则，使组间可以进行公平竞争。

（八）调动学生的积极性，不断增强学生的主体意识，帮助学生学会学习

乐学、能学、会学是学生自主学习的核心表现。其中，能学不仅包含学习的毅力，而且包含学习的能力，而会学则侧重学习方法的掌握、学习策略的优选。

为了增强学生的主体意识，切实提高“能学”水平，必须帮助学生克服学习的依赖性，增强其自觉性、目的性，强化主体意识，不断磨炼学生的学习毅力。为此，教师要充分发挥其自身的创造性，依据教学目标和学生的年龄特点，从学生熟悉的情境和已有的知识出发，设计和开展教学活动，把学习的主动权真正交

给学生，只有学生自己想学、愿意学，才能学得好。在课堂上，促进学生自主学习，关键是要让学生真正经历、体会“良性循环”，即“感兴趣→努力→好成绩→有兴趣→继续努力”①。只有充分激活学生数学学习动机、提升数学情感②的整体水平，学生才能更好地实现自主学习。

第四节　课堂自主学习模式的新变形——自主参与模式

一、课堂自主参与的基本含义

（一）课堂自主参与的基本含义和价值

在学习过程中，学生的参与是以行为投入为载体的心理活动。人的认识活动是认知、情感、意志和人格并存的活动。学生的学习活动不仅包含行为投入，而且是情感、意志等的心理投入，“情知对称”②（而课堂教学也是“情知对称”的教学），只有合理的心理投入才是实质的学习参与，才有利于学生高层次的数学思维的发展。

课堂自主参与指向课堂教学过程中师生的参与，是指师生在课堂教、学过程中的心理活动方式和行为努力程度，既包括认知、情感、意志等方面的参与，也包括行为、价值观等观念层面及人格方面的参与。

作为一种教学模式而出现的课堂自主参与（模式），是指课堂教学中，在教师的指导下学生自主参与课堂教学，即以学生的主体活动为中心，充分发挥其主体性，使其积极投入群体的数学实践活动，经历知识的发生发展过程，在活动中实现新知意义的主动构建。

在课堂教学中，师生的自主参与具有十分重要的作用。在日常课堂教学中，低效（甚至无效）的课堂教学的症状可能有很多种，究其原因在于师生没有真正实现课堂参与。师生的自主参与已经成为今天的课堂教学质量的基本保障。

（二）自主参与的特征

作为一个组合概念，自主参与的含义相对较丰富，其中，既有作为个体的特征，也有作为全体的特征。从个体角度来说，参与包括行为参与、认知参与和情感参与三个方面。

这里的行为参与，指学生、教师在课堂教学中的行为努力程度，包括课堂表

① 朱秉林，孔凡哲. 数学学习动机[J]. 数学教育学报，1992，(01)：49-55.
② 孔凡哲，朱秉林. 数学情感及其规律[J]. 数学教育学报，1993，(02)：60-66.

现（努力和钻研两个变量）和时间参与（每天完成作业时间和每周补充学习时间）两个方面。认知参与是指学生、教师在课堂教学过程中反映其思维水平的学习策略。在课堂学习中，学生运用头脑中已有的知识结构，通过合理的心理投入，吸收新知，使旧知识结构从中得到改造和发展。情感参与是学生、教师在课堂教学中的情感体验。

从群体角度分析，课堂参与具有全员参与、全程参与和有效参与等特征。全员参与指的是在课堂教学中，课堂教学各项活动的参与者不是师生中的某些人，而是全体成员；全程参与指的是师生参与课堂教学不是接力棒式的轮流参与，而是每位成员都参与教学的每个环节；所谓有效参与，是相对于个体而言的，是指每个个体参与课堂教学都能实现行为参与、认知参与和情感参与的同步、协调。

1. 行为参与

行为参与是一种基本的参与形态，它刻画了学生、教师在课堂教学中的行为努力程度。有关研究[①]表明，高度集中、选择挑战性问题、努力程度强且持续性高，是学生课堂参与的主要表现。在课堂教学研究中，人们通常将课堂中的行为参与细化为课堂表现和时间参与两个方面。课堂表现主要用努力和钻研两个变量来刻画；而时间参与可以通过学生参与课堂教学的有效活动时间的长短，以及围绕学习目标而持续集中精力的时间来刻画。

2. 认知参与

认知参与分为深层次、浅层次和依赖策略的参与三种变量。正如孔企平的研究指出的，“学生认知投入是指学生在学校（数学）学习过程中所使用的学习策略，这些不同策略引起了学生不同层次的思维活动”[①]。比格斯定义了以下三种学习策略[①]：

第一种是浅层次的取向（the surface approach）。在浅层次的学习中，动机是外在的。通常使用机械学习的方法，学习者的学习集中于表面看来是非常重要的标题和要素并试图记忆它们。因此，他们并没有看到要素之间的内在联系，或者是未理解所学内容的意义。实际上，学习者持有一种量化学习的概念，他们相信对细节的记忆是最好的学习方法。

第二种是深层次的取向（the deep approach）。深层次的取向是建立在内在动机基础上，或者更具体地说，是建立在学生学习兴趣等因素之上。学生所使用的学习策略往往是寻求意义并伴随着好奇心。这种学习取向把学习内容和个人有意义的情境及已有的知识结合起来。

第三种是成就的取向（the achieving approach）。这种取向在学习目的上类似于浅层次的取向，集中于产物（如，得到好成绩或者等到奖赏等）。学生在学习

① 转引自：孔企平．“学生投入”的概念内涵与结构[J]．外国教育资料，2000，(02)：72-76.

策略方面，出现跟从教师教学为主的学习策略，称为成就策略。这种策略在中小学生中表现尤为突出。

因此，学生在课堂教学中的认知参与的层次与水平直接影响着学生的思维能力水平，或者更明确地说，高层次的思维能力与学生的参与具有内在的必然联系，从某种意义上说，高层次的思维就是学生对于学习的投入、参与程度高。

3. 情感参与

情感参与分为乐趣感、成功感、焦虑感和厌倦感四个变量。比恩（Beane，J.A）的研究表明，“情感渗透于学校和学生经验的全部”[①]。它作为学生投入行动的强有力的先导动力，也作为转换过程和进行过程中的动力，同时，还作为一种学习的产物。无论是在学生的内在历程还是外在表述中，情感都是一个重要因素并与其他因素加以整合。情感参与作为课堂参与的重要组成部分，是学生获得理解性掌握的催化剂。良好的情感参与会在很大程度上促进行为参与，提高认知参与的质量；反之，学生带着坏的心情参与课堂教学（比如，过度的焦虑、过强的厌倦感）会直接制约学生的认知参与，对学习起到干扰作用。

4. 课堂参与的各成分之间的关系

根据纽曼关于“学生投入”（student engagement）的研究观点[①]，认知参与和情感参与是以行为参与为载体的，而且表达了学生参与课堂的实质内涵。

课堂中的参与首先表现在师生在课堂教学中有行为参与，而且，这种行为参与必须伴随着一定层次的认知活动，亦即，要有一定认知水平、思维含量的认知参与。

事实上，学生的自主参与是一种主动的个体化的课程经验，它依赖于以前的知识和对目前所面对的问题激起的情感体验。

大量数学课堂教学实践表明，是否拥有明确的学习目的、学习目标，往往直接制约着学生完成课堂学习任务的实效，而课堂情境中的人际关系（特别是师生之间、生生之间的情感因素）、合作交流的氛围与课堂交流渠道的畅通与否，都会直接影响学生课堂参与的效果。

不仅如此，学生的自主参与是以学生行为参与为载体的心理活动，这种参与可分为程序化的参与和实质性的参与，前者指单纯的行为参与，后者包括了合理的心理参与。只有实质性的参与，才能诱发学生高层次的思维发展。好的课堂自主参与表现在师生对课堂教学的主要环节、主要活动都有一定程度的情感参与，这是确保课堂教学有效的基本前提。事实上，没有情感参与的课堂教学，往往是低层次、低水平的。同时，没有真正的情感参与，特别是如果学生没有机会体验

① 转引自：孔企平．“学生投入”的概念内涵与结构[J]．外国教育资料，2000，（02）：72-76.

课堂教学的乐趣、知识发生发展的魅力、探索的妙趣，即使已经获得一些新知，也往往一知半解；即使获得了一定经验，也往往是感觉、知觉层面的，而没有提炼为深层次的结果。

总之，好的课堂自主参与必须是行为参与、认知参与和情感参与的和谐统一。

二、课堂自主参与模式的典型案例分析

案例 5-3　一年级（下）“统计”课堂实录①

（一）导入新课

师：老师今天带来了几部动画片的片段，想看吗？

生：想！

师：请看大屏幕（分别播放四部动画片）。同学们，刚才播放的有哪几部动画片？

（教师随即将动画片的卡通人物照片贴在黑板上）

生 1:《喜洋洋与灰太狼》。

生 2:《大耳朵图图》。

生 3:《海绵宝宝》。

生 4:《猫和老鼠》。

师：对了，看得真仔细。

点评：充分利用视听感受，以一年级小学生最感兴趣的形式——动画片导入，创设了充满情趣的生活情境，极大地调动了学生参与的积极性，有利于学生将这种高涨的情绪带入接下来的学习活动中，在开课之初就帮助学生初步形成积极的情感体验。

（二）自主参与，认识统计图

1. 全班同学最喜欢的动画片调查

（1）举手调查

师：同学们，这四部动画片你们最喜欢哪一部呢？（询问几个同学）

师：同学们，我听出来了，这四部动画片，每一部都有人喜欢。这次，老师想给你们放你们最喜欢的一部。老师到底该播放哪一部呢？

生:《大耳朵图图》。

师：她认为她最喜欢的就是全班同学最喜欢的。大家说一说，“大家最喜欢

① 本课例由孔凡哲带领的团队集体讨论而形成，由长春实验小学杨波执教、孔凡哲点评，贾汝贞进行课堂观察记录。本案例曾被贾汝贞用于其硕士学位论文：

贾汝贞. 小学统计课活动特征研究——基于“同课异构”个案比较的视角[D]. 长春：东北师范大学，2012：58-62.

的”这句话是什么意思?

生：大家喜欢的东西和一个人喜欢的东西不一样。

师：老师给大家说一说吧。刚才我们都听到了，每个人的意见不一样。每位同学都有自己喜欢的动画片。那么，肯定有一部动画片是喜欢的人数……

生：最多的!

师：最多的!这个最多的就是……

生：大家最喜欢的。

师：用什么办法能够确定喜欢哪一部动画片的人数最多呢?

生1：画圆圈。

师：你是怎么想的?慢慢说，别着急。

生1：就是把自己最喜欢的动画片画到黑板上。

师：你的意思是说，喜欢哪一部动画片，就在哪一部动画片的上面画一个圆圈，对吗?（生点头）太聪明了，谢谢你。

生2：投票。

师：为自己喜欢的动画片投一票。

生3：站队。

师：怎么站队?

生3：就是最喜欢的那部动画片的人排成一队站在一起，数一数一共多少人。

师：哦，喜欢《海绵宝宝》的同学站成一队，喜欢《喜洋洋与灰太狼》的同学站成一队，是吗?

生3：是的。

生4：做不同的动作。

师：很有创意的想法。

生5：画一个对勾。

师：和生1的想法有点相似，好。

生6：用A、B、C、D。

师：怎样画A、B、C、D呢?

生6：喜欢《海绵宝宝》的画A，喜欢《喜洋洋与灰太狼》的画B。

师：说得真好，而且是用英文字母来表示，棒极了。

生7：可以用举手的方法。

点评：营造平等和谐的课堂氛围，在师生互动交流中，引入亟待解决的情境问题“用什么办法能够确定大家最喜欢的那部动画片”，进而以解决问题为驱动，让学生意识到开展调查的必要性，激发数据分析意识。用贴近儿童表达方式的语言提出问题，加以适时引导，自主交流收集数据的方法，充分利用学生的先前经验，鼓励学生有创意的想法，在很大程度上调动了学生的思维活力，营造了畅所欲言的积极氛围，帮助学生在活动之初就形成积极参与的良好情绪体验。

师：大家真了不起，想出了这么多好办法。现在咱们就用同学们的办法来试一试。先用举手的方法试一试，好吗？

生：好！（跃跃欲试）

师：（出示课件：四部动画片）请每位同学从这四部动画片里先选一部自己最喜欢的动画片记在心里，谁选好了冲老师眨眨眼睛。

点评：通过目光接触与学生进行情感上的交流，有效诱导学生在课堂上的情感参与。师生关系融洽，可以使学生对教师产生亲近感，学生更容易融入课堂氛围中来。

师：现在请出两个小帮手（一生提问，一生数人数，师记录，调查结果见图5-11）。

动画片				
得票数	7	16	5	4

图5-11

点评：在全班范围内以举手调查的方式展开调查活动，需要全班同学的通力合作、全员参与，每一个个体的选择都成为数据的来源，每一位学生都能感受到自己是调查活动得以顺利完成不可或缺的一部分。

师：好，谢谢你们俩。调查结果出来了。看大屏幕，和同桌说一说，这个结果对不对？

生：不对，因为喜欢《喜洋洋与灰太狼》的人举手的有18个，少记了2人。

师：哦，你说得太棒了。我们看一下，这四个数合起来是多少？

生：32。

师：咱们班今天来了多少人啊？

生：40人。

师：调查人数比今天的实际人数少了，这是什么原因呀？

生：有的人没有举手。

师：你的意思是把有的人给遗漏了？同学们，咱们这次统计错了，现在应该怎么办啊？

生：重来一次。

师：好，这一次，我们有没有信心一次成功呢？

生：有！

师：咱们这次就采用他说的办法——投票，好不好？

生：好！

点评：尽管在举手调查的过程中出现了数据收集的失误，但教师并没有对学生活动中出现的错误提出批评，而是营造了宽松和接纳的课堂氛围，鼓励学生对失误进行反思，找到问题的症结所在。事实上，教师恰好将学生活动中的失误作为一种有利资源，引导学生反思质疑，对数据的真实性、合理性、有效性做出自己的分析判断，而不是全盘接受，这有利于学生形成对数据质疑和判断的意识。

（2）投票统计

师：老师给大家带来了中国的国球——乒乓球和四个容器。赶快想一想，怎样使用它们来帮助咱们确定喜欢哪一部动画片的人最多呢？

生：一人发一个乒乓球，然后把它投给喜欢的（动画片），之后看哪个里面的球最多。

师：好嘞，每个人拿一个乒乓球投给自己喜欢的动画片对应的容器，比一比哪个容器里的乒乓球多，是吗？

好，现在我们开始活动。（学生排队依次投票）

师：同学们，瞧，咱们的调查结果出来啦（图 5-12），谁来向大家汇报一下？

图 5-12

（请 4 名学生到前面数出各容器中乒乓球的个数、统计票数，同时，教师进行多媒体演示，模拟小球从上方落下，呈现象形统计图的动态过程）

点评：以乒乓球作选票、以透明直筒容器作票箱，巧用学具，通过看得见、摸得着的实物操作，让学生在真实情境中进行操作；通过亲身经历的活动，体验调查全过程，以学生的主体参与为中心，充分调动学生学习的主动性，实现统计活动的自我构建，对学生数据分析观念的形成和发展有积极促进作用。同时，也体现了行为参与、认知参与和情感参与的统一。

学生根据自己的意愿做出选择，亲自将选票投入票箱，这一活动本身体现了学生个人的主体性，而这种新颖有趣的投票方式更有利于调动学生参与的热情。在这一主体性活动中，每个同学都投入其中，成为数据产生的来源，这增加了学生对数据的认同感。每个个体都亲身经历投票过程，有效扩大了参与广度。

师：谢谢四位统计员，快看看这次的统计结果，与我们班的人数一样吗？

生：一样！

师：40 人，调查人数和我们班人数一样，说明咱们这一次统计对了吗？

生：对了！

师：太棒了！

点评：调查活动完成后，再次引导学生进行反思，师生共享成功的喜悦，充分调动学生参与的积极性。

师：咱们以前用贴图片的方法进行统计，今天，咱们用涂的办法把统计结果表示在统计图上。（粘贴格子镂空的象形条形统计图）

师：同学们，快看一看，统计图上都有什么？

生：有四个竖条。

师：谁来说一说，第一个竖条表示什么？

生：喜欢《海绵宝宝》的人数。

师：第二个竖条呢？

生：喜欢《喜洋洋与灰太狼》的人数。

师：第三个竖条呢？

生：喜欢《大耳朵图图》的人数。

师：第四个竖条呢？

生：喜欢《猫和老鼠》的人数。

师：同学们，快看，喜欢《海绵宝宝》的有多少个人呢？

生：10人。

师：你是怎么知道的呢？

生：看到10个乒乓球。

师：你的意思是说一个乒乓球就代表一个人，10个乒乓球就代表10个人。棒极了。老师想涂出喜欢《海绵宝宝》的人数，我应该涂几个格子呢？

生：10个格！

师：好，看老师是怎么涂的，看谁的小眼睛是雪亮的，一起帮老师数一数好吗？1，2，3，…，10。（教师带着学生一起数格子、涂格子，完成统计图，见图5-13）

图5-13

师：刚才我们投球、数球，然后将喜欢每部动画片的人数用涂方格的办法表示出来的过程，就是统计的过程。（板书课题）一起读课题——统计！

师：看看这张统计图（图5-13），你发现什么了？

生1：我发现《海绵宝宝》这一栏涂了10个格。

生2：统计图上有字。

师：一起读一读……

生：最喜欢的动画片统计图。

师：看着它，你能提出一些数学问题吗？

生：喜欢动画片的一共多少人？

师：喜欢《海绵宝宝》和《猫和老鼠》的一共有多少人？

生：喜欢《喜洋洋与灰太狼》的比喜欢《海绵宝宝》的多了多少人？

生：喜欢《喜洋洋与灰太狼》的比喜欢《猫和老鼠》的多几人？

师：同学们，你们觉得，如果老师给同学们放喜欢的动画片，应该放哪一部呢？

生（齐）：《喜洋洋与灰太狼》！

师：为什么呢？

生：因为人数最多。

师：你是怎么看出来的？

生：统计图上画的格子最多。

师：涂的格子越多，它的数量就……

生：越大。

师：涂的少呢？

生：数量就越小。

点评：在举手调查和投票调查之后，引导学生填涂统计图、认识统计图，并能从中提取信息。如果说调查收集数据更多地体现了外显的行为参与，那么，制图、识图和读图的过程则更多地体现学生的认知参与，整个调查活动正是学生行为参与、认知参与和情感参与相互作用、相互激发的统一体。

2. 全班同学最喜欢的牡丹花颜色调查

师：真棒！现在就到了激动人心的时刻，为同学们播放你们最喜欢的一部动画片，好吗？

（播放学生最喜欢的《喜洋洋与灰太狼》片断，片断中展示四种不同颜色的牡丹花）

点评：第一次调查的结果恰好构成开展第二次调查的驱动情境，通过播放最喜欢的动画片巧妙地过渡到第二次调查活动。最难能可贵的是，教师兑现了开课之初的承诺，为学生播放了最喜欢的一部动画片。活动中的许诺不再是“空头支票”，这是对学生主体意识的尊重。只有学生在活动中真正体验到其主体性的存在，才能在接下来的活动中以更大的热情投入其中。看似微不足道的细节，恰恰体现了教师对学生主体性的尊重，这是构建自主参与式课堂的先决条件。

师：太美了，有红色、黄色、白色、蓝色的牡丹花，每一种颜色的牡丹花都是那么美，咱们洛阳真不愧是世界闻名的牡丹之乡啊。过几天老师就要回去了，我想带一些你们最喜欢的颜色的牡丹花送给大家，你们最喜欢哪种颜色的牡丹花呢？

生 1：黄色的牡丹花。

生2：蓝色的牡丹花。

生3：红色的牡丹花。

师：同学们说了这么多，究竟哪一种牡丹花是同学们最喜欢的呢？我请小组长问一问，把问的情况记录在这张纸上。你喜欢什么颜色，就给这个颜色投上一票。开始吧！

（每个小组进行统计。绝大多数学生都投入活动中。）

师：各组汇报一下。

（各组组长汇报，教师将数据填入各组统计表）

师：第一组喜欢蓝色的有多少人？第二组？第三组？第四组？全班喜欢蓝色的有多少人？

生：11人。

师：你们是怎么算的？

生：加起来。

师：把各组喜欢蓝色的人数加在一起，就是全班的，是吗？

生：是。

（将四个小组的统计表汇总成一张全班的统计表）

师：同学们，这是我们全班最喜欢的牡丹花颜色的统计结果。现在请同学们拿出你们的学习纸，把这个统计结果用涂格子的办法表示在统计图上，比一比，看谁涂得既快又漂亮。

（学生涂格子，完成象形统计图）

师：看着你们涂的最喜欢的牡丹花颜色统计图，你们觉得老师带什么颜色的牡丹花比较好呢？

生：黄色。

师：为什么呢？

生：因为喜欢黄色的人最多。

师：喜欢黄色的人数最多，但是，还有一些人喜欢其他颜色的花，老师可以把黄色的花多带一些，把其他颜色的花少带一些。

点评：以小组调查、全班汇总的方式收集数据，每位学生都有做出个人喜好选择的权利，都有参与数据收集的经历。“帮老师选择一种全班同学最喜欢的颜色的牡丹花带回家乡”这一亟待解决的现实问题，构成了学生参与调查的动机，激发了学生的参与热情。同时，问题的解决也促使学生意识到调查的必要性，增强了学生运用统计活动解决问题的主人翁意识，凸显了学生的主体地位。

（三）课堂小结

师：同学们，你们太棒了。今天我们学习了统计的知识，下课后，我们可以问一问班里每一位同学都喜欢什么活动，然后选择喜欢人数最多的活动举行一次班内比赛。

点评：在案例中，我们看到，整堂课以两次活动为主体：全班同学最喜欢的动画片调查和全班同学最喜欢的牡丹花颜色调查。对课堂活动时间进行统计，两次活动占据了课堂时间的85.83%，这是一节以活动为载体的小学统计课。

课堂首先为学生提供了充足的参与时间与空间：从学生感兴趣的话题入手，为学生提供丰富的视听体验，引导学生感受只有通过统计活动才能使问题得以解决，激发其自主参与的动机。在活动中，引导学生操作、观察、反思、交流，对数据的收集、整理、描述的全过程有所体验；同时，在活动中，认识简单的象形统计图，初步掌握简单的绘图技能并能从统计图中读取信息进行交流。最后对亟待解决的问题做出决策，感受个体参与对问题解决的意义。

课堂中，教师能够给学生足够的空间进行合作交流，给每一位学生提供自主选择和参与活动的机会。学习素材对学生而言是生活化的、熟悉的、有意义的，易于激发学生的学习兴趣，吸引他们动手操作、认真观察，在活动中实现新知的自我建构。

可以看到，任课教师善于营造平等和谐的课堂气氛，教态亲切自然，有着极强的亲和力，善于运用儿童化的语言进行提问，能够包容学生的失误并将其转化为培养学生反思意识的有效资源。乐于鼓励学生，对学生充满积极期待。这些都促使学生产生自主参与的积极的情绪体验，也是这节自主参与式课堂走向成功的重要原因之一。

在课堂教学中，通过有效的数学活动的实施，通过数学活动的广泛参与，发挥学生的自主性，达到对数学学科本质的高水平认知，是自主参与式课堂教学关注的焦点。

三、课堂自主参与模式的影响因素及其实施要领

教师的教学行为直接影响（甚至制约着）课堂环境，这种环境与学生的个人特征会相互影响，有些学生喜欢这样的环境，而有些人则难以适应，这些差异造成了他们对学习，对与人交流的态度、行为和参与程度上的差异。如果教师能够更多地了解学生的课堂参与特征与课堂环境的关系，了解自己的特征对课堂参与的影响，就能够帮助学生更好地参与到课堂活动中来。此外，影响课堂自主参与的因素还包括教育教学观念、学生的认知特点与个性特征、课堂教学结构的设计等。

正确看待课堂自主参与的影响因素并准确把握课堂自主参与的实施要领，是开展中小学数学课堂教学研究的诀窍之一。

（一）课堂自主参与的影响因素

1. 学生的个性特征对课堂自主参与的影响

学生的个性特征对课堂自主参与具有重要影响。就学生性格而言，胆大与胆

小、内向与外向、冲动与沉静等都会影响课堂参与（特别是自主参与）。天生就比其他学生更胆小、更害羞的学生，在课堂上表现为非常害怕被当众提问，对这样的学生，小组讨论方式比提问更能促进其参与；而性格内向的学生外显的参与行为较少，但这并不说明他们在积极思考上与其他学生有差别；在课堂上，冲动型的学生比沉静型学生在更短时间内回答教师的提问或发表自己的看法，但是，也比沉静型的学生更容易犯小错误或小毛病；如果教师在提问或讨论中留给学生思考的时间太短，那么，沉静型的学生就没有足够机会表达自己的观点，而冲动型学生犯错误的概率会更大一些。

不仅如此，学生已有的知识基础和学习水平以及学生对课堂参与的认知，也大大影响其课堂参与的信心和能力。缺乏健康的参与意识、没有认识到参与本身对自身学习的促进作用，也是限制学生自主参与的重要原因之一。同时，对能胜任学习的学生而言，参与学习的能力更强，对学习本身的兴趣更大、信心更足，更倾向于把教师看作是帮助者而不是评判者或惩罚者；而学习水平不高的学生，跟随教师讲解进行思维参与的程度，比基础扎实的学生要困难得多，对学习更有可能产生无力、消极的感受，更害怕或漠视教师的评价，其主动参与的行为也相应较少。

2. 教师的课堂教学行为对学生课堂自主参与的影响

（1）教师在课堂上的积极回应习惯

教师的教学行为直接影响（甚至制约着）课堂环境。事实上，每位教师在课堂上都会通过持续观察学生的反应来调整自己的教学行为，并对学生的各种表现做出某种回应。这个回应可以是积极的、消极的，也可能是中性的。教师的回应往往具有个人倾向性，有的教师喜欢对学生的良好表现做出表扬，有的教师则更关注对学生失误的点评。

教师在课堂上消极关注的典型表现通常包含如下几种：①这个问题仍然有一些同学做错了，我们请他们讲讲自己错在哪里；②我需要检查学生有没有犯错误；③这个问题虽然做对了，但是花费的时间太长了。

课堂实践表明，教师在课堂中的积极关注更容易调动学生的参与热情，而消极关注则可能吓到一部分爱面子、胆小或对自己没有信心的学生。控制（甚至扼制）教师自身的消极课堂关注，是提升教师课堂管理水平的重要内容之一。

（2）教师合理的课堂期望

在设计学生参与情境时，教师往往对学生的表现做出某种期望，而学生会如何反应也在教师的头脑中预先形成。如果教师的期望具体而单一，那么，当学生表现出期望之外的行为时（例如，回答问题不够完整或者提出教师认为不合主题的问题），就更可能受到教师的抑制、消极关注或者消极评价。

（3）教师适时的提问、追问

在课堂提问中，教师采用的问题表述方式（口语的、书面语的）、问题的考察目标（知识掌握程度、思维的创造性等）等，在很大程度上影响学生的参与状况，例如：教师所提问题的言语表达方式（词语搭配等）是否易于学生理解？——描述程度、感受的字词，注意不要让学生难以把握，过于书面化的语言不适宜低学龄儿童。

教师所提问题的内容是否服务于提问的目的？——开放式的问题更适于引发学生讨论；而封闭式的问题可用于概念辨析，以及对学生知识掌握情况的核查。

实施有效提问①是诱发学生积极的课堂参与的有效策略。

案例 5-4　小学五年级数学课上，李老师在黑板上出示了几道题，要求学生用乘法定律进行简便计算。当学生刚刚完成时，李老师发问，“谁在计算中遇到了困难？”学生听了很茫然，一头雾水。李老师很奇怪，明明看到很多学生没有采用最简便方法进行计算，老师提问后学生们却都不主动回答。这是为什么呢？

细细品味，不难发现，上述案例中的尴尬和学生的低效参与是由于教师的不当提问所致。

首先，提问所用的语言表达“谁在计算中遇到了困难”难以被学生理解。此时，学生基本上都能完成运算，当老师问有什么困难时，学生并不清楚“困难”指的是什么。

其次，提问没有切中课堂练习的重点和要害。练习的目的在于帮助学生学会运用简便运算方法，而提问并没有把学生引导到探索简便方法上来。

最后，提问所反映的消极评价过强。如果某位学生主动回答老师提出的问题，就等于在老师和全班同学面前承认自己“遇到了困难”；如果不回答，就不需要为这种冒险承担后果。下面给出了一个更好的提问案例。

案例 5-5　“老师看到同学们都用了简便方法运算，但是，有的同学算得更简单，哪位同学愿意向大家展示一下自己的简便计算过程？”想一想，如果你是李老师，你会怎么提问呢？请写在横线上。______________________

3. 课堂教学结构对课堂自主参与的影响

心理学家皮亚杰②的认知发展论认为，7～11、12 岁的儿童处于具体运算阶段。此时，以儿童出现了内化了的、可逆的、有守恒前提的、有逻辑结构的动作为标志，儿童智力进入运算阶段，首先是具体运算阶段。具体的运算意指儿童的思维

① 孔凡哲，李莹. 课堂教学中的有效提问[J]. 中国民族教育，2006，(05)：29-31.

② 皮亚杰（Jean Piaget，1896－1980），瑞士人，近代著名的儿童心理学家。其认知发展理论成为这个学科的典范。

运算必须有具体的事物支持，有些问题在具体事物帮助下可以顺利获得解决。[①]

小学生思维的特点是以形象思维为主，而数学课程的诸多内容具有较强的抽象性，而动手操作恰恰可以很好地解决这一矛盾。正如英文名句“I hear and I forget，I see and I remember，I do and I understand”所言，听到的容易忘，看到的容易记，做中学才能学得会。因此，在小学数学课堂教学中，创设适合小学生操作的恰当情境，才能保障参与面、诱发深层次的参与。此时，教师营造操作的氛围，引领小学生沉浸其中，而操作时，学生情绪高涨，多种感官参与，从而带动大脑进行思维，学生进入了“心求通而未达，口欲言而未能”的境界，他们自然会急于寻求解决问题的途径、探觅问题的答案。

事实上，基础教育课程改革的一个重要内容就是通过改变课堂教学结构，诱发学生主动参与课堂教学，进而实现课堂教学方式的变革。

4. 课堂教学环境、条件对自主参与教学模式的制约

课堂教学环境、条件也是制约学生课堂参与的重要因素。不同的环境、条件，所传递的信息、所形成的氛围往往有很大差异。而现在的教学手段多种多样，适当运用电教手段，不仅能提高学生的学习兴趣，还能让学生积极参与课堂中。

案例 5-6 在“游戏公平”一课中，教师首先播放学生所熟知的动画片《围棋少年》片断，创设两位小主人公黑幕和江流儿为谁先走棋而争论不休的情境，为了帮助两位主人公解决难题，学生热情高涨，马上投入课堂讨论和操作实验之中。

（二）课堂自主参与模式的实施要领

在小学数学课堂教学中，促进师生自主参与模式的构建有一些基本方法与技巧，这里介绍最常用的方法与技巧。

1. 基本方法

促进学生自主参与，使得课堂上的高参与和学生的高认知水平同步相伴而生。在小学数学课堂教学中，促进师生自主参与的基本方法大致可以归纳为七个方面[②]。

（1）为学生提供积极主动参与学习活动的机会。

（2）调动全体学生主动参与，防止顾及一部分而忽略另一部分。

（3）使学生充满求知欲（问题意识）和表现欲（参与意识），好奇求知的欢乐和自我表现的愿望，是推动课堂教学发展的永恒内在动力。

---

① 转引自：孔凡哲，曾峥. 数学学习心理学[M]. 2 版. 北京：北京大学出版社，2012：53.

② 孔凡哲，崔英梅. 课堂教学新方式及其课堂处理技巧：基本方法与典型案例[M]. 福州：福建教育出版社，2011.

（4）恰当地组织小组讨论，提倡组内合作、组间竞争，能够产生“感染的行为”和“竞争的努力”。

（5）对学生的主动发言和积极参与应鼓励接纳，禁止打断批评，耐心倾听学生的自由表达，鼓励不同意见，欢迎补充、质疑、标新立异或综合、改进。

（6）营造充满情趣的学习情境，宽松、平等、民主的人际环境，创设有利于体验成功、承受挫折的学习机会，设计富有启发性的开放式问题。

（7）采取适当方法定量评价学生的课堂参与程度，及时调整诱发学生课堂参与的对策。例如，某节课上教师对于学生的课堂参与程度的定量统计表如表 5-2 所示。从表 5-2 中不难看出，在这节课上，学生参与课堂教学的时间是充分的，学生独立思考、回答问题的程度也是优良的，只可惜学生之间的谈论、交流的成分相对较弱。

表 5-2 学生课堂参与统计表

评价指标	统计指标	统计结果
学生参与的时间	—	35 分 11 秒
学生参与的广度	学生独立思考和回答问题的时间	29 分 38 秒
	学生小组讨论和分组实验时间	7 分 33 秒
	回答问题和示范的人次	91 次
学生参与的认知水平	有深度的、创造性的问题数	12 次
	学生回答有创意	10 次
	学生主动提问	4 次
	学生个人回答问题次数	104 次
	学生集体回答问题次数	35 次
	学生提出有深度的问题数	3 次
	用于回答、讨论有深度的问题的时间	29 分 53 秒
	教师提供答案次数	1 次
学生参与的形式	小组讨论	2 次
	分组实验	1 次
	问题抢答	4 次
	辩论	0
现代教育技术的应用	参与人数、时间	0

2. 实施技巧

技巧之一：全方位调动学生情绪，增加情感参与

课堂上学生的情感参与对学生的学习产生重要影响，积极的情感参与会使学生兴趣高涨，学习有愉悦感，在此基础上的行为参与就积极，就会表现出积极的学习行动。

方法 1：营造活跃的课堂氛围。利用思考性、探索性、思想性、趣味性的问题引起学生的认知冲突，使学生在心情愉悦中思维高速运转，轻松地完成教学

目标。

方法 2：增加师生间的情感交流，有效诱导学生在课堂上的情感参与。融洽的师生关系可以使学生对教师产生信任感，“亲其师才能信其道”，学生更容易融入课堂之中。

方法 3：变换教学呈现方式。发挥现代教学手段形象生动的功能，充分调动学生的视觉、听觉、触觉等多种感官，帮助学生形成良好的课堂体验。

技巧之二：采取多种认知策略提高学生在课堂上的认知参与[①]

学生在课堂上使用不同的认知策略，往往会引起学生不同程度的认知参与。在学习中，学生能够发现并探索知识之间的内在联系，这就是深层次的认知策略，进而调动大脑进行积极思维，这就是高水平的认知参与，其结果是学生获得理解性掌握。

方法 1：激发学生的课堂学习动机。学习动机是学习的最初阶段，有了动机，学生才会有学习的欲望，才会主动进入学习状态。

方法 2：使用吸引注意的技巧（比如，用挑战性问题、视觉刺激或举例来开始一节课）。

方法 3：通过变化目光接触、语音和手势来展示热情和活力（比如，改变音量，在转向新活动时四处走动）。

方法 4：变化呈现方式[比如，演讲、提问、提供独立练习的时间（每天的）等]。

方法 5：混合使用奖励和强化物［比如，额外的学分、口头表扬、独立练习（每周的、每月的）等]。

方法 6：把学生的想法和参与纳入教学的某些方面［比如，使用间接指导或发散性问题（每周的、每月的）等]。

方法 7：变化提问类型［比如，发散性、聚合性的问题（每周的）和试探性的问题（每天的）]。

技巧之三：训练学生的一些特殊技能，提高学生的课堂参与[②]

相对学生而言，课堂参与的基本技能主要指学生参与课堂教学所必需的适应性技能，包括感知技能、专注技能、质疑技能、合作技能等。

（1）感知技能

感知技能是指学生合理、灵活地运用自己的感官，以获取课堂教学信息的技能。感知技能的训练包括：感知偏好分析，主要是结合心理学的有关知识及相关认知偏好的量表，帮助学生了解自己接受、加工信息的主导知觉类型，有助于学生了解自己接受、加工信息的主导知觉类型，有助于学生确定在课堂教学中可能

---

① 孔凡哲，崔英梅. 课堂教学新方式及其课堂处理技巧：基本方法与典型案例[M]. 福州：福建教育出版社，2011.

② 本技巧及其训练引自：孔凡哲，等. 上好课：有效技能[M]. 长春：东北师范大学出版社，2009.

采用的听课方式；速记、速写的训练，在任何一种教学模式中，教师的言语指导总是必不可少的，如何迅速而正确地记下教师讲课的关键语句是成功学习的一个关键，因此，有意识地教会学生速记、速写会极大地提高学生学习的效率，使学生能够把主要精力放在对教师所教内容的分析、思考上。多感官的协调运用，多通道的信息接收和加工方式有利于学生获得更丰富的知识信息，加深学习的印象。

（2）专注技能

专注技能是指学生根据教学的需要集中自己的注意力，协调自己的身心状态的技能。学生注意力集中，自觉地排除各种杂念，平抑自己的消极情绪是课堂教学高效益的重要保证。因此，我们要教会学生“思想集中”的方法，帮助学生在学习时排除头脑中的杂念，做到专心致志。如静坐法，通过运用呼吸和自我暗示使自己平静下来，调整至最佳状态；聆听法，即凝神细听周围发出的某种声音，而对其他的声音“听而不闻”，通过这种方法学会在学习时迅速排除外来各种干扰；自我奖励法，即要求学生把自己特别喜欢的东西当作自我奖励的内容，如果自己制定的“集中思想学习”的目标一旦达到了，就给予奖励。进行专注技能训练，我们必须使学生明白，学习并不总是一件愉悦的事，有时需要付出很大的意志力。

（3）质疑技能

质疑技能是指学生能用适宜的态度和开放式的提问，向同学或教师寻求帮助的技能。质疑技能的训练主要包括两个方面：

一是质疑态度指导。质疑是因为有疑惑要解决而向同学或教师寻求帮助，因此，态度应诚恳、认真。对课堂教学而言，学生诚恳、认真的求知态度，往往会融洽课堂气氛，开启学生的智慧，同样也能使思维处于积极的活动状态。

二是质疑技能的训练。即指导学生学会运用开放式语言技能，与同学和教师开展讨论、寻求帮助。比如，要求学生尽量少用诸如“这个问题的答案是什么？”“我不懂，你告诉我吧？”这样一些简单的提问，而是要求学生在陈述自己的思考、做法的基础上，以一种交流、开放式的语气询问。如“老师，这个问题我是这样看的，你看对不对？”“同学，我刚才是这样做的，你是怎么做的，我们能交流一下吗？”等。

（4）合作技能

合作技能是指学生为了完成课堂教学任务而与同学、教师交流协作，共同解决问题的技能。合作就意味着是一种开放的、相互支持的活动结构。对学生进行合作技能的训练，首先是积极、平等的态度的培养，主要要求学生能以平等开放的态度参与课堂教学的各种协作性活动中；其次是讨论交流的技能训练，包括“对抗”性辩论技能的训练和非批评性合作技能训练。前者是一种“对抗”式的相互支持活动，可通过各种辩论会来使学生掌握相应的规则和技能；后者是一种思维发散性的交流活动，要求学生在活动中遵循“不批评”原则，对问题提出自己新的看法或对别人的看法和做法提供补充，这样做有利于生生之间、师生之间相互启发，共同提高认识。

[思考题 5]

1. 如何理解小学数学课堂教学中的自主学习？
2. 如何理解课堂自主学习与课堂参与、课堂合作、课堂发现之间的关系？
3. 简要评述杜郎口中学“三三六”模式。在你看来，这种模式适合小学数学课堂教学吗？为什么？

第六章　小学数学课堂合作学习模式及其典型案例研究

[学习提示]

课堂合作学习模式是小学数学课堂教学的新兴模式。采用课堂合作教学模式实施课堂教学，首先必须掌握课堂合作的基本含义及其操作流程，明确课堂合作的基本要领和常见方法技巧，特别要明确课堂合作学习模式的适用范围。

第一节　课堂合作学习模式概述

作为一种教学理论与策略体系，合作学习20世纪70年代后期兴起于美国，并在80年代中期取得实质性发展。“起初主要是以社会心理学的实验研究为基础，探讨有效的合作原则并提出相应的课堂策略，后来又引入自控论原理阐明合作学习能够满足学生心理需要，促进学生发展”①，随后逐渐从1991年、2002年等见诸于我国专业期刊。

我国自2001年实施基础教育课程改革以来，合作学习作为一种新型课堂教学模式，在基础教育课程改革中逐渐扮演重要角色，尤其在中小学数学课堂教学中，合作学习已成为课堂教学的焦点话题之一。

一、课堂合作学习模式的基本含义

所谓“合作”，新华字典②给出的解释是“互相配合做某事或共同完成某项任务”，而百科词典给出的解释是“个人与个人、群体与群体之间为达到共同目的，彼此相互配合的一种联合行动、方式”。

关于合作学习，人们往往从不同角度认识并予以阐述：“合作学习就是在教学中采用小组的方式以使学生之间能协同努力，充分发挥自身及同伴的学习优

---

① 王红宇. 美国合作学习简介[J]. 外国教育资料，1991，(05)：80-81.

② 在线汉语字典 http：//xh. 5156edu. com/html5/245495. html.

势。”[①]又将合作学习的理念延伸到学校管理的层面，推广了合作学习的应用领域，认为“今天的学校需要采用正在工商业界显著提高其生产性的以团队为基础的高绩效组织结构，这种具有以团队为基础的高绩效组织结构的学校称为合作型学校”[②]。

“合作学习是以合作学习小组为基本形式，系统利用教学中动态因素之间的互动，促进学生的学习，以团队成绩为评价标准，共同达成教学目标的教学活动。”[③]“合作学习是指使学生在小组中从事学习活动，并依托他们整个小组的成绩获取奖励认可的课堂教学技术。”“合作学习是组织和促进课堂教学的一系列方法的总称，是一系列促进学生共同完成学习任务的教学方法，以便通过学生之间的交互作用对学生的认知发展、学习情感和同伴关系（尤其是不同种族之间的关系）产生积极的影响。”[④]

“合作教学主要利用小组成员之间的分工合作、共同利用资源、互相依赖、互相支援地去进行学习。在开放的社会中，这是一种值得一试的创新教学策略。”“合作学习是一种有效的协同努力，以共同达成学习目标的当代教学创新策略。”[⑤]

合作学习的内涵至少涉及以下五个层面的内容：①合作学习是以小组活动为主体进行的一种教学活动；②合作学习是一种同伴之间的合作互助活动；③合作学习是一种目标导向活动；④合作学习是以各个小组在达成目标过程中的总体成绩为奖励依据；⑤合作学习是由教师分配学习任务和控制教学进程的。

因此，将合作学习表述为，以异质学习小组为基本形式，系统利用教学动态因素之间的互动，促进学生的学习，以团体成绩为评价标准，共同达成教学目标的教学活动。[⑥]

综上所述，我们认为，课堂合作学习模式是指在课堂教学中，教师组织学生主要通过合作学习的方式完成教学任务的一种特定的教学模式。

这里的“合作学习”是指学生在小组或团体中为了完成共同的任务，有明确的责任分工的互助性学习。个体学习突出的是个体的互不相干，竞争学习突出的是学习者的相互对立。相对于个体学习、竞争学习而言，合作学习强调相互促进。

合作学习的心理学基础是社会建构主义，强调情境学习、团体动力等。合作学习的主要成分与关注点是合作动机、个人责任、合作、沟通与交流、评价、问题解决等。

---

① 马兰. 合作学习[M]. 北京：高等教育出版社，2005.
② 戴维·W. 约翰逊，罗杰·T. 约翰逊. 领导合作型学校[M]. 唐宗清，等译. 上海：上海教育出版社，2003.
③ 王坦. 合作学习述评[J]. 山东教育科研，1997，(02)：33-36.
④ 王坦. 论合作学习的基本理念[J]. 教育研究，2003，(02)：68-72.
⑤ 盛群力. 合作学习的创新特色[J]. 全球教育展望，2004，(05)：52-55.
⑥ 王坦. 合作学习：原理与策略[M]. 北京：学苑出版社，2001.

（一）课堂合作学习模式中的教师角色

在课堂合作学习中，教师不再是单纯的信息呈现者、裁判者，而是学习活动的设计者、学习情境的创设者、学习资源的提供者、教学过程的组织者、学习结果的分享者。合作学习并非要求教师放弃责任，而是促进教学，帮助学生发挥其主体能动性，以达到教和学的统一，教为学服务。在合作学习中，教师不仅是学生学习的“向导”，也是学生学习的“伙伴”、支持者和合作者。

（二）课堂合作学习模式中的学生角色

在课堂合作学习中，学生作为合作的核心成员，不是被动的信息接受者、储存器，而是知识的建构者、生产者。在合作学习中，教师帮助学生积极主动、合理有效地参与教学过程，并不意味着让学生“自由地”活动，而是充分挖掘课堂中学生的同伴资源，将每个学生学习的责任落到学生自己身上，凭借积极互赖的合作机制互相协同，在“我为人人，人人为我”的利益共同体中，依靠目标一致、角色互赖、任务互赖、内容一致、结果一致等各方面相互依赖性，形成比个人单干和单纯竞争更为有利的格局，体现“整体效果大于各部分之和”的系统效果。

特别是在真实课堂教学实践中，合作学习往往与其他模式融合在一起。例如，某小学参照江苏泰兴洋思中学“先学后教”课堂教学模式，实施“先学后教，合作探究，当堂达标”教学模式就是一个相对成功的案例，其中，“先学”可以是学生在课堂上按照教师揭示的教学目标及学前已知自学和练习，也可以是学生课前预习；“后教”就是针对学生自学中暴露出来的问题及联系中的错误，教师引导学生讨论，会的学生教不会的学生，教师只做点拨、引导、评定、补充与更正，把“教”的过程变成学生自主学习、合作探究、亲历事件的过程；“当堂达标”就是让学生当堂完成作业，通过扎实训练达成教学目标。

我们认为，课堂合作学习模式突出体现了“教师为主导、学生为主体、练习为主线”的特点，具有明显的洋思中学“先学后教”教学模式的主要特征。

二、课堂合作学习模式的特殊价值

课堂合作学习模式作为一种新的教学模式，能够使师生全身心地投入和真诚合作，通过小组内、组际、师生间的合作讨论，各抒己见，互相交流信息，集思广益，取长补短，共同解决新问题、掌握新知识和共同发展。在课堂合作学习模式中，合作学习的特殊价值主要体现在有利于合作意识培养等诸多方面。

（一）有利于学生合作意识的形成

在课堂合作学习模式中，合作不只是学生学习的一种方式，还是一种学习内容、一种生活态度。合作学习不是简单的集体（班级）教学+小组讨论，更不是课堂教学中的教师讲授+学生代表发言。

课堂合作学习模式蕴含着一种价值取向，在每个合作学习小组中，真正的合作意味着彼此接纳欣赏、互相取长补短和共同携手进步。这是合作的本质，也是合作的最高境界。学生通过异质学习团体中的合作学习，在学会接纳别人观点的同时，也要学会悦纳别人，欣赏别人；学会承担责任，为自己负责的同时，也为小组同伴负责；掌握合作技能，学会与人沟通。

（二）有利于学生自学能力的培养

课堂合作学习模式能够创造良好的学习情境，让学生感到轻松自如。在严格控制讲课时间的前提下，教师留下大量时间让学生发言、讨论、争辩，满足了学生的好胜心。同时，教师有意识地引导、鼓励、肯定，使学生的表现欲望得以充分发挥，心情舒畅，从而充分发挥学生主体作用，调动学生学习的积极性。在小组合作学习中，学习的自主权还给学生，有利于突出学生的主体地位，有利于学生自主意识的形成和创新意识的培养，锻炼学生的自学能力。在合作学习氛围下，学生不仅仅“学会”，而且有机会参与新知的形成与发生发展过程，进而掌握学习方法，逐渐“会学”。

（三）有利于学生表达交流能力的发展，有利于全体学生的共同成长

课堂合作学习模式有利于形成多向交流和自由宽松的氛围。其中，学生卸去了思想包袱，还原了本性，敢于大胆质疑、讨论、交流，在讨论中，充分享有发言权和评价权，真正成为学习的主人。同时，课堂合作学习模式为学生创造了成功的机会。同伴间的合作学习，增加了信息交流的数量，提高了自己观点被同伴认可的概率，这种认可能使学生产生自信、自我肯定等一系列良好的情感体验。学生在自主地位得到充分体现的同时，不断享受到交流和成功带来的快乐，这种良好的体验更有利于激发学生的内在动机。

（四）有利于学生良好心理素质的形成，有助于学生良好人格的形成

与传统教学模式相比，课堂合作模式改变了同伴交流的状态，扩大了学生的交流面，形成生生、师生的交流形式，学生成为交流的主体，克服了师生之间单向交流所造成的个别学生的心理负担。同时，课堂合作提供了互帮互学机会。在小组合作中，每位学生的兴趣、爱好、性格、能力等方面都存在着一定差异，正因为异质性的存在，更有利于组员之间取长补短、互相帮助，最终达到共同提高。

因此，在充分肯定学生之间存在差异的前提下，发挥小组群体活动的主体功

能、互助功能，不仅能激发学生的主动思维，学会自己发现问题、提出学科问题并加以分析解决，而且能培养学生主动参与、与人合作、与人竞争、与人沟通等现代意识，形成良好的心理素质，最终达到主动、全面的发展。

三、课堂合作学习模式的要素分析

在课堂合作学习模式中，基本的活动单位是小组或团队，为了完成共同的任务，具有明确的责任分工，开展互助性学习。同时，包含积极互赖、异质分组、团体历程、人际技能和个人责任五个基本要素①。

（一）积极互赖

积极互赖，即积极地相互支持、配合，特别是面对面的促进性的互动。积极互赖代表了小组成员之间一种积极的相互关系，每个成员都认识到自己与小组及小组内其他成员之间是同舟共济、荣辱与共的关系。简而言之，积极互赖就是每位成员都为自己所在小组的其他成员的学习负责。

（二）异质分组

在组建合作学习小组时，应当尽量保证一个小组内的学生各具特色，能够相互取长补短。也就是说，小组成员是异质的、互补的，期望所有学生能进行有效的沟通，建立并维护小组成员之间的相互信任，有效地解决组内冲突。

异质分组一般考虑四个要素：①学生的成就。保证每个合作小组内都包含学习成绩好、中、差不同水平的学生。②学生的能力。有的学生口头表达能力强，有的学生观察能力强，有的学生思维比较深刻，将这些具有不同能力优势的学生组合在一起，不仅能够提高小组活动的效率，更有助于每个组员的全面发展。③学生的性别。在合作小组中混合男女学生可以丰富小组认识问题、分析问题、解决问题的视角，而多视角的产生则可以丰富学生的思维。④学生的家庭背景。在现实社会生活中，我们必须学会与各种人一起工作，需要与不同社会群体的人接触、往来。学生在小组活动中与来自不同家庭背景的学生合作的经验，将有助于学生应对这种真实的社会生活。

（三）团体历程

团体历程，即全体小组成员为共同目标而努力。全体小组成员对共同活动的成效进行评估，寻求提高有效性的途径。小组自评的目的是帮助小组学会怎样更好地合作。为此，在小组自评时，应讨论以下内容：①总结有益的经验；②明确

① 本段引自：孔凡哲，等. 上好课：有效技能[M]. 长春：东北师范大学出版社，2009：238-240.

发展的方向和目标；③在总结经验和分析问题的基础上，小组全体成员共同制订出本组的活动方案，明确小组如何达到目标。无论是全体成员共同努力，还是小组内集体自评，其实都是在共同经历一个团体历程。

（四）人际技能

人际技能，即对于个人完成的任务进行小组加工，这就需要一定的人际技能。其实，导致合作学习小组解体或学习不能顺利进行的最主要原因就是小组成员不会合作。学生不会合作的原因往往不是学生缺乏合作愿望，而是学生缺乏合作的方法——人际技能。

必要的人际技能可归纳为三种类型：第一类是组成小组的技能，包括向他人打招呼问候、自我介绍和介绍他人等；第二类是小组活动的基本技能，包括表达感谢与应答感谢、注意听他人讲话、鼓励他人参与及对鼓励参与的应答、用幽默的方式帮助小组继续活动等；第三类是交流思想的技能，包括提建议及对建议的应答、询问原因和提供原因、有礼貌地表示不赞同及对不赞同的应答、说服他人等。

（五）个人责任

个人责任，即积极承担在完成共同任务中的个人责任。小组的成功取决于所有组员个人的学习。社会心理学研究表明，在群体活动中，如果成员没有明确的责任，就容易出现成员不参与群体活动，逃避工作的“责任扩散”现象。正是由于这种社会心理效应，在缺乏明确的个人责任时，小组就会变为学生逃避学习责任的“避风港”。

第二节　小学数学课堂合作学习的案例分析

一、课堂合作学习模式案例片断及分析

案例 6-1　三年级（下）“森林旅游”课堂实录（片断）[①]

师：风光欣赏了，淘气们的肚子饿了，到中午了，我们看看他们来到哪里了呢？（出示课件）

生：食品店。

师：老师把森林食品店的商品都搬到了教室，你们想参加这个购物活动吗？

生：想！

① 执教者为长春东光学校小学部教师尚鹰飞（现任教于东北师大附中净月学校小学部）。

（师出示课件，图 6-1）

图 6-1　森林食品店

师：我们先来看一看活动要求，大家先简要浏览一下商品。

（师出示课件，生读活动规则见图 6-2）

小组内成员轮流扮演售货员，解决问题，其余三人扮演顾客，提问题。每人基础分为 5 分，达到 8 分者，将被评为优秀售货员和精明小顾客。

（1）售货员回答正确，加 1 分。

（2）顾客发现售货员回答有错误并得到售货员认可，加 1 分，售货员每失误一次扣 1 分。

（3）售货员能发现并指出顾客对自己失误的指控是错的，并能以理服人，那么，售货员加 1 分，顾客扣 1 分。

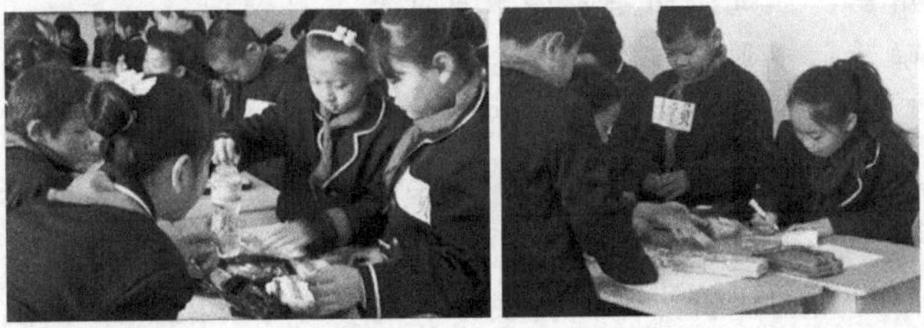

图 6-2

师：大家都了解活动规则了，现在请看桌面上的那些学具，老师简单介绍一下。这个黑色袋子里面就是我们需要购买的商品，上面标有价格。这些是大家的模拟钱币，可用这些钱币来购物。每人手里有 5 分基础分。一会儿小组成员轮流做售货员，谁当售货员，谁就把这张“售货员”名帖贴在左胸上侧。活动过程中，如果你发现售货员回答有错误，一定要及时提出来，可以加分。看谁能被评为优秀售货员和精明小顾客。

（活动结束，统计学生小组活动完成情况及得分情况，评选出“优秀售货员”和“精明小顾客”，给予奖励。）

点评①：在合作学习中，学生达到较高的参与水平。教室中的桌椅摆放呈“田字格”状，组成四人小组，每组中的成员轮流做售货员，其余成员做小顾客，多次展开购买、计算费用并付款活动。在活动中可以看到，售货员与顾客能够形成良好的互动，当售货员与其中一名顾客进行交易时，其他小组成员能认真倾听，部分学生还能及时指出交易过程中的失误，然后小组讨论并纠正，小组形成良好的学习共同体。同时也应该看到，在合作学习过程中，存在参与水平不均现象，有的小组只有组长积极参与购买，个别成员消极旁观、不知所措，没有融入小组学习的团体行为中。但总体而言，小组合作学习还是达到了良好效果。

第一，提供小组合作的时间与空间。

在片断中，小组合作以四人为单位，能更有效保证每个个体都有机会参与其中。桌椅摆放为“田字格”形状，拉近了学生之间的空间距离，便于沟通交流。在课堂上，小组合作学习时间长达 13 分钟，为学生个体参与提供了较为充足的时间，保证多数小组能够完成任务。充足的时间和空间是课堂合作学习模式得以有效实施的有力保障。

第二，合理分工，明确团体中的个人角色。

在以上片断中，学生轮流扮演“售票员”和“小顾客”两种不同任务驱动的角色，做出购买和销售的举动。同时，在“销售员”和“小顾客”交易过程中，其他成员不是消极等待，而是扮演“监督员”角色，使得“学习共同体”达到积极的互动交流。小组内的分工比较明确，每一位学生都被指定担任一种特定角色，感受到个体存在对团体的意义。此外，除了活动任务中明显的角色分配外，还存在“记分员”角色，保证小组学习结果可评测、可检验。

第三，明确活动规则，有序开展合作。

在片断中，开展合作学习之前，教师出示活动规则，对合作学习的步骤、角色分配以及对学习结果的评价方法等都做出了明确要求，这使得整个合作学习过程变得分工明确、目标清晰、操作有序，有效保证了合作学习的展开。由于此次合作学习活动的规则和评价方案较为复杂，对三年级学生而言，在字面上理解起来可能存在一定困难。如果教师在小组合作前让一些学生上前示范，对合作学习可能更有帮助。

① 点评人：孔凡哲。

第四，小组“捆绑式”评价更有利于团体意识的发展。

在片断中，最终的评价和反馈方式是以个人累计总分最多者为优秀作为标准，这有利于调动学生参与小组合作学习的热情，但同时由于评价对象为个人，小组在学习活动中的成效没有得到及时反馈，弱化了“学习共同体”的作用。事实上，小组学习中的个体为小组团体负责，学生才能更深刻地感受到自身与小组荣辱与共的关系，有利于学生团体意识和合作意识的发展。因此，在上述案例中，如果在奖励个人成就的同时兼顾小组的学习效果，补充进行“捆绑式”评价，对学生的发展可能更有裨益。

二、具有课堂合作学习典型特征的教学案例及其分析

案例 6-2　“可能性”教学案例[①]

（一）教学设计

课题：“可能性”[小学数学教科书（北师大版）二年级数学上册 92～93 页]

教材分析：本课是学生第一次接触不确定现象，只要求学生能够用诸如“可能”“一定”“不可能”等词语来描述事件发生的可能性，并不要求学生求出可能性的大小。另外，“可能性”这一节，教材设计以活动为主，呈现了更大的开放性和灵活性，为学生提供更多的思考与探索机会。本课是在学生已经学习了简单统计活动的基础上进行教学的，也是今后进一步感受事件发生可能性有大有小的基础。

学情分析：二年级学生在学习本节内容之前，已经对可能性有了一些生活体验，有的学生见过成人买彩票的过程，有的学生有过在小商店购物抽奖的体验或买商品中奖的经历。这些零散的认知经验是学生学习可能性的基础。通过前测，我认识到由于生活经验带来的影响，学生有时会受到主观意愿的强烈冲击，比如，有的学生会产生小概率事件不可能发生或可能性事件的发生存在一定规律的错误认识，这些是学生初步学习可能性时可能遇到的障碍，需要在教学中重点突破。同时，数学活动及合作交流学习是学生学习的兴趣点，学生乐于通过实践、合作、交流来完成新知识的认识过程。

教学目标：（1）让学生经历“抽取幸运同学”“摸球实验”的过程，让学生在猜测、试验与交流中，感受事件发生的确定性和不确定性。

（2）能初步用“一定”“可能”“不可能”等词汇描述生活中一些事件发生的可能性。

（3）在学生已有经验的基础上，使学生初步感受现实生活中的不确定现象，初步认识数学与日常生活的密切联系。

① 执教者：长春市 108 中学小学部殷聪聪。评课者：长春市教研室小学数学教研员李博。
本案例第二次在杭州市举行的第二届中国小学数学教育峰会进行现场展示，孔凡哲现场点评。

教学重点：初步认识不确定现象。

教学难点：初步认识不确定现象与确定现象的区别。

（二）课堂实录

Ⅰ. 课前活动（谈话引入）

师：同学们，昨天我们已经见过一面，还记得我姓什么吗？想不想再进一步了解一下殷老师？好，先请大家猜猜殷老师的年龄，再猜猜我教几年级？然后猜猜我教哪个学科？

师：同学们，刚才你们对殷老师已经有了初步了解，可我还不认识大家，谁来介绍一下自己？（生争先恐后）由于时间有限，我们选几位同学来介绍。这里有一个盒子，写有同学们学号的纸团全部装在里面。老师任抽一个，抽到谁，谁就来自我介绍，好不好？

师：猜一猜，我会抽到谁呢？（生争先恐后猜是自己）

生：36号、11号……

师：究竟抽中几号了呢？（19号）

（19号学生自我介绍。介绍名字、有什么爱好）

师：我再来抽一个。

（抽到的学生自我介绍）

师：刚才两名同学（36号、11号）都说能确定抽中自己，结果猜错了。这是为什么呢？

生：因为盒子里有很多个学号，不一定抽到谁。

师：还有谁想说一说？你们认为，老师抽学号之前能确定抽到几号吗？

生：不能确定。

师：我可能抽到1号吗？3号呢？20号呢？全班36个学号都有可能。

师：如果老师想从这个盒子里抽一位下面听课的老师，你认为可能吗？

生：不可能。

师：你确定吗？为什么不可能呢？

生：因为没有那些人的号码——盒子里只有我们班1到36号的号码。

师：我们可以确定的是，老师在这里任意抽一张，抽到的一定是我们班的同学，对吗？

师：好，同学们，做完了自我介绍，我们现在准备上课，好吗？上课。

Ⅱ. 探究新知

1. 谈话引入

师：看到同学们这么朝气蓬勃，我可真羡慕你们，我想回到我的童年，这可能吗？（出示一张照片，头像是现在的老师，而身子却是小孩）

生：不可能，因为时间不能倒流。

师：看来我想再变回到童年是不可能的了，生活中有一些事情是不可能发生的，也有一些事情是有可能发生的，老师收集了一些事例（电脑显示），请大家根据自己的生活经验判断一下，它们可不可能发生呢？

（教师出示问题：1. 我们的年龄比爸爸大。2. 写字时，人用左手拿笔。）

生：我认为 1 是不可能发生的，2 是有可能发生的。

师：大家的意见呢？

生：同意

师：生活中还有一些现象是一定会发生的，比如“太阳从东边升起”，究竟怎样判断一件事情是可能发生、一定发生，还是不可能发生呢？

今天，我们就一同从数学角度研究一下可能性的问题。（教师出示课题）

2. 摸球实验

体验“一定”现象

师：首先，我们先来进行一个摸球活动。

先从 1 号袋开始，每个小组的同学轮流从袋子里摸球，每次摸 1 个，每人摸 2 次，每次摸出球判断颜色之后再把球放回去。组长指定一人记录每次摸出的颜色，摸完后再进行汇总。2 号、3 号袋同样操作。

请同学们根据摸球结果猜一猜袋子里所有的球分别是什么颜色？

师：请完成任务的小组组长拿记录单到讲台这里把你们小组的结果输入电脑。

师：请仔细观察 1 号袋子的数据，谁来猜一猜袋子里球的颜色？

生：全是黄色。

师：为什么？

生：因为摸多少次就有多少次是黄色。

师：有不同意见吗？

生：没有。

师：关于 1 号袋子，我们大家猜的结果是一致的，都认为袋子里只有黄色的球。究竟我们猜的对不对呢？请组长打开袋子揭晓结果。

生：猜对了。

师：如果老师在 1 号袋子里任意摸一个，在摸之前你能猜到我摸到的结果吗？

生：一定是黄球。

师：你确定吗？我还没摸呢，你怎么知道的？

生：因为袋子里都是黄球，所以，摸到的一定是黄球。

师：对于从 1 号袋子里摸球的结果，在摸之前我们就能确定，确定它一定会发生。像这样的事，在数学上我们用“一定”这个词来描述。

（板书：一定）大家一起读一下“一定”。

师：我从袋子里任意摸一个球，摸到的“一定”是黄球。

体验可能性大小

师：请仔细观察2号袋子的数据。谁来猜一猜袋子里球的颜色呢？

生：有黄球和白球。

师：能大胆猜一猜哪种球多、哪种球少吗？为什么？

生：白球多黄球少。因为摸到白球的次数多。

师：究竟猜的对不对呢？请组长打开袋子我们来验证一下。

（打开验证——黄球和白球）

师：噢，原来袋子里有5个白球、1个黄球，谁猜对了呢？

师：如果老师从这个袋子中任意摸一个球，谁能说说我摸到的结果是什么吗？

生：可能是黄球，也可能是白球。

师：说得不错，还有谁补充吗？

生：摸到黄球的可能性小，摸到白球的可能性大。

师：你为什么认为摸到黄球的可能性小、白球的可能性就大呢？

生：因为袋子里白球的数量多，黄球的数量少。

师：你们与他的想法一样吗？

生：一样。

师：老师刚才听到，同学们描述老师从这个袋子里摸球的结果时说“可能是白球，也可能是黄球”，为什么要用“可能”这个词？

生：因为盒子里有两种颜色的球，老师摸到哪种我们也不确定啊！

师：我这个袋子里白球那么多，黄球只有1个，我说在这个袋子里任意摸一个，一定能摸到白球，不行吗？

生：不行，因为还有一个黄球，也可能被摸到呀。

师：就是说，虽然黄球少（生插话“也可能被摸到”），白球多（生插话“也可能摸不到”）。

体验可能性一样

师：请仔细观察3号袋子的数据。谁来猜一猜袋子里球的颜色？

生：黄球和白球。

师：能大胆猜一猜哪种球多、哪种球少吗？为什么？

生：我们的猜测是“里面一定有黄球和白球”，但对于袋子里每种球数量的多少，大家意见不统一。

师：请组长打开袋子，验证一下谁猜对了。（打开验证——3黄3白）袋子里的球是3个黄球、3个白球，任意摸一个，你认为摸到哪种球的可能性大呢？

生：我认为摸到两种球的可能性一样多。

师：为什么呢？

生：因为数量相等，可能性就相同。

师：既然可能性相同，为什么还会出现这么多不同的结果呢？

师：这是因为摸球的结果是一个不确定事件，我可能会摸到黄球后接着摸到白球，也可能会一直摸到黄球；当摸球次数少时，摸到两种球的次数可能会差距比较大，现在我们将全班的数据汇总在一起，（进行）摸的总次数变多了，摸到黄球和白球的次数是不是更接近了呢？

师：历史上曾有许多科学家为了验证这件事情做过大量抛硬币实验，硬币有正反面，就好比我们袋子中的黄球、白球。

师：我们来看一下小资料（见课件）。历史上一些著名数学家做过抛硬币实验，比如蒲丰、德·摩根、费勒、皮尔逊、罗曼诺夫斯基。为了得到尽可能精确的结果，他们抛的次数很多哦！数学家们的统计结果进一步证实了“随着抛币次数的不断增加，正面朝上的次数和反面朝上的次数就会越来越接近”。也就是说，出现正面朝上和反面朝上的可能性是相等的。

（结论：抛硬币的次数越多，正面朝上的次数就越接近总次数的一半）

师：如果我们始终不断地摸，两种球出现的次数会越来越接近。我在3号袋子里任意摸一个，谁能说说我摸到的结果？

生：可能摸到黄球，也可能摸到白球。

生：摸到黄球和白球的可能性相同。

师：对于从2号、3号袋子里摸球的结果，在摸球之前，我们不能确定，在数学上可以用“可能”这个词来描述它。（板书“可能”）

师：从3号袋里，我（可能）摸到黄球，也（可能）摸到白球。

体验不可能

师：如果老师从3号袋子里拿走1个黄球，请大家说一说可能摸到的结果。

生：可能摸到白球，也可能摸到黄球，但摸到黄球的可能性小。

师：老师再拿走1个黄球，谁能说说摸到的结果？

生：可能摸到白球，也可能摸到黄球，但摸到黄球的可能性更小。

师：老师再拿走1个黄球，可能摸到黄球吗？

生：不可能啦。

师：谁还能说不可能摸到什么呢？

生：不可能是黑球。

师：你确定？

生：确定。

师：为什么呢？

生：因为这里根本就没有黄球，也没有黑球，所以，你不可能摸出黄球和黑球。

师：对于想从这个袋子里摸出黄球的结果，在摸之前是可以确定的，确定不会发生，在数学上，我们可用“不可能”这个词来描述它。（板书：不可能）

师：老师想从这个袋子里摸到粉色的球是……

生：不可能的。

师：“一定”“可能”“不可能”三个词，就是用来描述事情发生的可能性。确定能发生的事用“一定”来描述，确定不能发生的事用“不可能”来描述，不能确定结果的事用“可能”来描述。

Ⅲ. 拓展

1. 装球

师：接下来，老师想和大家合作完成一个小游戏，首先请组长把球全部倒进一个透明袋子里，再留一个透明袋在外面，剩下的都放进抽屉里，请你利用刚才学到的知识，根据老师的要求，往袋子中装上适当的球。具体规则是……（电脑展示），请同学们默读一下。

师：摸到黄球老师赢，摸到白球同学赢。请同学们根据下面的要求来装球。

第一轮：老师不可能赢

师：想好了吗？（开始）谁来汇报一下？

生：全装白球。

师：还有其他装法吗？为什么要这样装呢？

生：一个黄球也不装（3 黄 3 白，这样装的话，在摸之前，能不能确定结果？那我摸一个，可能老师赢，也可能学生赢）。

师：怎么办？（黄球拿出来，只装白球）

师：如果老师一定赢，想一想怎样装？不用动手，谁能说一说？

生：全装黄球。

第二轮：老师赢的可能性大

师：先想一想（开始）。

生：4 黄 2 白。

师：你是怎么想的呢？还有什么不同装法吗？

生：5 黄 1 白。

师：你们认为行吗？为什么？

生：要想老师赢的可能性大，只要黄球比白球多就行。

师：他们两位的装法不同，比较一下，哪个赢的可能性更大一些？为什么？

生：5 黄 1 白赢的可能性更大，因为黄球的数量越多赢的可能性就越大。

第三轮：公平比赛

生：3 黄 3 白。

师：你是怎么想的？

生：公平比赛就是可能性相同，所以，黄球和白球的数量必须相同。

师：通过刚才的小组活动，同学们想一想，可能性的大小与每种球数量的多少有什么关系？

生：哪种球数量多，摸到它的可能性就大……

2. 联系实际

师：通过摸球游戏、装球游戏两个活动，我们经历了参与游戏、设计游戏，体会了无论在游戏中还是在生活中，有些事情的发生是确定的，有些事情的发生是不确定的，并且会用“一定”“可能”“不可能”来描述事情发生的可能性。

师：现在请利用你学到的数学知识来判断一下，下面这些生活现象发生的可能性。

师：（出示挂图 1）读一读。

生：“太阳从西方升起”是确定的。

师：确定会发生还是不会发生？

生：不会发生。

师：应该用哪个词来描述呢？（生：用“不可能”，太阳不可能从西方升起。）

师：（出示下雨图）请你想一想，这种现象应该用什么词描述？

生：三天后可能会下雨。

师：你选了“可能”这个词，说说你的理由。

（再出示最后一张挂图）

师：下面请同学们找找身边的例子，同桌之间互相说一说。

（学生分组活动）

师：谁能来说一个确定会发生的现象，用上“一定”？谁能来说一个不确定现象，用上“可能”？

（学生回答问题）

Ⅳ. 设计游戏

生活中很多常见物品都可以拿来设计小游戏，请看设计要求。

老师给每个小组准备了一个百宝囊，里面包括：4 张扑克牌（2 红 2 黑，数字一样大）、红圆片和绿圆片各 3 片、1 枚硬币。同桌两人选其中一种，设计游戏来玩一玩。

师：谁来说一说，你是怎样设计的？

Ⅴ. 总结

师：由于时间关系，我们就不一一展示同学们设计的游戏了。

这节课你有什么收获？（学生纷纷发言）

师：今天我们学习的是数学王国中有关“概率”的知识，“概率”对于我们的生活有着非常重要的作用。如果我们对可能发生的事情能做准确判断，我们就会把事情做得越来越好，你们也会更出色，对吗？

Ⅵ. 板书

（彩图贴黑板上，图 6-3）

图 6-3

（三）专家点评①

“可能性”是小学数学新增课程内容，“可能性”的教学往往得到小学数学教师的青睐。究其原因，无论从内容本身，还是教科书中知识的呈现方式，本节课的教学都离不开活动，而活动又似乎是学生学习方式改变的主要标志。因此，伴随活动的“可能性”教学，频频出现在各级各类公开教学中。然而，由于一些教师对于数学本体性知识的缺乏，导致为了活动而活动，学生在整节课中都陶醉于抛硬币、摸乒乓球等游戏中，而其中的理性思考荡然无存，更谈不上随机观念的渗透和培养了。殷老师在本节课的教学中却体现出浓浓的数学味道，在学生们“玩”的过程中加入了深度的数学思考，学生在掌握“双基”基础上，随机观念得到发展和培养。

1. 让学生在操作中感知随机现象的存在

殷老师先后两次以“可能性”为题上过大型公开课，其教学设计虽不同，但纵观两节课，我们不难看出，一个突出的共性就是让学生在操作中感知随机现象的存在。

学生对随机现象的认识，是本节课的教学重点。而这种认识如果仅仅停留在“听”的层面，即为“伪认识”，是一种浮于表面的假象。两节课中，尽管设计不同，但是教师的教学理念却是相同的，即“感知随机”。在第一节课的教学中，教师引导学生在抛硬币、摸球游戏中体验随机现象的存在，教师时时提醒学生“你能确定吗”，学生在思辨过程中，既能感知随机，又能体验游戏的快乐。教师从课前活动抽取幸运同学开始，就让学生对随机现象有了初步了解，随后的摸球游戏让学生在“猜一猜”“为什么”中理性思考，进而充分感知随机现象

① 由孔凡哲现场点评。

的存在。

2. 注重发掘数学的学科内涵

这次课是在曾经上过一次公开课之后，经过教学反思、改进基础上形成的。因此，本节课是对第一次课的发展，教师不仅关注了学生对随机现象的感知，同时，还有意识地帮助学生依据生活经验体验可能性有大小之别。教师巧妙利用摸球环节，随着不断拿走黄球，学生凭借生活经验判断“尽管袋子里球的颜色不变，但是，事件发生的可能性是不同的”，如何刻画这种不同，“大小”就在这样的学习背景下产生了。在这一过程中，学生其实是用生活中的“理”解释数学中的“事”，借助生活经验来解释数学现象。学生对可能性大小也有了充分的体验感知，这为学生学习概率知识奠定了基础。

3. 巧用实验，理解概率

在案例中，教师为了帮助学生理解事件发生概率的真正含义，在累加学生实验结果基础上，又出示数学家实验的数据，旨在说明概率是 0.5 的事件，但发生次数逐渐增多时，其发生的结果会在 0.5 上下浮动。这样既让学生体验不确定事件是不能通过一两次实验就得出确定结论的，同时又帮助学生理解概率与事件发生之间的关系，渗透随机思想。

其实，类似的实验还很多。例如，在一次小学数学“可能性”课堂教学中，全班 40 位同学，每人都独立做 10 次抛币试验——“用两个硬币抛币，记录恰好出现两个正面的次数”。将每人的结果记录下来，如图 6-4 所示。可以发现，孤立地看 40 组数据，每组数据似乎没规律——数据出现 3 次、2 次、1 次的相对集中，但也有出现 0 次和 6 次的。一旦将每人 10 次总计 400 次的数据汇总在一起，得到的结果却是惊人的（图 6-5）：次数少于 100 次之前，数据波动比较大；数据在 200 次之后，就呈现出相对稳定的趋势——在 0.25 上下波动，但并非意味着次数越大就越接近 0.25，比如，250 次时非常接近 0.25，而 330 次时却出现了波动——偏离了 0.25。事实上，频率逼近概率不同于 $\lim\limits_{x\to+\infty}\frac{1}{x}=0$，而是上述频率 p_n 逼近概率 0.25，意思是随着次数 n 的增大，$|p_n-0.25|$出现波动的可能性越来越小，但并非不出现波动（亦即并没有规定波动的强度，而仅仅涉及波动的频度）。相比之下，在 $\lim\limits_{x\to+\infty}\frac{1}{x}=0$ 中，随着 x 不断增大而趋于$+\infty$，$\left|\frac{1}{x}-0\right|$随着 x 的增大变得越来越小（即 $\frac{1}{x}$ 与 0 之间的距离变得越来越小），不仅变化的强度越来越小，而且变化的频度也越来越小。

在上述案例中，如果能呈现类似的活动，学生获得的感受和理解将是深刻的、强烈的，甚至是终生难忘的。

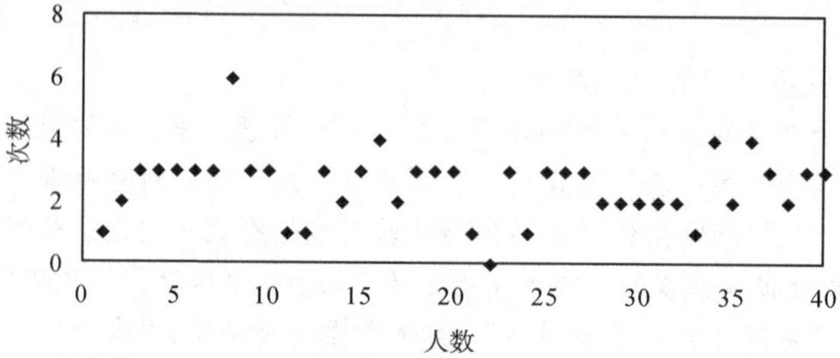

图 6-4　抛币、试验结果

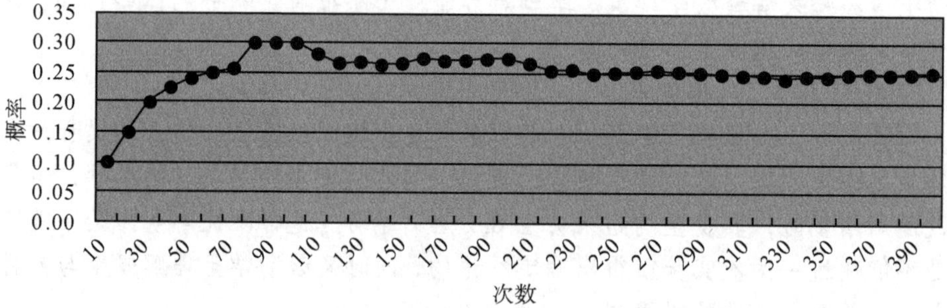

图 6-5　抛币试验数据汇总

4. 回归生活，解释应用

教师在联系环节通过对生活现象的解释说明，来巩固学生对概率知识的理解。与前面相对应的，在这一环节中，教师引导学生用数学中的“理”来解释生活中的“事”，这是一种课堂回归。让学生在生活经验理性化、理性经验模型化的过程中，深刻体验感知，积累学习经验，发展数学思想。

总之，我们认为，在“可能性”课堂教学中，尤为成功的内容集中表现在三个方面：一是体现“随机事件”抽象的过程，获得概念抽象的直接经验；二是初步体现“从特殊到一般”的不完全归纳思想；三是初步感知根据一般的“随机事件”判断生活中的“随机现象”的逻辑过程，初步体会演绎的思想。

三、合作学习与接受式、探究式模式综合运用的课堂案例分析

案例 6-3　分数的除法

在案例 4-3 中，教学内容是小学分数的除法。整节课综合运用了多种教学模式开展教学，比较典型的教学片断分析如下。

（一）具有典型的有意义接受式的教学片断

师：上节课我们学习了整数除法，下面这个问题谁能帮老师解决呢？

问题：3dl 油漆能刷 $6m^2$ 的墙，1dl 能刷多少平方米的墙？

（在教师指导下，全体学生齐声读题）想一想，该怎么列算式呢？（教师板书，

见图 6-6）

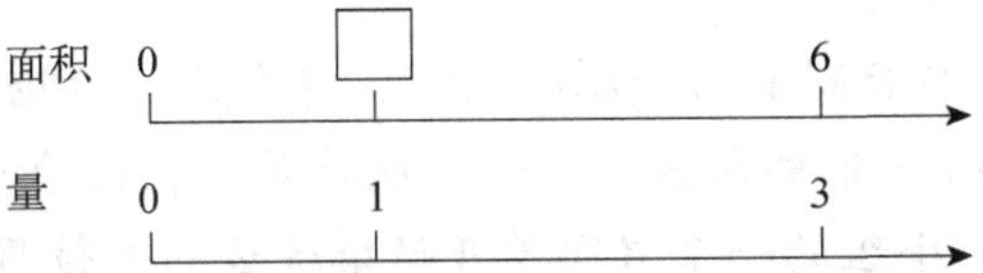

图 6-6

生甲：（口述算式）$6m^2 \div 3dl = 2m^2/dl$（教师板书）$2m^2/dl$

师（总结）：总量÷份数=一份的量。

师（出示新问题）：$\frac{1}{3}$ dl 油漆能刷 $\frac{5}{8}m^2$ 的墙，问 1dl 能刷多少平方米的墙？（全体学生读题）

师：利用上面的模型，我们该如何画出类似的示意图呢？

当你看到这个问题时，结合我们学习过的整式除法，应该怎么计算呢？我们简单回顾一下上题，“3dl 油漆能刷 $6m^2$ 的墙，1dl 能刷多少平方米的墙？”，可以看出来，3 对应 $\frac{1}{3}$，6 对应 $\frac{5}{8}$，那么，应该怎么列式呢？请大家独立画出示意图。

（教师在学生中巡视，发现两种典型画法，教师将其抄在黑板上，见图 6-7）

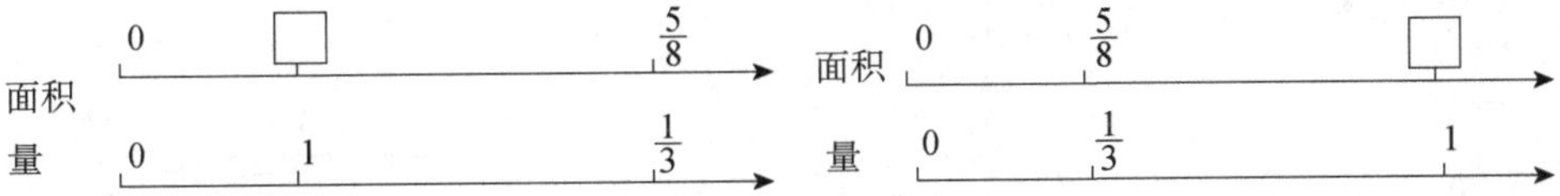

图 6-7

生乙：$\frac{5}{8} \div \frac{1}{3}$……

师：是这样的吗？

生丙：$\frac{5}{8}m^2 \div \frac{1}{3}dl$（教师板书）

师：上面的两个图示，哪个正确呢？

（师生一起进行一番讨论，最后，确定右图是正确的。随后，教师擦去错误的图示，保留正确的图示，见图 6-8）

师：大家能根据这个图示（图 6-8）计算出它的结果吗？自己先在作业本上算一算。

（教师巡视，发现有的学生的答案是错误的，同时，发现多数学生并不知道如何去计算）

（二）采取合作方式实施探究的教学片断

师：现在分小组进行合作学习，将你的答案与同伴说一说。

（仅仅十几秒的时间，各组就将各自的单桌拼摆成一个长方形讨论区，每小组六个人围坐一圈，开始讨论）

师：各小组的小组长到前面领取小黑板，待会儿将讨论结果展示给大家。

（但是，六个小组并非都在热烈讨论。也就是说，每个小组并不是每位学生都参与讨论，如，第一小组的一个男同学开始给旁边的一位男同学讲自己的想法，两人互相探讨，而同组其他四人都没有参与进来，其中的两位学生在做小动作，另外两位学生在翻课本、在纸上乱写乱画。班内其他五个小组多数在热烈讨论。时间持续了 10 多分钟）

（小组讨论在继续，两分钟后，下课铃声响起，此时，各小组仍在热烈讨论，笔者赶紧抓拍各小组合作学习完成的情况，各组写在小黑板上的算式或计算过程如下。）

小组一：$\frac{5}{8}\text{m}^2\div\frac{1}{3}\text{dl}=\frac{5\times3}{8\times1}\text{m}^2/\text{dl}=\frac{15}{8}\text{m}^2/\text{dl}$

小组二：$\frac{1}{3}$dl 油漆能刷$\frac{5}{8}\text{m}^2$的墙，从图 6-9 可看出，从$\frac{1}{3}$到 1 扩大了 3 倍，从$\frac{5}{8}\text{m}^2$到□也应该扩大 3 倍，因此，1dl 油漆能刷：（式）$\frac{5}{8}\text{m}^2\div\frac{1}{3}\text{dl}=\frac{5}{8}\text{m}^2\times3/\text{dl}=\frac{15}{8}\text{m}^2/\text{dl}$.

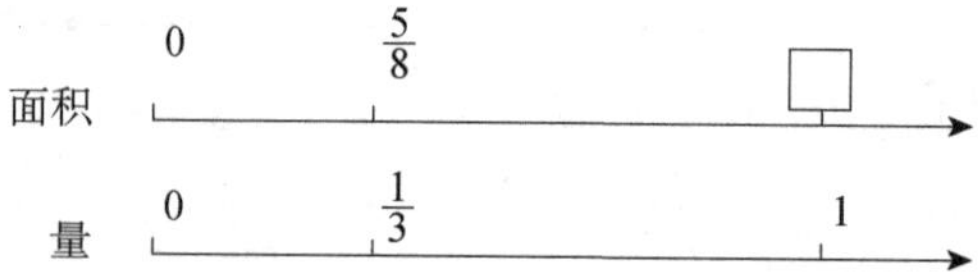

图 6-8

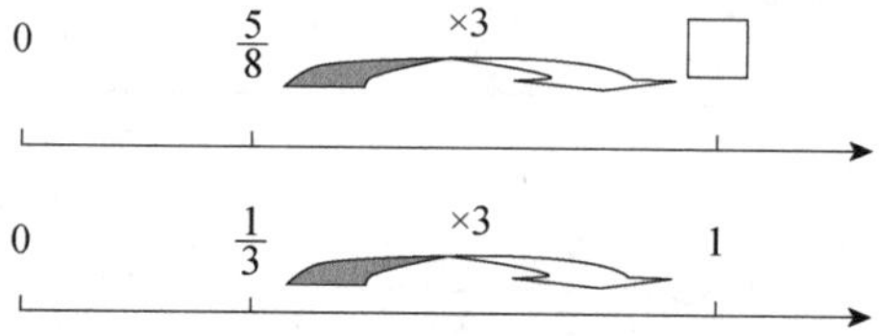

图 6-9

小组三：$\frac{5}{8}\text{m}^2\div\frac{1}{3}\text{dl}=\frac{5}{8}\times\frac{3}{1}\text{m}^2/\text{dl}=\frac{15}{8}\text{m}^2/\text{dl}$

小组四：（图 6-10）

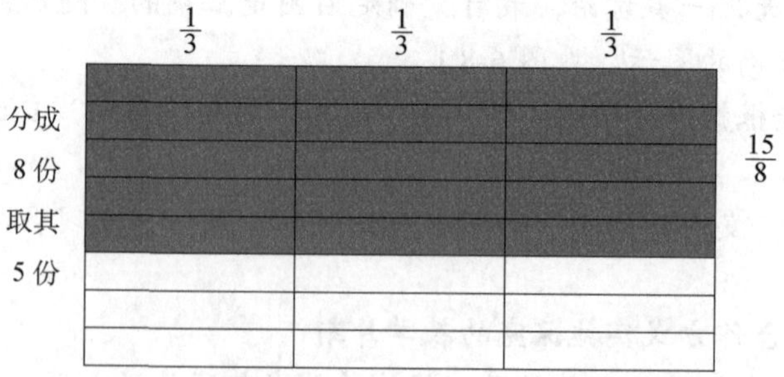

图 6-10

小组五：$\frac{1}{3}$dl 油漆能刷 $\frac{5}{8}$m^2 的墙，从示意图（图 6-8）中可以看出，1 包含 3 个 $\frac{1}{3}$，每个 $\frac{1}{3}$dl 油漆能刷 $\frac{5}{8}$m^2 的墙，1dl 油漆能刷墙的面积 $\frac{5}{8}$m^2 ÷ $\frac{1}{3}$dl 应该等于 $\frac{5}{8}\times3=\frac{15}{8}$（m^2/dl）。

小组六：未完成，如图 6-11 所示。

图 6-11

（说明：这节课在学生分组争论尚未结束、教师尚未进行全班汇总的情况下就结束了。但是，各组讨论的结果基本成型。不难发现，六个小组的讨论结果中，二、四、五小组的结果正确，而且合乎情理，比较完美；而小组一、三的结果正确，可道理可能不太好说；小组六借助直观图，结果正确，道理基本可以说清，但不知学生如何交代。

（三）点评

这是一节在规定时间内尚未上完的课，在我国属于“失败”的一节课。

1. 鼓励学生自主探究，适时开展合作学习

教师组织学生在独立思考而苦于得不到答案的前提下，组织学生分组合作、实施探究的环节，是非常成功的。“分数的除法”课组织学生分组讨论、合作学习求算式 $\frac{5}{8}\div\frac{1}{3}$ 的商的环节，是很成功的。从中我们可以看到，大多数学生都能积极参与小组合作学习中，而且进行比较热烈的讨论，大多数学生都能进行思考，通过算式的推理、画线段图、直观表示等多种方法，基本得到了结果——分数除法的算理“除一个数等于乘以这个数的倒数”，绝大多数学生都能得到较充分的发展。

2. 合作学习需要良好的环境

这个课例中，在实施合作学习过程中，当教师组织学生准备合作学习时，学生们很快将各自的单桌拼摆成一个长方形讨论区，每小组六个人围坐一圈开始讨论，迅速构建了一个很好的合作学习环境，有利于学生开展合作学习。这个短时间内的动作表明，不仅日本的课桌设计便于搬移，更说明日本学生经常进行小组

合作学习，学生已经掌握合作学习的基本方法。

小组合作学习的展开是有前提和必要条件的。首先，需要一个明确的问题；其次，学生要具有完成这个问题的知识储备；最后，这个问题符合学生的最近发展区，即不能轻而易举地得出答案，而是需要几人通过合作讨论共同得出答案。

在这节课中，教师先是引领学生解决“3dl 油漆能刷 $6m^2$ 的墙，1dl 能刷多少平方米的墙”，构建基本模型“总量÷份数=一份的量”，以此为基础，自然过渡到要合作学习的问题“根据图示（图 6-8）计算 $\frac{5}{8}\div\frac{1}{3}$ 的结果，分小组合作学习，将你的答案与同伴说一说”。这样的处理使需要合作学习的问题相对明确，并且，迁移前一个问题解决的思路来解决后一个问题，给学生提供了参照，降低了难度。假如仅仅通过学生独立探究的方式，可能只有优秀生能顺利解决这个问题，采用小组合作学习后，小组成员内部形成积极依赖关系，通过他们的讨论交流、互帮互助，可以使小组成员共同达成解决问题的目标，提高了教学效率。课堂实践也证实，各小组都以自己的方式完成了任务。这节课具备了小组合作学习的前提和必要条件。

3. 并非所有的内容都需要通过合作学习来完成

在这节课上，教师前半部分的教学没有合作（几乎全部是教师基于启发前提下的讲解，即有意义接受），而且是针对分数除法算式 6÷3、$\frac{5}{8}\div\frac{1}{3}$ 等采取启发、诱导式的讲解、点拨，取得了良好的教学效果。课堂观察表明，全班几乎 90%的同学都能准确理解“总量÷份数=一份的量”的含义，进而能够比较深刻地理解分数除法的含义。但是，算式 $\frac{5}{8}\div\frac{1}{3}$ 究竟如何计算，教师并没有采取讲解方式，而是围绕“双数轴”这个直观模型不厌其烦地分析。这为后面的合作、探究提供了必要前提和重要铺垫。

4. 这节课的一些遗憾

值得一提的是，上述案例虽然相对成功，但仍有一点点小遗憾——这节课的合作学习的任务汇报（大班交流）并没有在课内完成，学生们通过自己的合作学习基本形成了问题的答案，但是，合作学习的汇报和讨论并没有实施，未能完成既定的目标。如果汇报和讨论的环节得以施行，这节课的效果会更好。这也留给我们一个思考，在组织合作学习时，要留给学生足够时间，使学生的合作学习完整开展，这样才有利于学生更好的发展。反思这节课，前面的复习时间过长，导致合作学习的时间不充足。如果教师能压缩复习时间，那么，这节合作学习课的实施效果就更好了。

第三节　组织小学生开展数学课堂合作学习的技术要领与技巧分析

与其他教学模式相比，课堂合作学习模式更有利于系统利用课堂教学动态因素之间的互动促进学习、共同达成教学目标。为了更好地提升课堂合作学习模式的教学效果，需要把握课堂合作学习模式的技术要领和使用技巧。①

一、课堂合作学习模式实施的技术要领

在小学数学课堂开展合作学习模式，必须把握合作目的明确、分工具体、积极互赖等基本要领。

（一）使学生明确合作的目的

任何活动没有明确的目的只能导致盲目行动。合作学习兼具“学习”与“合作”两种任务。因此，合作学习的教学目标主要有两类：一类是学术目标，主要指与学生认知发展有关的目标；另一类是技能目标，是与学生的技能发展相联系的系列目标，合作技能就是其重要内容之一。

进行合作学习之前，教师应确保每一位学生明确知晓合作目的，确保合作活动沿着明确方向发展，杜绝盲目合作。

案例 6-4　在“池塘里有多少条鱼”这节课上，教师直接提出一个非常现实的问题。

一个透明的鱼缸里有多少条鱼，我们可以数一数。鱼塘里有多少条鱼，我们如何办呢？

为解决这个问题，教师提出一个相关问题。

黑箱里有 4 个黑球和 16 个白球，任意摸出一个，摸到黑球的概率有多大？如果任意摸出 5 个，你能推断这 5 个中可能有几个黑球吗？为什么呢？

由于后一个问题是学生熟知的问题，于是，学生很快就得出结论——球的总个数是 20 个，黑球与总球数的比数是 4 : 20，即 1 : 5，从而，任意摸出 10 个能推断这 10 个中可能有 2 个黑球。

随后，任课教师又进一步提出问题：如果盒子中有 4 个黑球和若干个白球，不允许将球全部倒出来数，那么，你能估计出其中的白球数量吗？

① 本节内容参考孔凡哲等编著的《上好课：有效技能》（东北师范大学出版社，2009 年）的专题 7 第四部分“促进学生有效合作的基本要领”，这里添加、更换了大部分案例，并修改完善了诸多描述。

教师稍作停顿，随后组织学生以小组为单位，设计一个方案，解决最后这个问题。

在上述教学片断中，我们可以看到，教师明确提出了合作学习的目标：为解决“如果盒子中有4个黑球和若干个白球，不允许将球全部倒出来数，那么，你能估计出其中的白球数量吗？”这一问题，采取小组合作方式设计一个方案。这个目标又是为了解决“鱼塘里有多少条鱼”这个现实问题而设计的。

这就是说，想要达成学生合作学习的目标，需要具备能够合作的条件，即需要有一个明确的任务（问题），这个问题仅靠自己的力量又无法完成，需要通过小组成员内的合作才能完成。学生已经掌握了运用树状图和列表法计算简单事件发生的概率，也知道一些纯粹的现实问题，无法应用树状图和列表法计算得到概率，需要借助试验模拟，通过以频率刻画概率的内容获得估计值。虽然这些活动为解决本课的实际问题奠定了知识基础，但问题本身过难，需要与他人共同合作才能完成。

特别指出的是，学生只有在独立思考的基础之上，才能真正与他人进行深度交流，并在此过程中补充、修正、完善自己思考的合理性与可行性。如果学生尚未独立思考就急于与他人合作交流，那么，这种合作必定仅仅停留在表面上——为了合作而合作，容易出现优等生“一言堂”的局面，这就违背了合作学习的目的。因此，在进行合作之前，要给学生留有一些独立思考的时间。如，上述片断中，教师在提出问题后稍作停顿，先让学生独立思考，再提出小组合作的具体要求，这种做法比较恰当。

（二）在合作中有明确分工

在组建合作小组时，按照“组内异质，组间同质”原则，将学生组成学习小组，应当尽量保证一个小组内的学生各具特色，能够相互取长补短，使小组内体现合理差异，为合作学习奠定基础。小组间成员水平大体均衡，保证各小组之间能够展开公平竞争。

要想做到异质分组，一般应考虑学生的成就、能力、性别、家庭背景等因素。

对于小组的人数，教师要预先确定。刚刚实施课堂合作之初，小组人数应限制在2～3人，随着小组成员获得越来越复杂的合作技能，小组规模可以适当增大，各小组成员以4～6人为宜。每个成员都分到一个有效活动的角色，如主持人、计时员、记录员、观察员、报告员等，要保证每个成员都是小组必不可少的一员。角色分配是为了让每位学生都能获得直接的合作体验与经验，也是为了让每位学生责任明确、各司其职，并把个人利益与小组利益联系起来，建立“利益共同体”，成为“学习共同体”。合作小组可以相对固定，共同学习几周、几个月，甚至整学年，但是，所有学生要有机会至少在一门课程内参与活动。建立合作小组之初，教师需要依据成员的性格特质与特长，适当分配成员的角色，特别注意采取“异质分组”方法，分配角色是教给学生合作技能、促进学生之间积极互赖的一种有效方法；但是，随着时间的推移，分配的角色也要经常变换。

（三）调整教室空间结构，便于相互交流

改变“秧田式”的空间结构，将课桌、课椅排列为T形、马蹄形、田字格等不同形式，形成一个开放式学习空间，缩短学生之间的空间距离，有利于学生交流。小组合作学习强调在个人学习目标基础上的小组目标，强调群体内的互助合作，同时，尽可能为每位学生提供表现自我、展示个性的机会，满足学生个性发展需求。为了便于合作学习，中小学一般采取前后桌4人为一组的分组方式，便于操作，但无法保证“组内异质，组间同质”。案例4-3“分数的除法”中的日本小学课堂摆放桌椅构成合作学习小组的做法值得借鉴。

（四）使每一位学生明确合作的步骤

在进行合作之前，教师要让每位学生明确合作的步骤，只有知道每一步怎样合作，才能更好地完成学习任务，这是合作得以顺利进行的基本保障，也是有效合作的重要前提。因此，在学生最初进行合作学习时，教师要进行合作技能训练，尤其是低年段，学生很难将一个学习活动的步骤考虑得有序、完整，这就要求教师事先设计好活动的步骤，并让每位学生了解活动的步骤。有些活动步骤比较简单，教师可以用语言描述；对于相对复杂的步骤，教师可以请一组学生现场示范；如果不能当堂示范，教师可以在课前拍摄录像，当堂播放来演示。

在案例6-4“池塘里有多少条鱼”中，教师以PPT形式明确提出小组合作任务，帮助学生进行合作：

（1）先自己独立思考，再与其他小组成员交流自己的想法。

（2）你们小组准备采取怎样的实验方法？（小明的还是小亮的？）

（3）各小组分配好角色，进行试验，并记录试验次数与试验数据。

（4）根据收集的数据，你能估算出盒子里的白球数吗？

（5）打开盒子，数数盒子中白球的个数，你的估算值和实际一致吗？

（6）希望各小组成员通力合作，各司其职，顺利完成指定任务。

（五）合作前准备好充分的材料

常言道“巧妇难为无米之炊”。活动前的材料准备也是非常重要的，学习材料的安排，必须考虑小组成员良好而积极的互赖、互动关系。也就是说，必须使学习材料具有合作性，确保每一位小组成员都能介入小组活动。

设计课堂合作所需材料，主要有三种方法。

一是材料互赖，即只供给小组一份材料，要求小组成员必须共同阅读、讨论。

二是信息互赖，即每位成员阅读不同的参考资料或书籍，或将一份材料分成几份，由小组成员分别阅读，再予以综合，使每位学生都积极参与。

三是组间互赖，需要教师事前精心设计材料，使材料既有组内竞争又有全体成员之间相互依赖的形式。

（六）给学生留下充分的合作时间和空间

草草收场的合作学习只是走过场，外表很热闹但对学生发展毫无益处，不仅学生感到不尽兴，久而久之也会将这种活动当成一种儿戏。因此，教师要预先估计每次合作学习活动所需的时间，能合理安排教学时间，合理运用教学空间，让学生能够顺利完成合作学习的任务。

例如，在案例 6-4“池塘里有多少条鱼”中，教师为了保证学生进行小组合作而特意留出 15 分钟，让每个小组都有充分的时间选择试验方法进行试验、统计与计算。

（七）明确合作成功的标准

在课程开始时，教师就应明确告知学生合作成功的标准是什么。合作学习的评价是标准参照评价，是每位学生的表现与期望的学习结果相比，而不是与其他同学相对照。因此，教师可因人而异为不同学生设定有差异的标准，学习结果的期望应具有挑战性和可能性，以维持积极学习动机。

例如，在案例 6-4“池塘里有多少条鱼”这节课中，合作成功的标准就是“选择方案，完成试验，查看估算的白球数与实际数量是否相同”。

（八）说明期许的合作行为

合作是一种意识、一种态度，也是一种方法，需要在日常教学中培养学生的合作意识，让学生愿意合作学会合作。因此，教师应当把预期的合作行为具体化。越是低年级，越要重视合作学习的指导。如，在小学低年级小组建立之初，期许的行为可以是“和你的成员待在一起，不要在教室里乱走”“小声说话”“按顺序做事”“相互之间叫名字”等。当小组能够有效从事活动后，教师所期许的行为可以变得复杂一些，如，让每个成员解释如何得到这个答案的；让每个成员阐述正在学习的知识与先前学过的知识之间的关系；检查并确保小组中每个成员都已掌握学习材料、同意小组的答案；鼓励每个成员参与活动；批评不正确的思想而不要批评人等。

例如，在案例 6-4“池塘里有多少条鱼”中，教师明确提出了合作的期许行为“希望各小组成员通力合作，各司其职，顺利完成指定任务”，这对于合作的完成起到了重要导向作用。

（九）进行追踪与指导

教师可以自己观察或指派记录员记录各组合作学习情况，通过观察或记录学生之间的互动，可以了解学生的学业是否有进步，是否能恰当运用人际交往和小组活动的技能。根据这些观察，教师便可以有的放矢地介入学生的合作活动，提高他们的学业成绩和人际交往技能。

在案例 6-4“池塘里有多少条鱼”中，学生合作学习时，教师对每一小组的合作都进行了适当指导。

（十）实施评价与反馈

无论时间是否充足，教师都必须及时与小组成员讨论小组活动情况，鼓励小组成员发表合作历程中的想法，以提升合作学习的质量。小组每个成员都是小组活动中必不可少的一员，因此，合作学习要人人尽责，分享成果时人人有份。对合作学习实施评价时，要以小组为单位，这有利于小组成员树立“我为人人，人人为我”的观念，让学生感受到小组合作中“荣辱与共，休戚相关”，让学生感悟到个人优秀不代表小组优秀，有必要在小组内部成员之间形成互帮互助的关系。

二、开展课堂合作学习模式的若干技巧

如何促进学生的有效合作，是当前中小学教师普遍关心的话题。对此，我们认为，集中抓好两方面的问题最为关键：一是培养学生合作的本领；二是提高合作的实效性和有效性。

（一）教师必须有计划、有步骤地传授合作的本领，帮助学生学会合作、分享

当学生体会到合作的必要性后，可能会在需要合作时自发地表现出合作行为，但往往不知如何去合作，这就需要教师在日常教学中有计划地传授合作、分享的方法技巧，培养学生良好的合作习惯，指导学生逐步学会究竟如何合作、如何分享才能取得好的效果。

1. 学会分组与分工

（1）灵活分组。进行小组合作学习的关键是有效地组织学生学习。没有组织的学习，会使课堂变得嘈杂而又散漫，因此，合理编排小组是课堂合作学习模式开展的首要前提。小组一般以 2～6 人为宜，而分组须建立在教师对班级学生的能力、兴趣、知识水平差异等因素的准确把握基础之上，遵循“组内异质，组间同质”原

则，对全班学生进行优化组合，以利于优势互补，相互促进。组与组之间尽量保持相对平衡的水平，才能保证每个小组在大致相同水平上展开小组合作学习。这样既有利于各组在学习过程中的公平竞争，也便于教师辅导。

一般在小组构建时，重点考虑人数结构的合理性、认知结构的合理性、情感结构的合理性等。

（2）合理分工。合作学习不是学生围坐在一起进行简单的议论，小组内应有一定的分工，每一位学生都要被指定担任一种特定角色。在小组合作学习过程中，学生之间应分工明确，并形成良好的互助、互学和互动关系。教师要注意让每位学生充分体验到自己既是学习者又是管理者的双重身份，每个人除了要完成自己的学习任务外，还要履行自己的职责，最终学会在学习中分工协作，共同完成任务。

2. 学会交流和倾听

在当前的课堂教学中，小组合作学习的确增加了学生参与的机会，但也时常会出现各自为战的现象，达不到合作学习的最佳效果。因此，在交流时，要特别注意培养学生认真听取别人意见的习惯，通常采取下列有效措施：①让学生简要记录别人的发言；②开展道德教育，使学生明白不认真听取别人意见是一种不礼貌行为，也是一种不文明的行为，逐步培养学生虚心听取别人意见的习惯。

3. 学会欣赏与激励

每个人从内心深处都希望自己成为成功者，而发展学生的情感态度与价值观也是合作学习的目的之一。在小组合作学习中，教师要教学生学会欣赏的方式方法，例如，同学表现得好，我们应懂得鼓掌表示赞赏。教师做适当示范来指导学生，例如，产生共鸣时，做适当的点头、微笑、鼓掌，表示接受、赞赏。这样互相欣赏、互相激励，在小组合作学习中就会形成和谐、宽松、积极向上的氛围，有利于每个参与者的发展。

（二）有意识地提高合作的实效性

1. 巧妙设计合作学习的问题

合作学习的问题要难易适度，如果所要解决的问题不用思考就可以完成，小组合作就会流于形式；如果所布置的问题太难，学生则不知如何下手，这样不但解决不了问题，而且会使学生对合作学习失去兴趣。一般而言，小组合作学习的问题应富有挑战性，如果能让学生自己提出合作的问题，学生就会兴趣盎然，获得积极的情感体验。

需要指出的是，小组合作学习的任务必须有一定难度，问题应有一定的挑战性，有利于激发学生的主动性与激情，发挥学习共同体的创造性。

2. 民主分组，落实个人责任

组建结构合理的合作学习小组，是有效开展合作学习的必要前提。一般来说，根据学生的座位就近组成学习小组是普遍使用的方法。其实，在学生中，有一种不用组织而自然形成的“小群体”。由于小群体中的成员之间有共同的行为模式，有较强的凝聚力，再加上在这个小组中，学生的精神是自由的，所创造的氛围是宽松的，因而学生的天性能得到充分发挥，成员之间能产生较强的互相促进的力量。在这种形式的分组中，教师把分组的主动权还给学生，学生参与合作的意识特别强，学习情绪高涨，合作效果自然好。此外还应给组内成员分工，保证每个人都有事可做。当然，角色要经常轮换，目的是让每一位学生都能得到不同的锻炼和体验，并认识到各个角色的责任以及存在的意义，从中体会要想成功就得同舟共济，从而最大限度地提高合作学习的效率。

3. 合理指导，正确引导，保障合作的时间、空间

建立小组之后，教师要让学生明确小组合作的意义——充分发挥小组所有成员之间的团结协作精神去获取知识。因此，在教学过程中，教师不但要注重激发学生参与合作的热情，还要结合具体情况，抓住时机对学生进行如何分工合作、如何研究问题、如何补充完善等合作技能方面的具体指导，让小组成员逐步学会有效合作。比如，在需要动手合作时，要让学生学会如何合理分工；在意见不同时，要让学生学会倾听和质疑；在有人迷惑不解时，要让学生学会及时给予帮助——耐心细致地指导将有效促进学生合作能力的提升。

此外，有效的课堂合作必须有充裕的合作时间，否则，学生无法从容地深入思考，探究的深度不够，合作效果自然就不好。课堂上经常有教师担心超过预定时间、完不成预设教案，因而在学生合作时没有安排充裕时间，致使学生的合作仓促、忙乱，效果不佳。这恰好印证了波利亚[①]的一个判断，“学习任何知识的最佳途径是由学生自己去发现，因为这种发现理解最深，也最容易掌握其中的规律、性质和联系”[②]。

4. 要培养良好的合作习惯

（1）要培养学生独立思考的习惯。爱因斯坦[③]曾说过，“学校的目标应当是培养有独立行为和独立思考的个人”。如果小组合作学习离开了独立思考这个前提，就如水上浮萍，落不到实处，也就达不到合作学习的目的。只有在学生思考达到一定程度但又无法突破时，通过合作才能出现一点即通、恍然大悟的效果，促进

① 波利亚（George Polya，1887—1985），美籍匈牙利数学家、数学教育家。生于布达佩斯，卒于美国。

② 乔治·波利亚. 数学的发现——对解题的理解、研究和讲授[M]. 呼和浩特：内蒙古人民出版社，1979：283-285.

③ 爱因斯坦（Albert Einstein，1879—1955），美籍德国犹太人，创立了代表现代科学的相对论，被公认为自伽利略、牛顿以来最伟大的科学家、思想家。

新知的建构，也只有当学生独立学习、解决某个问题遇到困难，需要寻求他人帮助时，进行合作学习才是学生最需要的，这时的合作学习才最有意义。因此，在组织学生参与讨论之前，教师要留给学生一定的时间，让他们独立思考。

（2）要培养学生善于倾听的习惯。教师要逐步引导学生在合作时学会三听：①认真听每位同学的发言，不插嘴；②听出别人发言的要点，培养学生收集信息的能力；③听后需思考，提出自己的见解，提高学生处理信息、反思评价的能力。

（3）要培养学生勇于发言的习惯。在合作学习中，常常会出现一些“小老师”“小权威”，他们发言的机会多，而大部分同学发言的机会却很少。因此，教师要深入小组中，调动全体学生的参与热情，培养人人敢说的勇气。比如，一些简单易懂的问题让平时不爱发言的同学先说，并给予肯定和鼓励，使一些基础知识差、思维能力弱、不善言谈的学生，也有表现自我和获得成功的机会。

5. *要对合作情况适当评价*

交流与评价是合作学习流程中极为重要的环节。评价的侧重点是学习过程，而不是学习结果。在合作学习过程中，要积极鼓励学生参与评价，通过互评互议，体会获得新知的成功感和喜悦感，促进合作与评价的良性发展。

例如，在小组合作学习之后，可以指导学生对学习过程及时小结，比如，“你觉得自己今天认真倾听了吗？”“在小组里你完成自己的任务了吗？”“你今天与其他同学有互帮互助吗？”，还可以引导学生自己给自己打分，小组内同学互相评价。对其他小组的评价，可以是“你们觉得今天哪一小组的表现最好？为什么？”，教师给予的评价则是“今天某某小组在分工方面表现很好，某某小组在倾听方面表现很好，某某小组汇报得非常有条理”等，旨在体现各小组各有所长、各有进步，从而充分调动学生的积极性，提升合作学习的质量。

此外，适时引进竞争机制及激励性评价，使小组之间通过竞争共同得到提高，同时，个人及小组群体分享成功的快乐。

6. *有效合作必须建立在学生独立思考的基础之上*

每一位学生高质量的自主学习是合作学习的基础。每一位学生应根据自己的学习特点，为自己确定明确、具体的学习目标，自主选择学习内容，调控自己的学习进程，反思自己的学习结果，有一定的问题意识及自主选择性。

小组研讨的民主性、超越性是保证合作学习实效性的关键。小组研讨的民主性集中表现在充分尊重与众不同的思路和独到见解，吸纳与众不同的观点。小组研讨的超越性则集中表现在作为学习的共同体所表现出的独创性、创造性。

三、课堂合作学习模式实施中的若干策略方法

在小学数学课堂教学中，实施合作学习往往出现若干问题，而化解这些问题

需要分别采用相应的策略方法。下面介绍来自小学数学课堂教学实践中的若干成功策略方法。

（一）重合作形式更重团队合作分享

合作学习不是简单地把学生分成几个小组，不能把小组合作学习停留在表面形式上，在具体教学过程中，还要关注很多深层次的问题。

案例 6-5　在小学五年级的一节“轴对称图形”的课堂上，在练习环节，任课教师让学生以小组为单位做一道开放性的习题：给每个小组分发学具，让学生发挥想象力，创造一个轴对称图形。学生每人拿到学具后，小组之间的交流很少，基本停留在独立学习层面，没有真正地讨论与合作，没有发挥小组合作的优势，因此其学习结果不能代表小组的水平。

究其原因，小学五年级学生自我管理能力差，尚未形成合作学习的意识和能力，而教师又没有及时提醒和指导每个小组的学生进行相互讨论和及时交流，合作学习流于形式。其实，教师一切教学行为的出发点和归宿，都是为了学生在本学科的全面发展。在课堂合作中，教师不能让优等生独自一人代替小组进行汇报交流（如同唱独角戏），或者让组长做“小老师”，而应该帮助小组成员之间建立平等、民主、互助的关系，使每个成员在本小组的学习活动中履行自己的个人责任，保证合作学习不放任自流，或流于形式。

（二）注重培养学生的团队意识

在合作学习中，往往会出现诸多问题，比如，小组内的意见不统一，出现争吵现象；小组成员各干各的；后进生逃避学习，优等生霸占话语权；合作缺乏公平性、独特性；在小组活动中，优等生发言的机会多，代表小组汇报的现象多等。产生这种现象的原因很多，如教师上课（尤其是公开课）压力大，担心影响教学效果或拖延时间，不敢让学困生过多发言；教师只重视每个小组的学习结果而不关心成员个体的学习情况，认为优等生就可以代表其小组；教师对小组的指导和监督不够，小组成员分工不明确。

此外，在中小学课堂教学中，小组活动更容易出现放任自流现象，这种情况比班级授课制更为严重。班级教学中，学生都面向讲台，教师很容易发现学生是不是认真听课；而小组学习中，学生围桌而坐，教师不容易发现学生是否开小差，这是客观原因。而教师只关注小组的学习结果，不关注学习过程和个人学习情况，则是形成这种现象的主要原因。另外，小组长没有管理好本小组的活动，开小差的学生缺乏集体责任感，也是原因之一。

因此，培养学生的合作技能和合作意识，是教学的重要策略。其中，合作技能集中表现为社会交往意识、社会角色规范和社会交往技能。合作交往技能是作为过程展开的，按合作交往过程来说，具体概括为四点：倾听（尊重与信任）、交流（理解与沟通）、协作（互助与竞争）、分享（体验与反思）。

（三）提高师生的合作技能和合作能力

教师对教材重点内容编排意图的理解和设计是影响合作学习的重要因素。为完成教学目标，教师要认真研究教材，明确教学重点、难点，精心设计教学方法和教学过程。

在教学中，顺利进行合作学习最有效的方法就是培养师生的合作技能和合作能力。教师的合作学习教学技能至少包括四个方面。

1. 合理分组

对全班学生的分组，教师要进行认真研究设计，最好按照异质分组，也就是说，每个小组成员的组织能力、学习能力、学习成绩、思维活跃程度、性别等都要均衡配置。要确定每个成员的分工，可以采取轮换制，如组长、记录员、资料员、报告员等由每个成员轮流担任。组长负责组织、管理工作，记录员负责合作过程的记录工作，资料员负责学习资料的收集工作，报告员负责写学习报告，代表小组进行学习成果汇报。

2. 恰当进行教学设计

备课时，教师要深入研究教材，明确教材所要体现的理念。合作学习的内容要有一定难度，有一定探究和讨论的价值，问题要有一定开放性。要设计好一堂课的每个环节大约用多长时间，什么内容需要合作学习，合作学习的时间是多少，等等。

3. 适时实施课堂合作

对小学低年级学生而言，其合作学习的知识、能力、意识等都是有限的，开展有效的合作学习有一定难度，需要教师逐步对学生进行培养。例如，在小学数学教学中，整节课完全运用合作学习的情况较少，大部分教学要把班级授课制和小组合作学习结合起来，灵活运用。教师需要根据课前的教学设计展开教学，在需要合作时才进行小组合作学习。在小组活动过程中，教师要加强对每个小组的监督指导，尤其关注学困生在活动中的表现，让他们多一些发言的机会。

4. 合作学习的课后总结

教师对小组合作学习进行课后跟踪调查、收集反馈信息、反思成果与不足、对学习进行全面评价是十分必要的，这样做有利于改进教学。教师可以通过课堂观察、作业批改、找学生谈话等方式收集信息，反思成功的经验和不足的教训，进而针对每个小组的表现再做具体指导，促使每个小组都进行反思，这样慢慢就会形成小组合作学习的良性循环。

学生的合作学习能力主要包括以下方面。

（1）学会收集资料。一般来说，合作学习的课题有一定难度，有时需要收集一些资料。这就要求学生具备相关的技能，能判断该用什么工具、通过什么途径、收集什么样的资料等。

（2）学会如何表达自己的观点。语言表达是人与人交往和互动的基础，也是个人交际能力的重要指标。合作学习需要每个成员清楚表达自己的想法，互相了解对方的观点，在此基础上，才能合作探究。在教学中，教师要有意识地提供机会让学生多表达自己的观点，发现问题及时指点。

（3）学会讨论问题。讨论是合作解决问题的关键，每个成员表达了自己的想法之后，可能有不一致之处，这就需要通过讨论攻克难点，形成解决方案。教师要在关键处予以指导，让学生逐渐学会讨论问题的步骤和方法。

（4）认识合作学习的重要性。由于人的个性差异，有些学习好的学生不愿意合作学习，认为自己有能力解决问题；也有一些学生不愿意与他人交往。因此，教师要使学生逐步体验到，通过合作学习可以解决很多自己解决不了的问题，合作学习可以提高每个人的能力，使大家友好相处，从而让学生对合作学习产生认同感。

（5）建立互相信任、团结互助的关系。成员之间只有建立相互信任、团结互助的关系，才能以诚相待、荣辱与共，不计较个人的利益得失，为一个共同目标而努力，这对培养良好的思想品质大有益处。

（6）增强成员的集体责任感。小组里的每个成员都要为小组的学习任务承担一部分责任，不要有依赖思想；同时，也要对自己的学习负责，从而激励自己努力参与小组合作学习。

（7）以友好方式对待争议。班级是一个小社会，小组成员之间会因为学习或其他事情产生一些争议甚至矛盾，这时小组成员都要明确争论是为了达成共识，更好地解决问题，目标是一致的。大家要以小组利益为重，争议时对事不对人，始终保持团结。

（四）采用新的评价方式和方法

小组合作学习以小组团体的成绩作为评价标准，这无疑是正确的。但是，这可能把实施小组合作学习的教师引向一个误区，即在教学时，教师往往把评价和奖赏过多地放在针对小组的整体评价上，从而忽略了个体的发展。目前这一问题比较普遍。事实上，合作学习的一个基本理念是不求人人成功，但求人人进步。以小组总体成绩为评价依据，同时兼顾小组内每个成员的进步的做法，有利于走出竞争教育的怪圈，实现教学评价的科学化。

此外，在基础教育课程改革试验中，一线教师也创造了一些好办法。

自评互评结合。每次合作学习后，小组内成员根据各自的表现，协商之后，给各成员打分，然后，由教师根据各小组情况确定一个评价标准，把两方面的评价和学生的期末成绩结合起来。这种评价方式比较好地刻画了学生的学习过程，激发了学生合作和竞争学习的欲望。

自评、组评和师评的结合。这种做法符合发展性评价的思路，容易为学生所接受，易于调动学习的积极性。通过评价，能不断强化学生的合作意识，如，把全班学生每四人分为一个学习小组，许多活动以小组为单位完成，强调小组内各成员分工合作及角色转换。

优秀小组示范，个别辅导。改变评价方式，使学生逐渐适应评价时强调小组的整体成绩，使学生认识到每一个成绩的取得是组内各成员合作的成果。个人再优秀，若不善于与同学交流，就不能得到较好的发挥，探究活动中更是如此。实践证明，哪个小组能较好地进行分工合作，就能较好地完成学习任务。在不断合作学习中，提高学生参与的积极性，加强同学之间的交流，增进同学之间的情感沟通。合作意识的增强和合作能力的提高，为学生今后的发展打下良好基础。

（五）创造条件、合理分组、提高实效

笔者现场观察过大量小学数学合作学习的课堂，大部分是 6 人一组，每个班 8～9 组（因受条件限制，分组比不分组占的空间大），还有一小部分学生缺席。

众所周知，我国小学班级人数较多，一般在 50 人左右，多者甚至达到 70～80 人，这给小组合作学习带来相当大的困难。一般而言，班级人数在 50 人以下，比较容易分组且易于管理；人数过多，不好分组也不好管理。另外，大部分学校是按班级固定教室，这就给小组合作学习带来诸多不便，毕竟许多课不需要小组合作学习，一个班级的桌椅在课间休息的 10 分钟里重新布置往往是不现实的，因此可从以下方面进行改进。

1. 学校要打破常规，从硬件设施上给小组合作学习创造条件

比如，不按班级分配教室，按上课需要分配教室，每个年级安排一个固定的小组合作学习的教室。

2. 按照“组内异质、组间同质”原则，将学生组成学习小组，每个小组 4～7 人

每组成员在性别、兴趣、能力、学习成绩等方面合理搭配，保证组内各成员之间的差异性和互补性、小组之间合理竞争的公平性。

3. 改变长期以来以年龄编班的“秧田式”空间结构

将课桌、课椅排列为 T 形、马蹄形、田字格等不同形式，不仅缩短了学生之

间的空间距离，有利于学生交流，更重要的是，这是一种合作学习空间，是一种开放式学习群体空间。小组合作学习强调在个人学习目标基础上的小组群体目标，强调群体内的互助合作，同时，尽可能为每位学生提供表现自我、展示个性的机会，以满足学生个体发展的需求。

4. 教师应采取多种措施，培养学生合作的意识和技能

除采取小组合作学习的形式外，开设专门的课程，内容涉及如何学会倾听、学会合作分享、学会互相帮助等，以对典型事例点评等生动活泼的方式使学生懂得合作技巧，以评选奖励的办法强化正确的意识和行为等。

总之，作为 21 世纪以来国家倡导的中小学课堂教学方式（模式）之一，合作学习拥有广泛的使用空间和应用范围，并与探究学习、有意义接受学习一起，组成当前中小学校使用率最高的三种学习方式。与探究学习相比，合作学习是针对学习对象是否独立而言，而探究学习则是关注学习过程中的信息来源渠道，亦即合作学习是相对于个体学习、独自学习而言的，而探究学习是相对于接受学习而言的，同时，有意义接受学习也是必要的、有价值的，完全可以成为自主学习，但很容易导致学生学习的被动与依赖、盲目与机械，而不利于学生的可持续发展。这需要引起我们的警觉。高品质的合作学习与探究学习一定是自主学习，但并不是所有的学习领域与学习主题都需要通过合作学习与探究学习来完成，很多情形下采取有意义的接受学习也是必不可少的有效方式。

第四节　课堂合作学习模式的新发展——准确识别适合合作学习的小学数学内容

在小学数学课堂教学中，并非所有的教学内容都适合合作学习。准确识别适合合作学习的小学数学内容，就成为开展小学数学课堂合作学习的关键。

一、适合课堂合作学习的内容分析：以小学数学第一学段为例

针对课堂合作学习，小学数学第一学段（1～3 年级）的教学内容大致可以分为三类。

（1）必须通过合作学习来完成的。如“千以内数的认识”，为了培养学生的数感，使学生感知一千的多少，必须组织学生进行小组合作数数，从而形成一千的概念。再如学习“可能性”中投掷硬币等活动，更需要进行小组合作学习。

（2）无须通过合作就可以完成的。学习内容非常简单、不要求学生体会算法多样性的计算题，都可以通过教师讲授或者学生自学来完成。

（3）可通过合作完成，也可以通过其他方式来完成的。这需要根据教师制定的不同教学目标而定。如，学习统计方面的知识，可以由教师带领学生共同收集信息，也可以组织学习小组收集信息，两种方式都可以完成教学任务，相比之下，通过小组合作收集信息教学效果会更好。

二、合作学习的使用前提和必要条件

在小学数学中，并非所有的内容都适合课堂合作学习。合作学习的使用需要一些前提和必要条件。

（1）单个人无法完成的任务，比如，样本较大的统计活动。

（2）答案多种多样，分别有合理之处。

（3）合作的任务、合作的问题的答案对每个人都是公平的。

（4）让每位学生获得直接的合作的经验和体验。

（5）在学生独立思考的基础之上。否则，合作往往仅有其形式而缺乏合作的实质。

[思考题 6]

1. 如何理解当前小学数学课堂教学中的合作学习模式？
2. 课堂合作学习模式与接受学习模式在最终目标的达成上有什么不同？
3. 举例说明小学数学教学中的哪些内容比较适合课堂合作学习模式。

第七章　小学数学问题驱动式教学模式及其典型案例研究[1]

[学习提示]

问题驱动式教学模式是小学数学课堂教学的新型模式。采用问题驱动式教学模式实施课堂教学，必须掌握其基本含义和基本流程，明确问题驱动式教学模式的基本要领和常见技巧，特别要明确问题驱动中的问题设计、驱动意图设计等基本技巧。

第一节　问题驱动式教学模式概述

自基础教育课程改革实施以来，问题驱动式教学模式逐渐进入我国中小学课堂研究者的视野。由于其特殊作用，短短十多年，这种教学模式已经深入中小学几乎所有学科。

一、问题驱动式教学模式的基本含义

所谓问题驱动式教学模式，是指教师在课堂开始之时，将本节课所要完成的教学任务以问题（或系列问题串）的形式展示出来，利用学生对于问题的好奇心，引导学生采用自主、合作、探究等多种学习方式，解决问题、完成任务，而本节课的新知识、新技能、新方法等新知，都在问题解决过程中自然形成。

与传统课堂教学模式相比，问题驱动式教学模式的特点集中体现为将新知的学习“藏”在具体问题的解决过程之中，问题解决了，新知也就形成了，而问题是学生关注的，具有强烈的吸引力，对学生具有一定的挑战性而又力所能及的。

① 本章内容主要参考如下：

孔凡哲，崔英梅. 课堂教学新方式及其课堂处理技巧：基本方法与典型案例[M]. 福州：福建教育出版社，2011：158-183.

二、问题驱动式教学模式的理论依据

（一）问题驱动式教学模式的理论基础是建构主义

建构主义是一种关于知识和学习的理论，强调学习者的主动性，认为学习是学习者基于原有的知识经验生成意义、建构理解的过程，而这一过程常常是在社会文化互动中完成的。

建构主义是认知主义的进一步发展，是吸取了众多学习理论，尤其是在皮亚杰、维果茨基思想的基础上发展和形成的。

在皮亚杰有关理论的基础上，科尔伯格[①]在认知结构的性质与认知结构的发展条件等方面做了进一步研究；斯腾伯格和卡茨等人则强调了个体的主动性在建构认知结构过程中的关键作用，并对认知过程中如何发挥个体的主动性做了认真探索；维果茨基创立的“文化历史发展理论”则强调认知过程中学习者所处社会文化历史背景的作用，以维果茨基为首的维列鲁学派[②]深入研究“活动”和“社会交往”在人的高级心理机能发展中的重要作用。所有这些研究，都使建构主义理论得到进一步丰富和完善，为实际应用于教学过程创造了条件。

尽管不同观点的建构主义者提出问题的角度不同，使用的术语也有很大差异，但是它们对于学生学习却有基本共识[③]。

（1）学习是一个积极主动的建构进程，学生不是被动地接受外在信息，而是根据先前认知结构主动地和有选择地感知外在信息，建构其意义。因而，学习者已有的知识为新知的生长点。

（2）课本知识并不是对现实的准确表征，它只是一种解释，一种较为可靠的假设，学生对于这些知识的学习，是在理解基础上对这些假设做出自己的检验和调整的过程。因而，知识可以视为个人经验的合理化，而不是说明世界的真理。在学习中，学习者自我发展的同时不排斥外部的引导，但反对简单的、直接的知识传递。

（3）学习中，知识建构不是任意的，而是具有多向社会性和他人交互性。知识建构的过程应有交流、磋商，并进行自我调整和修正。

（4）学生的学习过程是多元化的，由于对象的复杂多样化、学习情感的某种特殊性、个人经验的独特性，使得学生对对象意义的建构也是多维度的。

建构主义者以其对学习的理解为基础，对教学过程中的教学目标、教师的作用、促进教学的条件、教学方法、教学设计等问题提出了自己的观点，进而形成

① 科尔伯格（Lawrence Kohlberg，1927—1987），美国教育心理学家，被誉为皮亚杰之外对道德发展研究贡献最大的人。

② 维列鲁学派又称“社会文化历史”学派，由苏联的卓越的心理学家维果茨基和他的学生列昂节夫及鲁利亚为代表形成的，其创始人是维果茨基。

③ 孔凡哲，曾峥. 数学学习心理学[M]. 2 版. 北京：北京大学出版社，2012：57-58.

了建构主义的教学观。

（1）教学并非传递客观世界的知识，而是教育者根据明确的知识目标，指导和促进学生按自己的情况对新知进行建构活动，最后建构起关于知识的意义。

（2）教师不应被看成是知识的传授者，而应成为学生学习活动的促进者。

（3）学生主体、实际情境、协作学习和充分的资源，是促进教学的重要条件。

首先，学习要以学生为中心，发挥学生的主体作用，教师的作用只在于协助学生建构意义。其次，学习情境要与实际情境相符合，只有在实际情境中，才能使学生接触结构不良领域的问题，才能使学生进行高级的学习；理想的学习环境应当包括情境、协作、交流和意义建构四个部分。再次，学习要注重师生之间以及学生之间的协作，强调讨论和合作学习。最后，要注重教学环境的设计，为教师提供充分的资源。

（4）教师要超越单纯讲座或讲授式的教学方法，灵活采用情境性教学、支架式教学以及交互式教学等方式方法。

（5）强调自上而下的教学设计。即在教学过程中，首先，选择一些与学生生活经验有关的、整体性的任务，并呈现有关问题，让学生尝试进行问题的解决；其次让学生单个或在小组中通过探索，自己发现完成整体任务所需首先完成的子任务，以及完成各级子任务所需要的基本知识、基本技能；最终在掌握这些知识、技能的基础上，使问题得以解决。

（二）问题驱动式教学模式的核心在于“问题驱动”

建构主义强调，教学应该通过设计一项问题或重大任务，以支撑学习者积极的学习活动，帮助学习者成为学习活动的主体。教师的责任在于设计真实的、具有挑战性的、开放的学习环境与问题环境，诱发、驱动并支撑学习者的探索思考与问题解决活动，提供机会并支持学生同时对学习的内容和过程进行反思与调控。

因此，问题驱动式教学模式的核心在于“问题驱动”。“问题驱动”也可以称为“任务驱动”，是指学生通过完成教师精心创设的任务，通过解决问题进而建构真正属于学生自己的知识、技能，积淀经验和体验，形成能力和情感、态度与价值观。

其中，“问题”的解决（或称为“任务”的完成），是学生不断提出新问题、解决新问题的过程，既蕴含了学生应掌握的知识与技能，也蕴含了学生应获得的能力训练和情感体验。因此，将学生的学习活动与课堂教学的主题任务密切结合，尤其是将学生的学习活动自然融入课堂教学的主题任务之中，成为教学得以实施的关键。

就我国基础教育改革发展的基本趋势而言，问题驱动式教学模式与当前正在实施的以实践能力和创新能力为核心的基础教育课程改革、研究性学习等的思路基本一致，对我国中小学课堂教学改革富有启迪意义。

三、问题驱动式教学模式的基本环节

在中小学日常课堂教学中，采取问题驱动式教学模式实施教学，通常包括六个基本环节，如图 7-1 所示。

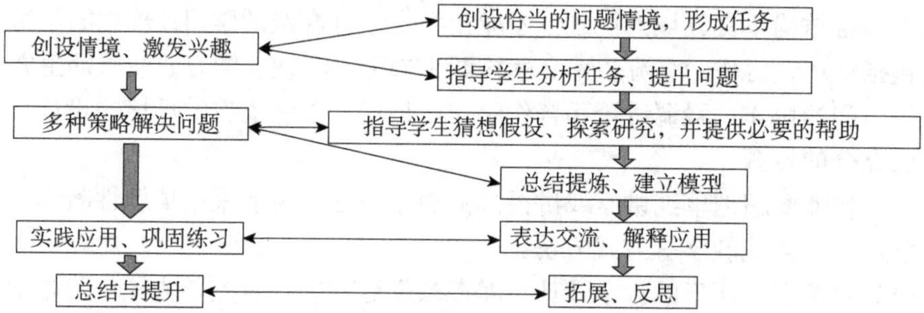

图 7-1　问题驱动式教学模式的基本环节

（一）创设恰当的问题情境，形成任务

创设与当前学习主题相关的、尽可能真实的问题情境，引导学生带着真实的“任务”进入学习情境，使学习更加直观、形象。创设情境是问题驱动式教学模式的关键一步，其难点在于，创设的问题情境是否能激起学生的兴趣和解决问题的主动性，同时，新知必须自然融入问题解决的过程之中。

为此，必须选择现实的、有趣的、富有挑战性的、有丰富的学科内涵的素材作为情境创设的基本要素。其中“现实的”有两层含义：一是要体现社会现实，体现当代主流价值观；二是要体现学生现实，即符合学生实际，特别是符合学生的身心发展规律和智能水平。“有丰富的学科内涵”是指素材的选取必须有着丰富的学科内涵，体现学科的思维方式、核心思想，而不是非学科的内容。对学生来说，需要体验问题情境中的“情境”的含义，激起研究的热情，明确亟待解决的任务，唤起主动参与解决问题的自觉意识。

（二）指导学生分析任务、提出问题

在创设的情境下，选择与当前学习主题密切相关的真实性事件或问题（即任务），让学生面临需要立即去解决的一个现实问题，将这个问题的解决作为显性的教学目标，而将实际的课堂教学目标（即新知的学习等）作为隐性目标，藏于问题的解决之中。

从发展角度来说，在课堂教学中，提出问题的教学环节聚焦学生提出问题的

能力培养。创新始于质疑，发现问题、提出问题毕竟是科学探究的起点。一个好的问题能激起学生强烈的探究欲望，能够引领学生主动而积极地达到预期的学习目标。而保护学生的质疑、激励学生主动提出（学科）问题，恰恰是保护学生好奇心、求知欲进而激发学生创新意识的关键。对学生而言，明确问题本身，尤其是分析问题的条件，明确旨在达到的目标，是其核心。

（三）指导学生猜想假设、探索研究，并提供必要帮助

猜想假设旨在鼓励学生大胆猜想，对一个问题的结果作多种假设和预测。而猜想和假设是培养学生解决问题能力的基础，有根据的猜想和假设才能引领学生思考解决问题的办法。

探索研究包括收集信息、制定计划，寻找解决思路，设计解决问题的方案。这个阶段不是由教师直接告诉学生应当如何去解决面临的问题，而是由教师提供有结构的材料，让学生自主探究。

需要特别指出的是，教师可向学生提供解决问题的有关线索，如需要搜集哪一类资料、从何处获取有关的信息资料等，强调发展学生的自主学习能力。对学生而言，与同学协作探索进而解决问题、完成任务，是最重要的事情。

（四）总结提炼、建立模型

引导学生进行归纳、概括、总结提炼，获得有关问题的结论，并与先前的假设和预测比较，对某种因素和事物变化之间的一般联系做出判断，对证据进行批判性的思考和总结。

为此，需要学生对收集到的信息进行加工处理，深入思考和分析，使之由现象到本质，形成结论。对学生而言，整理解决问题的全过程，提炼其中的新知并加以明晰，是非常重要的。这也是问题驱动式教学模式的关键环节。

（五）表达交流、解释应用

表达交流指学生采用各种模式演示、描述实验的结果或过程。交流的内容可以是结果的描述、过程的说明，形式可以是语言描述、动作展示、演示说明等。要让学生全面了解同伴的观点，包括正确的和错误的，并注意培养学生用多种模式表达和倾听的能力。解释应用指运用获得的新知分析解决尚未解决的问题，或者进行巩固性应用，特别是要求学生能用自己的语言解释新知，提高对于新知的理解程度。对学生而言，解释应用才能更好地深化有关新知的理解，进而实现理解性掌握。

（六）拓展、反思

拓展意味着将获得的新知运用到新的情境，意味着将新知与已有的知识、技

能密切地联系在一起，意味着将新知纳入原有的认知结构之中，形成新的认知结构。而反思意味着必须检查预定的问题解决目标的达成情况，必须总结学习过程中的所思所想、所获所悟。对学生而言，拓展、反思是为了更好地实现学习的迁移，达到举一反三、融会贯通的效果，这也有利于建立良好的认知结构。

以上六个环节仅仅是基本步骤，实际教学中允许根据具体的课程教学内容、具体的学科适当增加或者减少某些环节，但是，其基本环节（图 7-1 左图“创设情境、激发兴趣——多种策略解决问题——实践应用、巩固练习——总结与提升”）是保持不变的。

第二节　小学数学问题驱动式课堂教学案例分析

案例 7-1　“两位数加一位数进位加法”第一课时[①]课堂实录

教学内容：《义务教育课程标准实验教科书·数学》（北师大版）第二册第 49～50 页。

教学目标：

（1）探索两位数加一位数进位加法的计算方法，理解进位加法的算理，初步体会计算方法的多样化。

（2）使学生在参与数学活动的过程中，逐步养成独立思考的习惯，并能有次序地表述计算过程。

（3）感受数的计算与生活的密切联系，培养学生学习数学的兴趣。

教学重点：掌握两位数加一位数进位加法的计算方法。

教学难点：理解进位加法的算理。

教具准备：课件、鸡蛋壳教具、小棒、计数器、题卡。

学具准备：小棒。

教学过程：

（一）创设情境，激发兴趣

师：同学们，你们喜欢看动画片吗？喜欢看哪部动画片？看，今天谁来了？

（出示唐老鸭图）唐老鸭开了一个养鸡场，他特别喜欢吃鸡蛋，有一天他邀请好朋友米老鼠来家里做客（出示米老鼠图），准备给他做顿鸡蛋大餐。但是，唐老鸭发现冰箱里只剩 4 个鸡蛋了，他又去仓库取了 3 盒（其中一盒中有 2 个破损的鸡蛋，动画演示唐老鸭把 2 个破损鸡蛋扔掉，出示信息：一共拿来了 28 个鸡蛋）。

① 执教者是东北师范大学第二附属实验小学教师王延萍. 本案例片段曾被发表于：
孔凡哲. 追求智慧的课堂——智慧型课堂教学案例解读[J]. 小学教学（数学版），2013，(07)：11-14.

（师随手贴出鸡蛋实物图，鸡蛋是放在半透明的鸡蛋盒中，一个鸡蛋盒可以装10个鸡蛋。）

（二）多种策略解决问题

师：你能提出什么数学问题？

生：一共有多少个鸡蛋？

师：（课件出示问题。）怎样列算式？

生：4+28=

师：为什么用加法？求一共有多少就是把剩下的和又取来的合起来。还可以怎样列算式呢？

生：28+4=

师：通常情况下，我们习惯把大数放前面。他已经算出得数了，还有谁算出得数了呢？

1. 摆小棒

（1）学生动手摆。

师：28+4得32，对吗？你是怎么想的？能不能用小棒代替鸡蛋把你想的过程摆出来？

（2）汇报摆法，可以拿小棒实物汇报，也可以用老师板贴的鸡蛋实物摆出来汇报。

生1：我看到3盒鸡蛋中有一盒缺了2个，外面还有4个，我拿出2个补齐一盒，这样是最方便的，现在3盒整的，剩余2个，一共有32个鸡蛋。

师：能列出算式吗？

生1：8+2=10，20+10=30，30+2=32。

师：为什么要先加2？

生1：这个2就是将一盒鸡蛋空的2个补齐凑成一整盒，这样算得快。

师：你的意思是说，“看到8，想到2能凑成10”？

生1：是的。

师：大家觉得他这种方法怎么样？我们一起用小棒摆一遍。选1名代表，到实物投影仪上带领全班一起摆。

（出现这种方法时，教师引导全班学生用小棒一起摆一遍，体会满十进一）

生2：左边摆28根（2整捆零8根），右边摆4根。从4根里拿出2根，和8根凑成10根，把这10根捆成一捆。现在是3捆零2根，就是32根。

师：刚才是2捆，现在怎么变成3捆了呢？

生2：10个一就是一个10，这捆是满十新捆出来的那一捆。

师：还有不同的方法吗？

生2：4+6=10，20+10=30，30+2=32。

生3：8+4=12，20+12=32。

生 4：数的方法——29、30、31、32。

师：可以呀，如果加的数再大一些，你觉得数起来就会怎样呢？

生 4：会很麻烦。

师：老师给你们 5 秒时间，请你们把小棒快速收好放到文具盒里。

2. 计数器

师：下面，我们用计数器来拨一拨 28+4。谁愿意来？

生 5：（到前面演示的同学）先拨 28。

师：怎么加 4？

生 5：在个位上拨 2 颗珠，8 加 2 等于 10，个位上 10 颗珠用十位上的 1 颗珠代替。

师：说得太好了！这个过程很重要，你知道叫什么吗？

生 5：满十进一。

师：个位 10 个珠子可用十位的 1 个珠子代替，个位满十向十位进一。如果十位满十呢？

生 5：向百位进一。

师：接着怎么拨？

生 5：还要在个位上加 2 颗珠子。

师：这 2 是哪来的？

生 5：因为要加 4，刚才只加了 2，所以，还要再加 2，最后得 32。

师：刚才十位是 2 个珠子，现在怎么变成 3 个了呢？（引导学生再次说出满十进一。）

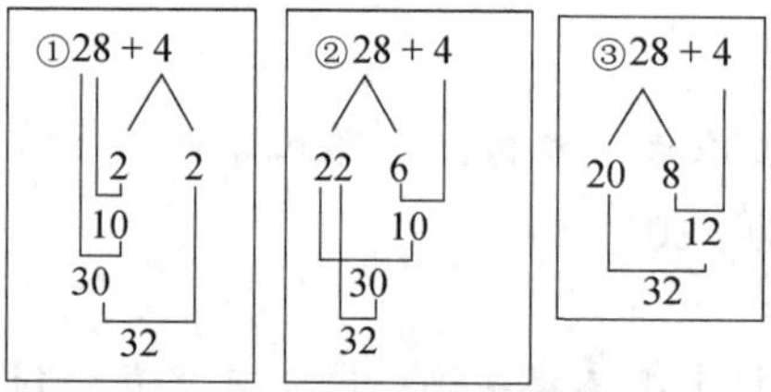

图 7-2

3. 口算

师：刚才我们借助小棒和计数器算出了 28+4=32，我们不可能天天把小棒和计数器带在身上，如果没有它们的帮助，28+4 怎样算呢？（师随学生答案板书，见图 7-2）

师：刚才同学们是用口算方法算的。（师板书，把几种口算方法圈起来。）口算是我们在头脑里想的过程。你喜欢哪种口算方法呢？与你的同桌说一说。

4.（用课件）结合小棒演示竖式过程

（1）学生尝试用竖式计算。

师：还可以怎样算？

生：用竖式计算。

师：写竖式时要注意什么？

生：相同数位要对齐。

（2）三位学生板演汇报做法，每位学生都说一说自己是怎么想的。

师：他们想的基本一样，哪儿不同呢？

生 6：进位 1。

师：你觉得哪位同学的写法好？说说你是怎么想的。（生讲到满十进一、师板贴，见图 7-3）

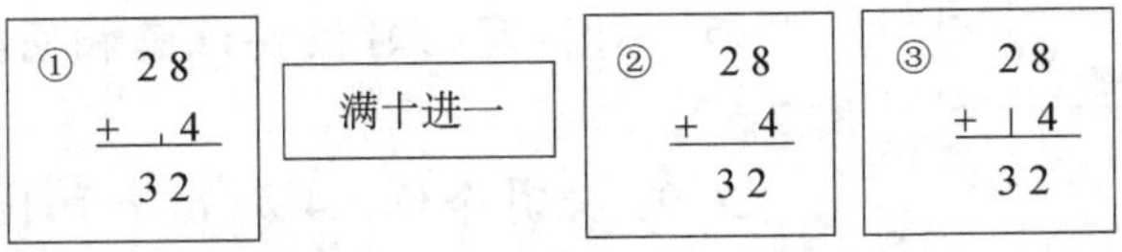

图 7-3

（3）下面我们结合小棒看一看竖式的过程。（课件演示，见图 7-4）

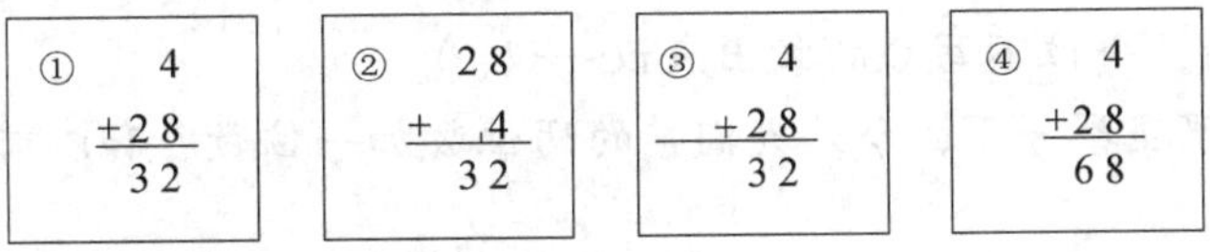

图 7-4

（师生同算：先算个位，8+4=12，个位满 10 向十位进 1。这个 1 写在十位的右下角，要写得小一点，2 写在个位上。再算十位，2 加 1 等于 3，在十位上写 3，所以，28+4=32。）

师：十位本来是 2，为什么现在变成 3 了呢？

生 6：个位满十了，要向十位进一，2 加上进位来的 1 等于 3。

师：这个“1”代表什么？

生 6：1 个 10。

师：代表 1 个 10，要写在十位的右下角。

（4）跟同桌说一遍竖式的计算过程。

（5）如果列 4+28，竖式应该怎么写呢？

师：你发现了什么？（对于错例进行纠错。）

生 7：4 无论在上面还是下面，都要与 8 对齐，因为这里的 4 表示 4 个一。

（三）实践应用、巩固练习

1. 水果问题

师：现在，唐老鸭和米老鼠的鸡蛋大餐已经吃完了，米老鼠要回家了，唐老鸭想送给米老鼠一些水果，我们一起来看一看吧。（出示课件）

（1）找信息、提问题。

师：唐老鸭给米老鼠准备了什么呀？（34 个荔枝、6 根香蕉）

师：你能提出一个数学问题吗？

生 8：一共有多少个水果？

（2）列式计算，请你在作业本上用竖式算一算。

（3）板演汇报，先说说竖式是怎么写的，再说说是怎么算的。

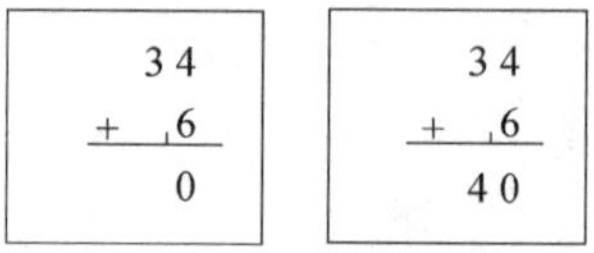

图 7-5

生 8：先写 34，再写加号，再写 6，6 要和 4 对齐了。

师：对，写的时候要注意相同数位要对齐（见图 7-5）。

生 9：先算个位，4 加 6 等于 10，个位写 0，向十位进 1，再算十位，3 加进位来的 1，等于 4，所以，34+6=40。

师：十位原来是 3，现在为什么变成 4 了？

生 9：个位满十向十位进一。

（如有错例，个位不写 0 的拿出来议一议。）

师：请大家观察一下，今天我们学的两位数加一位数，和以前学的有什么不同呢？

生 9：有进位了。

师：对了，今天我们就来学习“两位数加一位数的进位加法”。（板书课题）齐读一遍课题。

生 9：两位数加一位数的进位加法。

2. 帮维尼回家

（1）巧设情境。

师：米老鼠拿着唐老鸭送他的水果高高兴兴地回家了，路上遇见好朋友维尼。发生什么了呢？原来，维尼回家的路有好几条，他选不出该走哪条路了，你愿意帮助他吗？

生：愿意！

师：如果我们能把下面这四道算式的得数算对，把得数连起来，就是维尼回家的路线（图 7-6）。

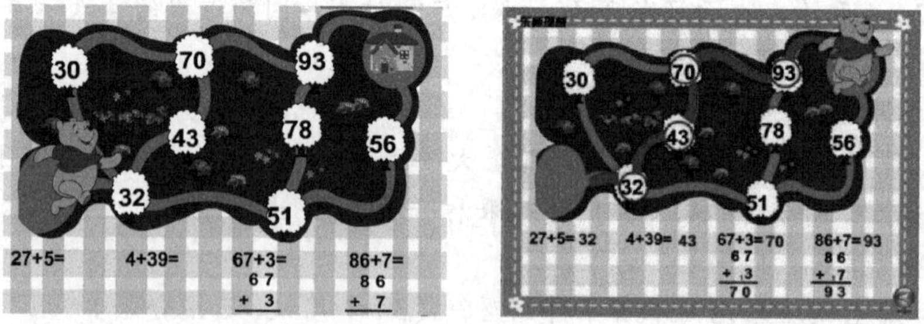

图 7-6

（2）计算巩固。前两道口算，后两道竖式计算。（根据时间，让学生选做几道题。）

（3）汇报得数。（课件演示连线，帮维尼找到回家的路）

师：维尼在同学们的帮助下顺利回家了。

（四）总结与提升

今天，我们用数学的知识帮助唐老鸭、米老鼠和维尼解决了他们遇到的问题，谁能说一说，这节课你有哪些收获？你学会了什么呢？

（五）板书设计（图 7-7）

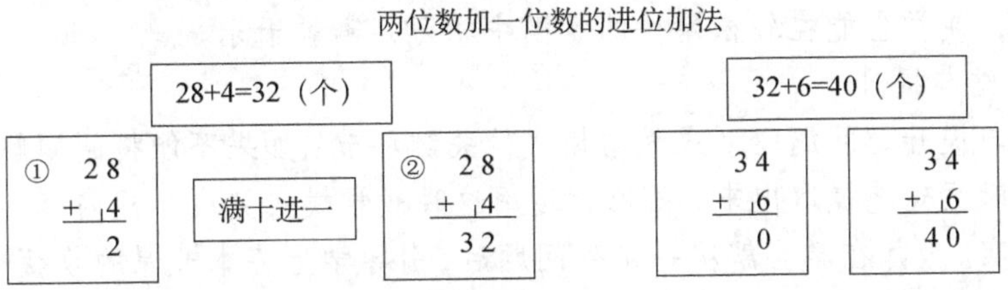

图7-7

点评：这是一节典型的数与代数领域的算法课，此课采取问题驱动式教学模式进行设计，总体思路是按照“创设情境、激发兴趣——多种策略解决问题——实践应用、巩固练习——总结与提升”的基本环节，将“两位数加一位数的进位加法”的学习，融入学生喜爱的卡通人物的故事中进行。在帮助卡通人物解决问题的过程中，学生通过多种策略分析解决问题，逐步解决两位数加一位数的进位加法的核心“个位满十进一”，并且借助于实物——装鸡蛋的盒子（一个盒子能装 10 个鸡蛋），帮助学生更好地理解十进制，即“满十进一”；然后，利用水果问题和帮维尼回家的问题，实践应用巩固练习。学生在帮助卡通人物解决两个问题的同时，学会了两位数加一位数的进位加法。以问题解决驱动学生的学习，问题解决了，既定的学习目标也就达成了。

1. 创设情境、激发兴趣

本课授课对象是一年级小学生，他们喜欢看动画片。教师从学生熟悉的卡通人物入手，创设情境，这符合小学生的身心发展规律和认知水平。让学生提出问题，一方面，可以激发学习兴趣；另一方面，也锻炼了学生发现问题、提出问题的能力。帮助卡通人物解决问题也渗透着助人为乐的品质教育，使学生感觉自己是有用的，激发他们解决问题的热情，以兴趣驱使学生主动参与数学活动中。

2. 多种策略解决问题

通过摆鸡蛋、摆小棒、拨计数器、口算等多种策略解决 28+4=? 的问题，帮助学生完成“实物阶段→半符号阶段→符号阶段”的抽象过程，学生不仅能够学会怎样算两位数加一位数的进位加法，更能明白其中的算理。其中，实物阶段的成捆小棒和成盒鸡蛋，帮助学生利用生活经验建立十进制，理解“满十进一”。

本节课的巧妙之处就在于，教师善于观察生活，找到能装 10 个鸡蛋的盒子巧妙创设情境，这是教师为学生提供解决问题的有效学具，学生在摆鸡蛋时自然会感受到“满十进一”。成盒的鸡蛋与成捆的小棒，有异曲同工之妙，而成盒的鸡蛋更接近生活实际，更有利于唤醒学生的生活经验。

3. 实践应用、巩固练习

水果问题和帮维尼回家的问题，能够让学生巩固本节课的新知，学生在帮助卡通人物解决问题的过程中，完成学习新知到巩固新知的过程。问题串作为一条明线贯穿整节课，学生在解决一系列问题后掌握新知。有趣的情境创设和巧妙的问题提出，使学生能在轻松愉快的氛围中学习，寓教于乐。

4. 总结与提升

总结与提升是问题驱动式教学模式的关键环节。如果不能将问题解决过程中的新知及时明确地提取出来，那么，运用这种教学模式完成新授内容的教学任务就无法落实。教师在学生解决一系列问题后，引导学生将本节课的收获进行梳理，帮助学生将问题解决过程中学到的新知提炼出来、明晰出来，有利于学生更好地掌握新知。

案例 7-2 “圆的概念”（第一课时）①

这是一节典型的数学概念课，采取问题驱动式教学模式进行设计，总体设想是按照“问题驱动——建立模型——解释应用——拓展反思”的基本环节，将“圆”的概念学习藏到“自行车的车轮为什么做成圆的”的问题解决过程之中，通过探索、分析问题，学生逐步抽象出圆的概念，概括出圆的基本特征——“边缘上任意一点到定点的距离保持不变”；而后再通过解释、应用，深化对圆的认识，实现理解性掌握。

1. 创设情境、激趣导入

师：大家喜欢骑自行车吗？

生：喜欢。

师：你们一定知道自行车车轮是什么形状的，车轮为什么要设计成圆形呢？（出示图片）设计成方形的如何呢？其中，有什么奥妙呢？今天我们就来探索这个问题。

点评：通过现实生活中的实际事例，创设情境，出示问题，一方面可以激起学生的学习兴趣，另一方面为学习新知做好铺垫。几乎每天都见到、用到的“车轮是圆形的”，其中竟然有某些道理，好奇心驱使学生主动参与活动中来。

① 此案例的主要片段曾公开发表：
孔凡哲. 追求智慧的课堂——智慧型课堂教学案例解读[J]. 小学教学（数学版），2013，(07)：11-14.

2. 分析任务、提出问题

（教师指导学生分析“车轮为什么通常做成圆的”这个问题所包含的道理。）

师：车轮做成圆的，为什么不能做成方的、椭圆的等其他形状呢？

下面请大家以小组为单位，分组探讨车轮问题。

3. 动手操作、探究新知

学生利用教师提供的小汽车（可以拆卸车轮）以及各式各样的车轮（有方的、椭圆的、梅花形状的、圆的等）开始探讨；同时，教师还要提供直的道路（类似于铁轨形状的道路）。

在分组讨论、探究过程中，教师参与其中一些小组的活动。

4. 总结提炼、建立模型

（1）教师组织学生进行大班交流，分析其中的道理

学生 1：当车子沿直线走时，车轴到车轮与地面接触点的距离，决定着车身的高低与车身是否平稳，圆形的车轮可以让车子保持平稳运行。

学生 2：如果车轮是方的，当车子沿直线走时，车轴到车轮与地面接触点的距离有时长有时短，这样车子运行会上下起伏颠簸，既不舒服，也很容易导致车轮损坏。

教师：只有当车轮做成圆形时，车子才能平稳运行。而平稳运行的关键在于，车轮边缘上的每一个点到中心（即车轴所在的位置）的距离保持不变，这样的平面图形在我们的生活中随处可见。大家能给这样的图形起个名字吗？

学生纷纷说出自己的想法，“圆”。

教师：（板书“圆”）如果一个封闭的平面图形，其边缘上的每一个点到某个点的距离保持不变，那么，这样的图形叫作圆。

教师用课件演示一条线段（即车条），绕着这条线段的一个端点（即车轴）旋转一周，移动的点所形成的封闭图形，就构成一个圆。

（2）教师同时出示圆各部分的名称

在圆的概念中，保持不变的定长叫作圆的半径，定点叫作圆的圆心。

5. 表达交流、解释应用

（1）联系生活，深化对于圆的概念的理解

师：除了车轮是圆形的，在日常生活中，你还看见过哪些物体是圆形的？

学生举例：下水道的盖子通常做成圆形的，喷水池的形状通常做成圆形的……

教师收集了一些关于圆的图片，并通过屏幕（课件演示）展示给学生。

（2）操作探究，折出一个圆纸片

①教师出示问题：如何折出一个圆纸片？

②学生自主操作、探索，并进行小组交流、合作：部分学生用一张纸片对折，

二次对折，以后每次对折都经过第一次、第二次对折折痕的交点，折到不能对折为止。沿着边缘某个位置撕（保证撕透每一层），就可以得到一个圆形纸片。

教师适时地指导，并组织个别学生向全班汇报。

③教师组织学生回味自己折纸的过程：将折好的圆形纸片对折后打开，换个方向后再对折、打开，看有几条折痕，它们相交吗？再折几次，说说你发现了什么。为什么这样对折后就可以得到一个圆形纸片？

学生相互交流自己的发现：所有的折痕都相交于一点，这一点就在圆的中心。

（3）给出圆的相关概念

①教师揭示：我们把这一点叫作圆心，用字母“O”表示。

②连一连，认识半径、直径。

连接圆心和圆上任意一点的线段是圆的半径，用字母“r”表示。

③教师出示问题：在同一个圆中，能画出多少条半径？这些半径的长度有什么关系呢？

学生通过思考讨论和实际测量认识到，同一圆中有无数条半径，所有半径的长度都相等。

④教师给出直径定义：通过圆心且两端都在圆上的线段叫作圆的直径，用字母“d”表示。

⑤学生互相指一指直径，并在自己画的圆中画出一条直径。

⑥教师出示问题：同一个圆中有多少条直径？所有的直径的长度都相等吗？

学生通过思考、讨论和实际测量认识到，同一圆中有无数条直径，所有直径的长度都相等。

（4）探索直径与半径的关系

①教师出示问题：刚才我们认识了圆心、半径、直径以及半径、直径的特征，那么，在同一个圆中，半径与直径之间会有什么关系呢？

②学生自己先动手测量、比较，然后小组探讨交流。

③小组代表发言。

小组一：我们通过测量发现直径的长度是半径的 2 倍。

小组二：我们把直径对折发现刚好是两个半径，所以，我们认为，直径是半径的 2 倍。

④教师归纳小结：在同一个圆中，直径的长度是半径的 2 倍，半径的长度是直径的一半。用字母表示为 $d=2r$ 或 $r=0.5d$。

点评：这一环节主要以动手操作为主线，通过折一折、量一量、指一指、比一比等活动，让学生自主参与、合作探究、分组交流，给学生充分展示自我和展开探究活动的空间，让学生在自主探究中发现新知，学生学习的过程是感知的过程，是体验的过程，是感悟的过程，学生在感知、体验、感悟中发现新知、掌握新知。

（5）动手操作，掌握圆的画法

①认识圆规，教师介绍圆规各部分的名称。

②教师在黑板上示范画圆。

③学生用圆规画圆，教师请学生演示画圆，并让学生边演示边归纳画圆的步骤和方法。

④学生画一个半径是 3 厘米的圆，并用字母标出圆心、半径和直径。画完后同桌互相检验。

⑤按要求画圆（画 3 个同心圆，3 个大小不等的非同心圆），并观察发现了什么。让学生通过观察、讨论、比较归纳，得出：圆心确定圆的位置，半径决定圆的大小。

点评：教师先示范画圆，接着让学生试着用圆规画圆，画圆之后，让学生共同概括规律，是从感性上升到理性。同时，让学生反复画圆，通过画圆的过程体会圆心和半径的作用，便于学生深化对圆心和半径的认识。

⑥实践应用，深化知识。

a. 辨一辨（对的在括号里打“√”，错的在括号里打“×”）：

两端都在圆上的线段叫作直径。（　　）

画一个直径为 4 厘米的圆，圆规的两脚之间的距离是 4 厘米。（　　）

半径为 2 厘米的圆比半径为 1.5 厘米的圆大。（　　）

圆的半径是射线。（　　）

圆心到圆上任意一点的距离都相等。（　　）

b.（回放上课时车轮为什么是圆形的动画）谁能应用今天所学的知识解释茶叶盒的盖子为什么通常要做成圆形的？

点评：通过拓展训练，进一步巩固所学的知识，同时了解学生对知识的掌握情况，让学生亲眼看见圆的知识的应用，真正体会到数学知识就在身边。

6. 总结反思

本节课你学到了什么？你有什么收获？

第三节　问题驱动式教学模式使用技巧与误区分析

在中小学课堂教学中，问题驱动式教学模式的突出特点在于，在教师适时的帮助、指导下，学生紧紧围绕一个共同的任务活动，在强烈的解决问题动机驱动下，充分调动已有的知识、技能、方法和观念，自主探索、合作互动，围绕分析问题、解决问题、获得问题的答案这个既定的目标任务，引导学生进行探索发现的学习实践活动，而新知就藏在目标任务完成这一过程中。问题驱动式教学模式的最根本特点就是“以目标任务为主线（或以问题解决为驱动）、教师为辅、学生问题解决为主”。这是一种基于建构主义学习理论的教学模式，它将以往以传授知识为主的传统教学理念转变为将学习新知融于问题解决之中的多维互动的教学理念；将接受学习转变为探究、发现学习，使学生处于积极的学习状态，每位学生都能根据自己对当前问题的理解，运用共有的知识和自己特有的经验，提出方案、解决问题。

问题驱动式教学模式的焦点在于“任务”的目标性和教学情境的创建。其中问题设置得是否恰如其分、是否能激起学生的探索欲望、是否能将新知巧妙隐藏于问题解决之中，是成败的关键。

在实际的课堂教学中，不当的使用往往制约问题驱动式教学模式的课堂教学效果，因而，需要掌握一些必要的基本技巧。

一、问题驱动式教学模式的基本技巧

（一）精心创设用于驱动的情境

在问题驱动式教学模式中，需要创设与当前学习主题相关的、尽可能真实的学习情境，引导学生带着真实的任务、循着自己感兴趣的问题进入学习情境，使学习具有直观性和形象化，带有较强的功利色彩。从而，创设的情境必须使学生的学习在与现实情况基本一致或相类似的情境中发生。毕竟，生动直观的形象能有效激发学生联想，唤起学生原有认知结构中有关的知识、经验及表象，从而使学生利用有关知识与经验去同化或顺应所学的新知，发展能力。

（二）选择学生关心的问题，分解为若干个系列任务

在创设恰当的情境之下，明确问题是非常重要的，即必须选择与当前学习主题密切相关的真实性事件或问题作为学习的中心内容，让学生面临一个需要立即去解决的现实问题。

问题的解决有可能使学生更主动、更广泛地激活原有知识和经验，来理解、分析并解决当前问题。问题的解决为新旧内容的衔接、拓展提供了理想的平台，通过问题的解决来建构新识，正是这种教学模式的主要特征。为此，要做到以下几点。

第一，教师要在总体学习目标框架上，把总目标细分成一个个小目标，并把每一个学习模块的内容细化为学生更容易完成的一个个任务，通过这些小的任务来体现总的学习目标。

第二，在设计任务时，要依据相应学科的特点，科学处理双基（基础知识和基本技能）目标与能力目标的关系。传统教学模式比较注重双基目标的落实，而问题驱动式教学模式主张将新知的学习藏于问题的解决之中、任务的落实之中。

第三，设计任务时，要特别注意不同年龄段学生的认知特点与个体差异，要将学习目标分层次，针对不同水平的学生分别提出恰当的基础目标、发展目标和个性化目标。在此基础上，设计具有一定容量、一定梯度的任务，要求所有学生完成基础目标对应的小任务，学有所思的学生接着完成下一个需要进一步努力才能完成的发展目标对应的任务，学有所创的学生应继续完成后面的开放性任务。

（三）选择恰当的模式，实现课堂参与和课堂交流

由于问题驱动式教学模式是将新知学习藏于问题的解决之中，因而，问题解决过程中，如果仅仅停留在解决问题、完成任务，那么，既定的新知学习目标就无法达成。所以应当选择恰当的模式调动学生参与和交流，让学生及时将所思所想进行交流，及时将所获所得认识提炼、升华为显性的基础知识、基本技能，并在提炼之中进一步深化能力和情感目标。

与此同时，问题驱动式教学模式不是由教师直接告诉学生应当如何解决面临的问题，而是由教师向学生提供解决该问题的有关线索，如，需要搜集哪类资料、从何处获取有关信息资料等，强调发展学生的自主学习能力。同时，倡导学生之间的交流、讨论，通过不同观点的碰撞、补充、修正，加深每位学生对当前问题的解决方案的理解和认识。

（四）精心设计拓展、评价环节，巩固新知

对学习效果的评价，一方面是针对学生是否解决当前问题的过程和结果的评价，即所学知识的意义建构的评价；另一方面（也是最重要的一方面）是对学生自主学习及协作学习能力的评价。由于问题驱动式的课堂教学，知识、技能的教学并不明显，因而，需要在课堂教学结束之前，及时拓展、巩固所学的新知，这样才能既让学生经历了学习的过程，又很好地掌握了学习的结果，将问题驱动式教学模式的优点充分发挥出来，而传统教学模式的优点得以保留。

二、问题驱动式教学模式的若干误区分析

（一）过分追求任务，忽视实质性的驱动

在日常教学中，许多教师往往明确出示一个待解决的问题作为教学任务，就认为这节课体现了任务驱动教学。其实，这是一种典型的认识误区。

案例 7-3 “自然数乘法”的一个片断①

在小学一年级乘法一节课的开始，教师出示了如下情景图，并提出“从图中你发现了什么问题？”。

一块绿茵茵的草地中间有一条小河，河上有一座小桥，草地上零星地分散着几棵小树，还有一些小白兔正在吃草，小白兔是一对一对（两只两只）在一起的，一共有 6 对。

发现问题（特别是发现数学问题）并用数学语言表达出来，是这段情景设计的实质性目的，也是任务驱动的本质；但是，如果仅仅凸显外显的任务“从图中你发现了什么问题？”，教学处理仅仅停留在情景的衬托物（绿茵茵的草地、小桥、小树、小河等吸引了学生的注意力，使得学生的注意力迟迟不能转移到小白兔上）上，而教师的引导不能尽快步入“2×6”的正题上来，也就是说，教学的重心不能迅速聚焦在“6 对小白兔蕴含了乘法 2×6”这一数学内容，这种任务驱动就是低效的，甚至是无效的。

不仅如此，在表面热闹的活动过后，如果学生并没有很好地实现对任务中的数学问题、数学对象进行观察、描述和抽象，仅仅停留在“蓝蓝的天”“白白的云”“环境好美”等非数学问题上，那么，这种任务只驱动了活动而未驱动思维。其实，问题驱动的本质在于诱发学生主动探究，而探究不仅包括学生的动手活动过程，还包括学生的动脑思维过程，探究的本质是积极主动的数学思维。在数学课堂教学中，给予学生足够的时间进行操作、活动是重要的，但是，忽视学生的深层次思维是最可怕的。

其实，教师日常教学中的几乎每节课都十分注意任务的设计，把主要精力放在任务设计上，但是，在实际教学中，这个任务所起的作用往往并不大，有时仅仅是一个学习需求的引导，有时只是学生模仿的样板，教学活动中看不出教师利用任务去驱动教学的步骤或环节。在问题驱动式教学模式中，重点应放在“驱动”上，而任务只是一个载体。

在学习新内容时，我们应该就探究活动可能发生的问题和倾向，有针对性地设计自己的处理方法和过程，引导学生自主探索和互动协作学习，使学生带着真实的任务在探索中学习，而不是陷入一个低层次的模仿学习，这样才能培养学生分析问题、解决问题的能力，真正实现对教学的驱动。

（二）驱动的形式化和简单化

问题驱动式教学模式对达成教学目标确实有着独特优势，但是，如果仅仅把任务简化为依据教学目标而提出的问题，就有犯形式主义错误的嫌疑了。

---

① 孔凡哲. 教科书质量研究方法的探索——以义务教育数学课程标准实验教科书为例[M]. 北京：人民教育出版社，2008：附录 5 课堂教学素材解读的常见误区及其对策的实证分析.

案例 7-4 小学“实践与综合”课堂一个任务“如何购物最节省时间”

某小学数学教师设计了如下情景[①]：三位顾客同时来到一个油条摊点购买刚出锅的热油条，顾客甲是单身，买一个人吃的油条，全程需要 2 分钟；顾客乙是“二人世界”，买两个人吃的油条，全程需要 4 分钟；顾客丙是“三口之家”，买三个人吃的油条，全程需要 6 分钟。三位谁先买、谁后买，大家等的时间总和最少？

这是一个十分深刻的问题，如果仅仅将其理解为一次加法运算，计算一下、比较一下，就此结束，其数学含义就有可能被埋没，其真正含义在于“统筹优化思想”。对于小学生来说，需要了解“任何事情经过精心安排、统筹考虑，常常能找到最优方案”就可以了。

（三）任务评价过于单一[②]

评价是对学生完成任务的检验，也是展示学生学习成果的舞台。但在实际的教学过程中，由于受教学时间等其他因素的限制，往往存在“走过场”的现象。

案例 7-5 “会变的图片”

教师要求学生用改变大小、翻转、拉伸和扭曲等动作来对图片进行处理。通过学习，进入学生展示阶段。

师：说说你的图片是怎样处理的？

生：我用了翻转。

生：我用了拉伸。

生：我用了改变大小和扭曲。

师：这些方法大家都学会了吗？老师这里还有一幅画，请大家课外利用本节课所学的方法去完成。

正如夏建生的文章[①]所分析的，本应该是课堂最精彩的部分却成了课堂的收尾和结束，教师往往叫两三位学生上来演示一下，便匆匆下去，在点评时也只注重技能知识，而忽略人文素养的评价；重视结果或作品的评价，忽略任务解决过程的评价；重视“成品”的评价，而忽略“半成品”的评价；重视优秀作品的评价，而忽略对不佳作品的鼓励和表扬。学生与学生、教师与学生、个人与集体、技能与人文等多种模式、多维度的评价，在这节课上更是少有，而这种现象在当前的中小学课堂教学中普遍存在。

① 孔凡哲. 提升教师数学素养有策略有渠道[N]. 中国教育报，2009-03-06（008）.

② 夏建生. “任务驱动”教学的误区及其策略[J]. 中国信息技术教育，2006，（02）：19.

（四）课堂组织偏离主题

有教师认为，问题驱动式教学模式作为一种学习模式，主要是学生如何学的问题，教师可以淡出，要体现学生的自主性。持这种观点的教师在用问题驱动式教学模式时，课堂秩序较乱，学生探究无序化。

案例 7-6　“切萝卜”

在小学图形与几何教学中，一位教师为了突出空间观念和几何活动经验的教学，设计了“切萝卜”的教学任务——如何将用萝卜做成的正方体切出一个多边形？你能切出几边形？

（1）用橡皮泥（或萝卜、土豆等）制作圆柱体、圆锥体及球体。用线将橡皮泥切开，观察圆柱体、圆锥体及球体平行于底部的截面（图 7-8），并把截面涂上颜色印下来做记录，或用笔沿图形边缘勾画出截面。把圆柱体切开，观察平行于底部的截面。把球体切开，观察它的截面。

图 7-8

柱体与底部平行的各个截面的形状和大小都一样吗？锥体与底部平行的各个截面的形状和大小都一样吗？球体的各个截面的形状和大小都是一样的吗？

（2）用橡皮泥制作圆柱体、圆锥体及球体。用线将橡皮泥切开（图 7-9），观察圆柱体、圆锥体及球体的不同截面，并把截面涂上颜色印下来做记录，或用笔沿图形边缘勾画出截面。在切开橡皮泥前，可先猜测截面的形状，你能准确判断出截口线的形状吗？

如果教师仅仅给学生提供切的活动，而对于切的活动不加以组织引导，特别是不进行“全班展示——说出你是怎么想的？为什么这样切就能多切出一条边？”等活动，那么，由于教师主导作用的缺失，可能使活动偏离主题而降低任务驱动的实际效果。

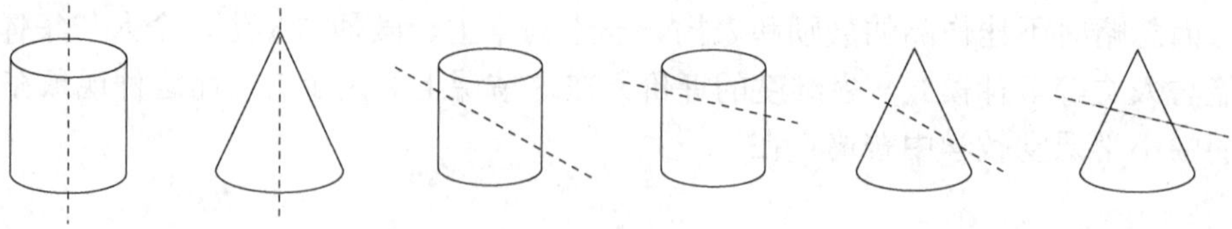

图 7-9

（五）任务驱动之中缺失人文精神，目标过多地集中于知识目标而漠视“人”的存在

在问题驱动式教学模式中，任务驱动的教学形式使教学环境情境化、问题化，教学过程则要求既源于具体情境又能超越具体情境，达到融知识技能、情感人文于一体的境界。

在中小学数学教学中，设计有价值的任务驱动时，除了要使学生达成一定的认知目标和技能目标外，还需要对学生的思维模式、道德情感、行为习惯乃至人格塑造和价值取向等方面产生积极的影响。

总之，在小学数学课堂教学中，有效的问题驱动能够很好地达成如下目标：①唤醒学生成长的渴望，明了需要获得什么，产生认知冲突；②帮助学生设计恰当的学习任务，以问题解决的模式完成学习任务，其核心在于将新知“藏”于问题解决之中，而问题本身对学生是有意义的、有吸引力的；③帮助学生寻找和利用各类课程资源，给学生独立解决问题提供资源性帮助，而不是包办代替；④帮助学生发现他们所学新知的意义，让每位学生都有时间和机会表达自己对于新知的理解、认识，切实帮助学生在解决问题中获得对新知的理解性掌握；⑤帮助学生营造和维持学习过程中积极的心理氛围，在点滴的课堂教学细节中获得自信和力量；⑥帮助学生检视和反思自我，明确自己的所思、所想、所获，及时提炼、总结本节课的收获，并将其纳入原有的认知结构之中，形成具有普适意义的观念、方法和思想；⑦帮助学生对学习过程和结果自觉进行评价，并促进评价反思的内在化。

[思考题 7]

1. 如何理解当前小学数学课堂教学中的问题驱动式教学模式?

2. 与接受学习模式相比，问题驱动式教学模式在最终目标的达成上有什么不同?

3. 小学数学教学中的哪些内容比较适合采取问题驱动式教学模式实施教学? 请举例说明。

第八章　小学数学课堂教学新模式改革及其案例研究

[学习提示]

在推广小学数学常用课堂教学模式的同时，开展课堂教学新模式的改革尝试，也是小学数学课堂教学领域的重要话题。对于目前尚处在改革尝试中的“分层教学”“导学案”等，正确看待其中的成功经验和所存问题，是开展小学数学课堂教学研究的重要内容。

第一节　小学数学分层教学及其案例分析

为了适应学生的个别差异，往往需要调试学生编组、课程组织、教材编选、教学方法、课表安排以及成绩评量等，使之适应学生的个别化，实现共同发展的目的。这种教学就是个别化教学，而分层教学是个别化教学的一种。个别化教学是指在大班级教学情境下，为了适应学生个别差异的学习特性所采取的各种有效教学策略。[①]分层教学不仅是一种教学模式，更是一种班级授课制形式下的基于学生差异基础上的个性化教学模式。[②]

一、分层教学的指导思想

在国内，分层教学是一个古老而又崭新的话题，最早可追溯到春秋时期孔子的“因人而进”的思想[②]。分层教学就是以学生发展存在的差异性为前提，以因材施教、分组教学、掌握教学等理论为指导，在教学过程中，针对不同层次的学生的不同个性特征与心理倾向，以及不同的知识基础与学习能力，设计不同层次的教学目标，运用不同的方法进行分层教学，分类指导[③]。通过对学生进行异质编组或同质编组，实施分层教学、分层练习、分层辅导、分层评价、分

① 华国栋. 差异教学论（修订版）[M]. 北京：教育科学出版社，2007：16.

② 叶琳，刘文霞. 国内分层教学历史发展概述[J]. 宁波大学学报（教育科学版），2010，32（03）：5-8.

③ 肖连奇. 分层教学的实施策略[J]. 上海教育科研，2010（01）：76-77.

层矫正，在各类学生身上产生接受效应、共振效应，使各类学生的素质个性化发展。分层教学强调教学要符合学生的身心发展规律，符合人在发展中的客观需要，符合课堂教学原则，符合教与学共同发挥主体性、实现师生共同发展的要求。

二、分层教学的实施要点

分层教学的实施是在分组基础上进行的，常见的分组通常有异质分组和同质分组。

（一）异质分组的操作要点

1. 课前做好两项工作

一是按一定标准，客观地把学生分成低、中、高（即 A、B、C）三层，并进行异质编组，划块排好座位，使每组均有低、中、高三个层次的学生；二是根据课程标准科学制定分层学习目标和对应的分层练习题，使目标与练习位于各层次学生的最近发展区。

2. 课内分层施教

课堂教学程序的框架如图 8-1 所示。其中，“创设情境，激发动机”是指学生在教师创设问题的背景下（包括能引起学生学习兴趣或迫切需要解决的问题），激发其求知欲，使他们处于兴奋状态。“导入新课，阐明目标”，是指学好本节课就能将提出的问题顺利解决，使每位学生明确目标，激起主动学习的愿望。“引起注意，落实四基”是指教师用精练的语言和适当的教学手段引起全体学生的注意，将学生的注意力集中在教材重点内容上。第四个环节是对 B、C 层的学生，及时提出适度的高层次要求，以挖掘他们的学习潜能，发挥他们的聪明才智，发展他们的创新意识和创造力。“动手动脑，分层练习”是指在 A、B、C 三个层次学生分别选用各层次练习的过程中，教师进行组间巡视，指导 A 层学生落实“四基”，启发 B 层学生独立完成练习，点拨 C 层学生进一步发挥创造潜能，同时，回收各层学生的学习情况。也就是说，A、B、C 三层学生均应落实“四基”，差别在于学生的理解程度。“交流反馈”包括同组异质学生之间的讨论、思想交锋与互相帮助，使之既能提高口头表达能力、交际能力，又能检验教学目标的达成度；“及时小结”指教师可以参与学生的讨论，及时对学生采取鼓励性的评价或对个别学生进行矫正性的补缺、补漏，教师还必须对普遍存在的问题及时回授，以保证实现目标。

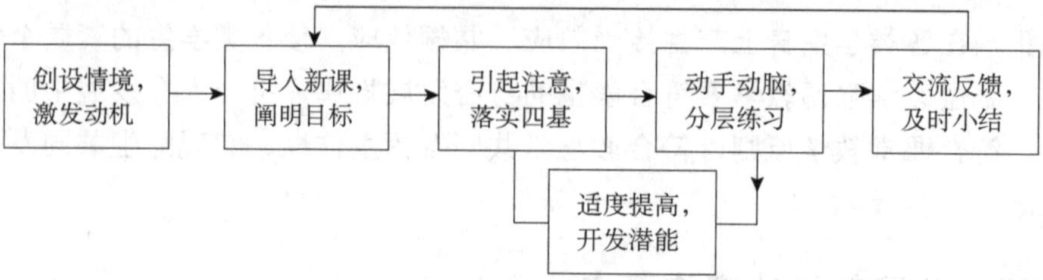

图 8-1　分层教学的课堂操作程序

3. *布置课后分层作业*

按学生层次分 A、B、C 三层布置作业。鼓励 A 层学生有余力的可以做一些 B 层作业，也鼓励 B 层学生有余力的做一些 C 层作业。教师对 A 层学生，力争做到当天批改，学生当天订正。如有可能，作业最好面批面改，使学生逐步达到“段段清”，不断提高其数学学习的自信心。

（二）同质分组（班）操作要点

有两种分组方法：一种是把原有班级内的学生按某些学科的基础水平、学习能力、学习态度分为 3～4 个同质组，即每组为同一层次。每隔一段时间，根据学生情况进行调整，借以激励学生向高一层次递进。另一种是在不打散原教学班的前提下（在某些学生学科存在明显差异时），将学生分成不同层次的“临时同质班”，分别设立教学目标、确定教学内容，分别对高、中、低教学班采用“启发—研究—讨论—自学”与“低起点、多反馈、段段清”为主的教学方法；除基础作业外，还有分层作业，使低层次的学生向较高层次递进。考核评比采取“不同标准，分层评价”的方法，并根据评估结果实行“升层”或“降层”的动态调整。

三、实施分层教学的基本要领①

（一）按知识结构实施分组，激励竞争

要对学生进行分层教学，首先要做大量调查工作，综合各次考试成绩、平时表现、智力因素、学科基础，将学生按照学习成绩分为 A、B、C 三个学习小组。为保护学生的自尊心，在分组过程中，一定要避免使用“后进生”这样的词语，只按 A、B、C 字母代号来分组。分组情况单独通知每个学生，做好思想工作，保证学生心情舒畅地按照自己相应的层次投入课堂学习。经过一个阶段的学习后，通过不同形式测试、考核，对各层次的学生进行适当的调整。分组后有利于

① 本部分引自一线教师的实践成果：
周一平. 初探小学数学分层教学[J]. 新课程研究（基础教育），2009（02）：38.

教师上课组织教学，有利于教师上课辅导，有利于批改作业，有利于学生的信息反馈，充分调动不同层次学生的学习积极性和主动性，使不同层次的学生在掌握知识的同时，智力都得到不同程度的提高。

（二）优化教学环节，实施分层教学

1. 备课

备好课是上好课的前提，是提高教学质量的关键。教师应根据不同层次学生的实际情况，分层次备课。认真钻研课程标准、教材，根据不同层次学生的认知水平，确定各层次学生的不同要求，根据学生的不同情况尽可能将学习目标置于他们的最近发展区：对学习有困难的 A 组学生，要求掌握教学目标中最基础的内容；为学有余力的 C 组学生提供机会，使他们能多动脑筋，多思考，“跳一跳，摘果子”。在设计教学过程时，旧知识导入课题时的深浅程度、重难点知识讲解时的坡度减缓程度，要以 A 组学生的认知水平为基准，但也要激发 C 组学生的求知欲。在设计问题及练习时，问题的难度要与学生的层次相一致。设计较易问题，尽可能让 A 组学生有展示自己、体验成功的机会；设计较难问题，让 C 组同学回答、计算，增加他们努力后获得成功的愉悦感。

2. 课堂教学

比如，在教学“求一个数（0 除外）的倒数的方法”时，可以让优等生直接通过自学发现：乘积是 1 的两个数互为倒数；求一个数（0 除外）的倒数，只用把这个数的分子、分母调换位置。对中等生可先出示自学提示：观察准备题，这几道题有什么特点？什么叫倒数？怎样求一个数的倒数？通过分组讨论，使他们明确倒数的意义及求法。而后进生则在教师的直接指导下学习思考，努力完成学习任务：理解倒数的意义，掌握求一个数的倒数的方法。同样，由于不同层次学生运用知识能力的不同，练习设计要具有层次性，有差异地布置练习。一般来讲，与例题配套的基本题要求全班学生都掌握，如课本上的习题（选做题和思考题除外）。做这类题优等生和中等生没困难，教师要求他们独立完成；对后进生就有一定困难，教师必须适时指导，使他们通过努力也能完成。对于发展题，只要求优等生去理解，这样既增大了学生思维量，拓宽了学生的思路，又减轻了学生的负担。

分层练习是分层教学落到实处的重要环节，为了让各层次学生获得更多信心，得到最佳训练，题库习题分层次编排，由易到难，逐步提高，达到分层提高的教育目标。即：C 组（基本）题巩固基础，控制难度，要求学生必做必会；B 组（中等）题注重知识联系，强调拓展思维训练；A 组（提高）题突出灵活运用训练，探索能力延伸。

C 组学生必须完成基本题并能拓展至提高题，B 组学生完成中等题并争取完

成提高题，A 组学生直接完成提高题。虽然 A、B 组学生没有做基本题，但他们可以在 C 组学生回答问题的同时，快速反应，在短时间内找出解题策略并迅速解出正确答案，这样自然训练了他们思维的敏捷性。同时，C 组学生回答了简单问题，坚定了学习信心，稍加努力就可以解决中等、提高题，这样就容易激活他们的“最近发展区”，有利于他们思维的发展。A 组学生此时的思维将更加活跃，因为他们要快速解决中等题也不是十分轻松的。每节课的重点就在于解决中等题，这是要求大多数学生都应掌握的层次，也是联系 A、B、C 三组学生思维的纽带和桥梁。在解决提高题时，教师根据内容和学生思维状况适当处理，尽量使 B、C 两组学生能够够得着、受启发，又使 A 组学生有所得，进而训练学生思维的创造性。

（三）作业的分层布置与批改

作业的布置与批改要面向不同学生，体现层次性，要提供不同层次的作业让学生选择。题目上标 A、B、C 三个层次，对后进生一般布置最基础的作业，可以要求一题一解，就题论题。对作业题中出现的选做题和一些富有思考性的习题，可让中等生做。对优等生可以少练甚至不练基础题，安排一些较难的作业，要求一题多解或者可以进行迁移学习，培养其思维灵活性和创造性。此外，要允许学生作业“开天窗”，不会的题目可以不做，以增强作业的实效性，从而有利于教师及时了解学生的学习状况，进行有针对性的指导，也使每个学生都能立足自身实际，通过作业发现问题。

（四）学习成绩分层考查与评定

有效的评价反馈是对学生学习的最高奖赏，是激励学生学习的有力手段。对不同层次的学生应采用不同的评价标准。对后进生采用表扬评价，寻找其闪光点，及时肯定他们的点滴进步；对中等生采用激励性评价，既指明不足又指出努力方向，促使他们积极向上；对优等生采用竞争性评价，坚持高标准严要求，促使他们更加谦虚，不断超越自我。而及时调整层次是分层教学中重要的一环，如果固定学生的层次，久而久之，就会产生一种不求上进的现象。因此，要及时调整层次，使每个学生都有升级或降级的可能，具体做法是：如果 A 组某些学生成绩下降，还不如 B 组的某些学生，就把 A 组中成绩下降的学生调换到 B 组，而将 B 组中成绩进步的学生调换到 A 组。同样，C 组学生经过努力成绩进步了，也可以调换到 B 组，B 组学生成绩退步的也可以调换到 C 组。通过评价使成绩进步的学生调到高一层次，成绩退步的学生降到低一层次，从而，在班级中形成竞争意识，使不同层次的学生都有成功的机会。

四、典型案例分析

案例 8-1　“两位数乘两位数”课堂实录①

1. 教材：义务教育数学课程标准实验教科书（北师大版）三年级下册 26～27 页。

教学目标：

（1）使学生在口算乘法的基础上，探索两位数乘两位数（不进位）的乘法，经历交流算法多样化的过程。

（2）会进行两位数乘两位数的乘法计算，并能解决一些简单的实际问题。

教学重点：理解算理的基础上掌握两位数乘两位数的计算方法。

教学难点：理解用第二个因数十位上的数相乘所得数的末位要与十位对齐的道理。

2. 教学实录

师：春天到了，学校要召开运动会，请家长代表来参加，为家长准备了休息区域。

（出示课件图片）这是体育场一个小区域的座位图，怎样才能知道能坐多少人呢？

生：先横着数，把横着的数完了，再竖着数，然后把两数相乘。

师：还有没有其他办法？

生：一个一个数。

师：你倾向于哪一种？（带领学生数：每行有 24 个座位，有 12 行）怎样列式呢？

生：24×12。

（师板书列式和课题：两位数乘两位数）

自主探索

（1）尝试计算。

①请你把结果写在本上。

②在小组里说说你的想法。

（2）谁愿意与同学们分享你的计算方法？

汇报：

方法一：24×10=240　　24×2=48　　240+48=288

师：讲讲每步表示什么。

生：24×12，先把 12 折成 10 和 2，24×10=240；用剩下的 2 乘以 24，就是 24×2=48，再把两个得数加在一起，240+48=288。

① 由东北师范大学附小王延萍老师执教，教案设计经本书作者团队集体讨论，由王延萍执笔完成。

师：他是把12给分开了，分成一个10，一个2。先算10×24，也就是先算十个24，再算2个24，把12分成10和2，就把这道题变成了我们曾经学过的会解决的问题，是不是？变得简单了，然后再把两部分的结果合在一起，是这样的，对吧？请回到座位。

方法二：（图8-2）

生：先个位相乘，4×2=8，再用十位的2乘个位的2，等于4；下面是24×1，再错开一位，4×1=4，2×1=2；然后再相加，8落下来，4+4=8，2落下来。

师：咱们现在一起来研究这两种算法之间有没有什么联系？（PPT演示竖式过程）

第一步：2×24算的是（两行）的座位。

第二步：写的是24，实际上是240，0没写。上面乘的1在十位上，表示1个10，4在十位上，数位已经确定了，表示40，2表示200。数位写准了，后面的0就可以省略不写。

生：（在座位图中）1表示下面10行的座位。

第三步：结果288（参见图8-3第三步图）。

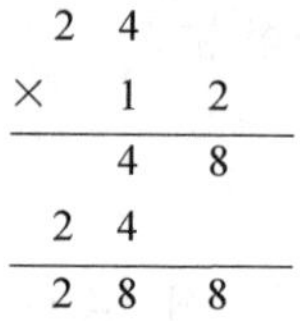

图8-2

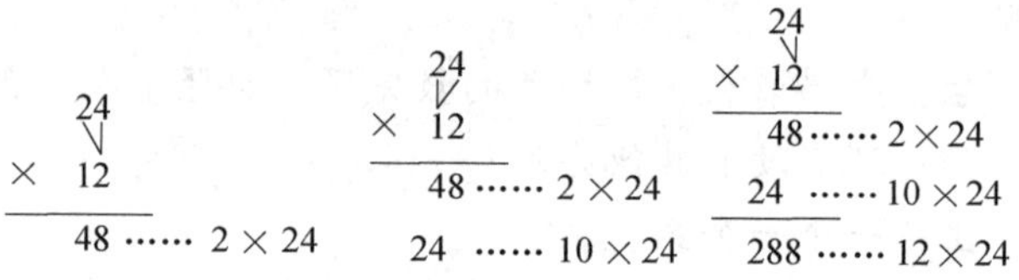

(第一步图)　(第二步图)　(第三步图)

图8-3

师：想一想，竖式和横式有没有相同的地方？

生：个位都是24×2=48，十位上都是24×10=240或者10×24=240。

师：也就是说，它们的方法、步骤都是一样的，只不过形式不一样。你更喜欢哪一种呢？

生：竖式更简便。

生：喜欢横式。因为竖式有时会算糊涂了。

师：这是因为还不熟练。当我们熟练以后，这种方法就更简便、更方便，是不是？

现在，我们一起来算两位数乘两位数的乘法，请拿出自己的作业本，写在作业本上。

生：先写24，再写乘号×，再写12，相同数位对齐，先用2乘以4，再用2乘以2。

生：用十位的1乘以24的4，等于4，写在十位上，用1乘以24的2，等于2，写在百位上。

师：然后打一条横线，要和上面的横线一样长，然后算加法就可以了。8落下来，4加4等于8，2落下来，等于288。这个区域有288个座位。既然竖式这么简单方便，下面我们一起用竖式计算 13×23=？13×23=？算好的同学，请给老师示意一下。

分层练习、个性化发展

老师在本子上做了记号，带着学习用品，画“○”的同学坐到（教师右边）这三组的位置上，画“△”的坐到（教师左边）这组前面的位置上。开始行动，坐好之后做下一题。画“○”这组的同学到前面拿题签1，做完以后和老师的答案对一下，错误的改正，然后拿题签2回去，题签2做完了，同样和老师的答案对一下，如果正确了，再做题签3，一关一关往下过，一直到最后一关，明白吗？如果与老师的答案不一样，回去改正。（发题卡，开始做）

题卡：（1）列竖式计算：13×23=　　　　23×22=　　　　41×12=

（2）填空：在□中填写适当的数字。

$$\begin{array}{rrr} & \square & 2 \\ \times & 3 & 1 \\ \hline & 3 & 2 \\ \square & 6 & \\ \hline \square & 9 & 2 \end{array} \qquad \begin{array}{rrr} & 2 & \square \\ \times & 3 & 1 \\ \hline & \square & 3 \\ \square & 9 & \\ \hline 7 & 1 & \square \end{array}$$

（3）拓展题：计算下列各式，并观察你得到的结果，比较各个算式与其结果，你能发现什么规律吗？

12×11　　13×11　　15×11　　45×11　　11×63

其中，（3）拓展题是面向优秀生的，而（1）列竖式计算与（2）填空题是面向全体学生的。

“○”组的学生开始做题签；教师给“△”组的同学讲解错在哪里；“○”组的学生陆续到前面拿题签；“△”组的学生做 14×21=？　31×31=？

师：做完题签3的同学，请思考：在题签3上，老师只要求寻找乘数是11的算式有什么规律，现在你再研究一下，为什么会有这样的规律？有没有研究出规律的呢？研究出来的同学，请互相交流一下，说说你是怎么想的。

已经做完题签1并且答案全部正确的同学请举手；做完题签2的请举手，看题签2。

第（1）题，有同学做出来没有？请到前边一边说一边写。

生：下面是3，1×3得3，所以，上边左侧的□填3；1×2=2，所以下边第一行的□填2；3×3=9，3×2=6，所以，下边第二行的□填6；最后，3落下来。

师：有没有两道都做对的？（生举手）

合作交流、共同发展

师：我们来讨论（最难的）题签3。题签3已经做出来的同学，请举手汇报结果：

11×11=121；12×11=132；13×11=143。

做完这三道竖式题，你有什么感觉？有什么发现？说说你的想法。

生：把它们按顺序乘，每次十位多1，个位也多1。

师：也就是说，这一个（后一个）答案比前一个多……

生：11。

师：你看的是积与积之间的关系，那么，乘数与积之间有什么关系呢？

生：如果把十位的1挡住的话，就是12×1，前面是12×10。

师：也就是把12怎么写了？（错开写）12×11，把12错开写，13×11把13错开写。所以，这个积143与13有没有关系呢？有什么关系？

生：不看中间的4，正好是13。

师：把13怎么着？劈开了，这个1就放在百位，这个3就放在个位。4是怎么回事呢？

生：1+3=4。

师：在数学中，速算乘11的乘法有句口诀，你们自己已经发现了，叫作“两边一拉，中间相加”。看下边，是不是这样的：14×11这道题，把谁两边一拉了？

生：14。

师：把1和4再相加，所以，这道题的结果是154。

师：15两边拉开，中间相加1+5得6，15×11结果是165；同样，16×11=176；找规律不能仅停留在乘积之间的关系上，如果看到23×11就会发现，还是不是乘11的问题呢？我们把23一拉、两边2和3相加结果就是253，用笔算验算一下，果真是23×11=253。

课堂小结

师：老师在观察同学们做题签时发现，有些同学自己已经感悟到为什么有这样的规律存在，是吗？谁感受到了呢？（5个学生纷纷举手示意）

其他同学回家再列举几个类似的算式感受一下。下节课继续交流一下，为什么乘11会有这样的结果，好吗？

师：这堂课，我们学了很多东西，你最大的收获是什么？

生：我知道了两位数乘两位数（怎样去乘）……

生：我学会了两位数乘两位数的竖式……

生：我知道了 11 乘一个两位数很有趣……

师：数学本身就是很有趣、很奇妙，是不是？这节课咱们先上到这儿，下课。

五、案例点评

案例 8-1 课后进行了即时现场点评①：

两位数乘两位数，尽管不是学生第一次接触乘法竖式计算，但是对学生来说仍是一个难点，乘法竖式中“双房子”与学生已有的学习经验有所不同，教师正是利用这一点，创设了一个较为宽松的氛围，只要求解决问题，不计较方法选取。这就为学习中多种方法并存提供了前提和可能，使得学生的计算学习，不仅会计算，同时又明算理。

1. 关注本质，沟通方法

在解决数学问题的过程中，学生往往会呈现出多种个性化的解决方法。教师的作用如果仅仅停留在对各种方法的讲评上，就失去了帮助学生理解数学本质的机会。在本节课中，教师在此基础上向前迈了一大步，引导学生对课堂中所呈现的两种计算方法进行分析，使学生明白口算的方法与笔算的方法的本质是相同的，区别在于它们的形式不同。这一过程也是教会学生思考的方法。但从课堂行为中，我们不难发现，教师在这一环节中出现了引导过度的现象——这一环节完全由教师操纵，如果让学生在观察思考中获得意义，效果就大不相同了。

2. 方法的优化过于牵强

口算的方法与笔算的方法哪一种更好，不是绝对的。对本质相同、形式不同的两种方法，也无法进行绝对的比较。另外一种方法是否为最优，还要取决于使用方法的学生的认知特点。但是在本节课中，教师对方法的优化过于生硬、牵强，有碍于学生对知识的自我建构。

3. 习题的设置还值得商榷

在习题设置中，教师关注了学生的思维训练，采用分层教学对学生进行有目的的训练，在此过程中，发展学生的思维能力，渗透观察、归纳的方法。然而，学生在个体学习过程中，需要对新知有一个巩固提高的过程，因为人的认知需要经历一定的过程，而绝非学了就会。因此，相对学生而言，这节课的练习设计坡度较陡，跨度较大，不利于巩固新知。

此外，针对案例 8-2 可以进行修正，改为案例 3-17，其课堂价值会更大。

① 孔凡哲现场点评。

① 45 名同学分为（　　）运动员和（　　）运动员；

②（　　）是单位 1 的量，（　　）占（　　）的九分之五。

（三）课中研讨

这一环节主要包括讨论预习作业、合作探究、精讲释疑等。这一环节应体现学生的主体作用，鼓励学生合作交流，充分表达自己的见解，注意倾听别人的见解，把不懂的地方向组内成员或老师请教，不断培养学生的探究能力和平等合作交流的习惯。教师的主要任务是帮助学生理解掌握教学重难点、关键点，适当辅导中等生、后进生，着重解决学生提出的疑难问题。本课的课中研讨如下。

1. 师：我们除了可以求出男运动员有多少人，还可以求出什么运动员的人数。

（1）学生汇报、试做，教师巡视。

（2）展示交流：你是怎么想的？综合算式是什么？（师板书）

2. 师：除了这种解法外，你能在线段图上分别表示出男女运动员各自所占的部分吗？

（课本第 86 页中的线段图，要求学生在图上补全信息。）

（1）学生画图，展示，说画法。

（2）思考：从画的图中可以看出，（　　）是单位“1”的量，男运动员占（　　）的（　　）分之（　　），女运动员占（　　）的（　　）分之（　　），求女运动员有多少人就是求（　　）的（　　）分之（　　）是多少，列数量关系式为（　　）。

（3）师：能列出综合算式吗？（生口述、师板书）

3. 师小结：这道题我们用了几种解法？每种解法的思路是怎样的呢？

4. 思考：看到这道题的条件，你能直接比较男、女运动员的人数吗？为什么？

5. 练一练

（1）李林看一本 150 页的故事书，已经看了全书的五分之二，还剩多少页没有看？

（2）学校饲养组养白兔和黑兔共 28 只，其中白兔占七分之三，黑兔有多少只？

要求：先把图画完整，再解答。

（四）巩固练习

这一环节要求教师精心设计练习题，做到精选精练，练习内容包括基本题和提高题。既面向全体学生，又尊重学生个体的差异，以保证每个学生的有效学习。本课练习题如下。

1. 对比练习

（1）一段绳长八分之五米，剪去八分之一，还剩下多少米？

（2）一段绳长八分之一米，剪去八分之五，还剩下多少米？

2. 练习教材 16 页第 1、2、4 题（板演与齐练，做后评讲）。

3. 提高题

小明做了 40 朵绸花，其中五分之一是红花，五分之二是绿花。

思考：还可以求出什么？如果其余是紫花，你能求出紫花的朵数吗？

（五）总结提高

这一环节引导学生对本课及时小结并对学习效果进行评价，查漏补缺、巩固本课所学内容。例如，教师问学生“你有什么收获？”“还有什么不清楚的地方？”……

第三节　导学案和先学后教中的异化现象及其矫正①

众所周知，经历 20 年的基础教育课程改革，广大一线教师不仅自我觉醒、焕发改革热情，而且积极投入课堂教学改革的探索之中。然而，课堂教学究竟如何改革才能更好地实现优质高效？这是问题的热点与盲点。及时化解课堂教学改革中的热点、盲点问题，纠偏矫正才能深化改革。

一、来自真实课堂实践的信息

笔者曾应邀参加东北某省的课堂教学研讨会，来自全省各地的小学、中学教师现场展示的原汁原味的课堂教学使笔者获益颇丰。而感触最深的是导学案与先学后教的几节展示课。作为大会评课人员，笔者不便过多“抨击”一线教师的尝试与摸索，而是从如何调动学生课堂参与的积极性、主动性，如何有效发挥教师的点拨与引导作用、实现师生的共同发展等方面，做出“七分表扬、三分建议”式的点评。但是，其中严重的异化现象还是让笔者许久不能忘怀——笔者反复劝慰自己，也许这是个案吧。

随后的 3 周内，笔者分别应作为改革开放样板城市的南方某市和地处西南的某省会城市之邀，参加当地的核心城区的教研活动，当大家聊起课堂教学改革新变化时，两地的许多朋友（一线教师）几乎异口同声地谈论当地风行的导学案与先学后教，从他们激烈的言语中可以获知，他们的课堂也出现与东北某省几乎一

① 本节是以孔凡哲公开发表的一篇论文为蓝本、经过修改完善而成：
孔凡哲．“导学案”与“先学后教”异化现象及其问题诊断[J]．教育科学研究，2012，(09)：27-30．人大报刊复印资料《中小学教育》2013 年第 1 期全文刊登。

样的异化现象。带着自己的疑惑，笔者向全国许多省份的朋友发出网络调查，得到的信息大致相仿——这些被异化的导学案与先学后教现象，不仅广泛存在于城镇中小学，即使在广大农村的中小学也普遍存在。

二、异化的导学案与先学后教

导学案与先学后教异化现象有多种具体表现形式，其中，以四种形式最具代表性和普遍性。

（1）探究、合作和问题驱动等必要的课堂活动，被“放羊式”的学生自我辨析题、巩固题所取代，学生的理解性掌握被弱化，甚至被省略。

（2）滥用先学后教、当堂训练，新知学习被“速成”，新授课变成复习巩固课，强化训练变成新知学习几乎唯一的渠道。

（3）导学案变成贯穿课堂始终的当堂检测的、层层加大难度的系列练习，“导学”的功能退化为“强化”功能。

（4）“导学案”替代教科书，教科书资源被搁置。

三、导学案和先学后教中的异化问题诊断

深究上述异化现象，反思当下火爆的导学案与先学后教，首先广大教师投入改革、积极尝试的热情值得肯定，但是，上述导学案与先学后教异化现象所反映出的根本问题不容忽视，其核心在于实践者对于学生发展观与师生关系、教与学的关系，以及课堂教学资源开发和有效利用策略的误读所致。

（一）误读“学生发展观”

毋庸置疑，从“教师中心”的课堂观发展为“学生中心”的课堂观，这是历史的进步，值得庆贺。这在某种程度上具体体现了“一切为了学生的全面发展”的教育理念。

事实上，学生发展观是“学生全面发展观”的简称，具有丰富的含义。

（1）学生的全面发展，不仅是在知识技能上的发展，而且包含在过程与方法、情感态度诸方面的发展，还包括学生人格上的健全发展。

（2）学生的全面发展，不仅是班内少量优秀学生的发展，更包含班内各类学生的健全发展。

（3）学生的全面发展，不仅包括当前的发展，更包括未来的发展。

对于学生全面发展的理解，除了直面“发展”的内涵外，还有一个重要的内容就是正确理解学生的差异，尤其是学生个体之间的差异、不同学生群体之间的差异。

（二）误读教师的教与学生的学的关系

“以学促教”变成了“放羊式”，将教案变成了“当堂训练的系列习题”。毋庸置疑，关于教师的教与学生的学之间的关系，自20世纪50年代以来，我国学术界一直未停止过争论。实施基础教育课程改革以来，以学促教、以学定教的观点深入人心。然而，矫枉往往过正——已经从“教师中心”发展为“学生放羊”，导致学生两极分化愈加严重。这种现象的症结主要在于，误读教师主导与学生主体的关系、忽视弱势群体学生的实际需要。当然，这种现象曾在实施基础教育课程改革之初就曾出现过，即从“满堂灌”到“满地是青草，爱吃多少吃多少”的“放羊”现象。尽管2011版的各科课程标准大多都明确阐述了“要正确处理教师主导与学生主体作用的关系”的相关要求，但现实仍是极端化倾向严重。

课堂教学实际上是在同一场合、同一地点、几乎同时发生的两种活动的复合体——“教师的教”与“学生的学”，两者就像“麻花”、DNA 的双螺旋一样，交织在一起：对于“教”的活动来说，教师自然是主体，是责任人；而对于“学”的活动来说，学生自然是主体。但是，教师的教是为了不教——为了让学生真正学会和会学。毕竟，有效的教学活动是学生学与教的统一。教师的教只有紧紧围绕着学生的学而展开，朝向既定的课堂教学目标，在教师的带领下，全体学生开展积极的、深层次的学科思考，才能真正实施课堂教学。

（三）误读学生学习规律

在导学案与先学后教的异化现象中，所谓“学生当堂掌握”，就是“当堂大题量训练”，这种观点认为，“掌握=会做题”。这固然有行为主义心理学的影子在作怪，没有真正理解学生学习的基本规律。其实，其中的缘故还在于，错误理解“杜郎口经验”与“洋思经验”，教师的点拨、引导作用没有有效发挥所致。

正如杜郎口中学崔其升校长所介绍的，杜郎口中学课堂自主学习的三个特点在于“立体式、大容量、快节奏”；而自主学习的三大模块分别是预习、展示、反馈；课堂展示的六环节包括预习交流、明确目标、分组合作、展现提升、穿插巩固、达标测评。在杜郎口中学“10+35”课堂教学的时间模式中，教师10分钟的精讲时间与学生35分钟的自主时间，形成一个相互依赖的课堂时间结构。

然而，在异化现象中，导学案变成当堂检测系列练习，对于课前没有系统学习过的学生而言，只能在课堂的自评中获得一次次的失败。其中，教师的“精讲”仅仅是对于核心概念的“蜻蜓点水”，几乎是课本上已有显性内容的重复（而在杜郎口中学经验中，这些显性内容恰恰需要学生的自学而不是教师的讲解），而概念形成过程的要害，新原理、新法则产生的关键，新思想方法运用的范围和疑点、难点、焦点等，这些亟须教师点拨、引导之处，恰恰被忽略掉、被轻描淡写。

在笔者看来，这类异化现象的产生原因，一方面在于误读杜郎口经验所致，课堂教学仅仅具有杜郎口经验的“形”而没有其“魂”——教师引导学生自主学习，在课堂教学中，教师的作用仍然是“变要我学为我要学”、教师是学生自主学习中的“催化剂”、是“蒸馒头时的酵母菌”。另一方面则在于对学生学习规律认识的片面和陈旧所致，即总认为新概念、新技能、新原理等的学习，仅仅是知识、技能的获得，而获得的标志就是会运用这些新概念、新技能、新原理等解题。于是，只要将新概念、新原理“背”下来、新技能的程序会“背”、会用就可以了，而这些新知的形成过程及其所蕴含的重要思想、方法与思维方式，以及学生经历这些过程而获得的活动经验、所形成的情感态度等内容，都是可以省略的。

（四）异化课型，新知学习过程被大幅压缩

滥用（篡改）课型，新授课变成复习巩固课，新知（新概念、新公式、新原理等）的学习被“速成”、被弱化到极致，新知学习的过程变成可有可无的课堂环节。

这种现象片面强调机械训练和简单重复的强化训练，从表面上看，似乎迅速、有效，然而，学生尚未达到深度理解，并未获得理解性掌握，而不能真正内化为自己认知结构的有机组成部分，导致不求甚解，理解只言片语。

如众所知，先学后教是江苏洋思中学先学后教当堂训练课堂教学模式的核心环节。正如许多同仁所分析的，“先学后教”不是“不教”，而是教的目的、教的方式有别于学，重在学前引导、学中辅导、学后督导；而在先学后教，当堂训练的教学中，每一步都离不开教师。

在笔者[①]看来，先学后教当堂训练比较适合某些特定的课堂教学内容，对这些特定内容，学生自学的难度不大，往往不涉及精深的、过于抽象的概念、原理等。这与卢仲衡研究员倡导的自学辅导法适用的范围大致相当。特别对诸如数学中的技能性的学习内容、规定性的概念（比如，外延式定义的数学概念）等，采用先学后教方式比较适合；同时，这亟须教师精心设计课堂流程。下面就是洋思中学某节课的一个剪影：

同学们，下面我给大家5分钟时间（明确时间），大家自学教材的第23页至24页（明确内容），在自学的过程中可进行小组讨论（明确方法），5分钟后回答下列问题（明确要求）……

洋思中学的先学后教的教学模式需要学生的良好习惯（特别是自学习惯），更需要教师因材施教。相比之下，教师的点拨、引导作用更强了，而不是被弱化了。

（五）异化课程资源

误读课程资源有效开发与合理使用的建议，撇开教材而随意拼凑，将教材提

① 孔凡哲．“导学案”与“先学后教”异化现象及其问题诊断[J]．教育科学研究，2012，(09)：27-30.

供的建构式的教学内容的呈现方式，压缩为“速成”式的死记，其中，最突出的表现就是：导学案替代教科书，探究、合作、问题驱动等必要环节被辨析题、简单判断题、巩固强化题所取代。

这种“火爆”现象的症结在于，误读“创造性用教材教”，没有有效利用教科书资源，由“以本为本”发展为“撇开教科书，乱搞一套”，导致教科书资源严重浪费。

事实上，教师使用教科书的过程，既包括“创造性运用”的层次，也有“误用”“机械使用”“基本合理、有一些新意”等层次之分①。

当前，很多中小学教师在“创造性用教材教”的口号下，敢于质疑教材，这是历史的进步。而“用教材教”也有误用的可能，“正是由于任课老师对教科书的解读的随意性和片面性，导致课堂教学最终偏离目标”②，“教师不仅对于教科书编写意图的理解存在显著差异，而且对教科书的课堂运用水平也有层次之分；正确理解并有效利用教科书资源，成为提高课堂教学质量的重要环节之一”②。

不仅如此，在大量导学案中，课程标准实验教科书所倡导的问题驱动式呈现方式，被简短得不能再简短的形式化的定义所取代——概念学习又回到了以往的死记硬背，而引导学生探究、合作的问题情境也被大量的辨析题、巩固题等取代，姑且不评论来自教师原创的、原生态的导学案质量如何，而问题驱动式呈现方式所期待的“帮助学生积累学科的基本活动经验，获得理解性掌握，既要保障基础知识、基本技能，更要体现浓厚的学科韵味，培养探索发现的能力”③成为一种奢侈品。事实上，对于教科书而言，同样是“动手实践”环节，在问题驱动式的呈现方式与接受式的呈现方式中，其功能和作用往往具有质的差别——“一种是对规定性、事实性内容的一种验证”，而另外一种则是“帮助学生建构概念、原理”（而将新知藏在“实践活动之中”）④，体现概念、原理等新知的抽象过程，让学生在获得新知的同时经历一次学科抽象过程，获得思维方式的一次飞跃。

四、解决导学案和先学后教中的异化问题的对策

（一）淡化差、尊重异

“差异”一词英文是 difference、divergence、diversity，一般的解释是“区别、不同”。事实上，“差异”一词既包括“差”的含义，也包括“异”的含义。前者

---

① 孔凡哲．教科书质量研究方法的探索——以义务教育数学课程标准实验教科书为例［M］．北京：人民教育出版社，2008：170-172．

② 李中华，孔凡哲．数学课堂教学问题诊断与案例改进研究[J]．中国教育学刊，2011，（11）：66-69．

③ 孔凡哲，崔英梅．“巧算”背后的学科韵味——对知识技能教学的重新审视[J]．人民教育，2011，（11）：44-46．

④ 孔凡哲．不同版本教科书的比较及对课程实施的启示——以小学数学“周长的认识”为例［J］．教育研究与评论（小学教育教学版），2009，（04）：39-43．

的含义与“行、能、会、厉害”等词的词义相反，属于真正意义上的差、“笨”等，而后者的含义则是“异”，即“不同、差别”等。①

在对待每一位学生的全面发展上，更需要教师淡化差、尊重异，而不是采取统一化的、单一的教学方式方法。否则，这些单一化的方式方法、素材等，仅仅对思维敏捷的学生有利，而对于慎思型的学生而言，则是极其不公平的——一旦教师采取“放羊式”，仅凭学生的自学，是很难跟上课堂教学步伐的，当堂快速的层次训练和学生自评最终导致为数甚多的学生学习自信心的急剧下降。

（二）读懂学生

读懂学生首先在于遵循学生的身心发展规律实施课堂教学；其次按照学生学习规律组织课堂教学活动。学生学习毕竟是一个生动活泼的、主动的和富有个性的过程，只有让每一位学生在学习中获得自信、获得动力，学习才能更加有效。最后，也是最为重要的内容，即尊重学生，尤其是尊重学生的人格、人性，相信每一位学生都能成才。

（三）读懂课堂

读懂课堂就是要把握（并自觉践行）现代课堂教学观。事实上，课堂教学是积极参与、师生交往、师生互动、共同发展的活动，是教师引导下学生开展积极的、高层次的思维活动的过程。教师的教学必须以学生的认知发展水平和已有的经验为基础，并在课堂教学的交往互动、共同发展的过程中，诱导学生积极参与课堂。而真正有效的课堂参与是在主动的行为参与基础之上的认知参与，进而达到情感参与。课堂教学不仅需要“教会”，更需要发展为“学会”与“会学”——“学会”表明教师的“教”已经发挥作用，而“会学”则是期望学生已经具备了进一步学习的愿望和能力。

（四）读懂课堂教学内容

在诸多异化现象的背后，有一个值得关注的问题就是，任课教师“读不懂”课堂教学内容背后的精髓，即对课堂教学内容的学科内涵知之甚少、理解肤浅，课堂上的许多行为仅仅关注教育性而忽视学科本质。以小学数学“2 的认识”一课为例，任课教师课堂教学的大量行为仅仅停留在 2 的写法、读法之上（这固然必须且重要），但是，对于“作为基数的 2”（刻画双元素集合之间的对应关系，多个双元素集合构成一个等价类，而 2 就是刻画这一类集合的共同特征）、“作为序数的 2”（2 比 1 大 1，比 3 小 1）等，轻描淡写。其实，任课教师自己对此知之甚少，也只能在教学形式的“花哨”上做表面文章。因此提高教师的学科素养，

① 孔凡哲．“导学案”与“先学后教”异化现象及其问题诊断[J]．教育科学研究，2012，(09)：27-30.

是当前提高课堂教学有效性的一个重要渠道。

[思考题 8]

1. 如何理解当前小学数学课堂教学模式改革尝试中的误区和极端现象?
2. 与传统教学模式相比，分层教学在最终目标的达成上有什么不同?
3. 小学数学教学中的哪些内容比较适合采取导学案实施教学？请举例说明。